天喜文化

帝制与盛世

与

李晓鹏——著

汉唐明的时代

公元 1500 年之前

天地出版社 | TIANDI PRESS

图书在版编目（CIP）数据

帝制与盛世：汉唐明的时代：公元 1500 年之前 /
李晓鹏著 . — 成都：天地出版社，2023.1
（李晓鹏说中华史）
ISBN 978-7-5455-7332-9

Ⅰ . ①帝… Ⅱ . ①李… Ⅲ . ①中国历史—研究—汉代
②中国历史—研究—唐代 ③中国历史—研究—明代 Ⅳ .
① K207

中国版本图书馆 CIP 数据核字（2022）第 204395 号

DIZHI YU SHENGSHI：HAN TANG MING DE SHIDAI：GONGYUAN 1500 NIAN ZHIQIAN

帝制与盛世：汉唐明的时代：公元1500年之前

出 品 人	陈小雨　杨　政
作　　者	李晓鹏
责任编辑	孙　裕
责任校对	马志侠　杨金原
封面设计	左左工作室
责任印制	王学锋

出版发行　天地出版社
（成都市锦江区三色路238号　邮政编码：610023）
（北京市方庄芳群园3区3号　邮政编码：100078）
网　　址　http://www.tiandiph.com
电子邮箱　tianditg@163.com
经　　销　新华文轩出版传媒股份有限公司

印　　刷　天津融正印刷有限公司
版　　次　2023年1月第1版
印　　次　2023年1月第1次印刷
开　　本　710mm×1000mm　1/16
印　　张　20.5
字　　数　279千字
定　　价　68.00元
书　　号　ISBN 978-7-5455-7332-9

目 录

第一章

由文明诞生至大唐盛世
帝国制度逐步确立

第二章

由大唐盛世至元朝灭亡
无法摆脱的兴衰宿命？

第三章

吏治之思
朱元璋反腐的历史逻辑

第四章

大明盛世
明初的制度设计

第五章

"成化中兴"

帝国制度的有效运行

第六章

太监汪直

盛世的危机初露端倪

第七章

"儒家圣君"
盛世因何而结束？

第八章

治乱得失
帝国如何走向盛世？

导言　农耕中国：从汉武帝的反击说起

理解古代中华帝国的历史，首先要理解的是农业化。

很多人都知道工业化，对农业化则不免感到陌生，因为它太遥远了，距今已有七八千年的历史。那个时候连文字都还没有出现，也就不可能留下可靠的历史记录，只能依靠考古发掘再结合上古神话传说做一些推测。但对人类文明而言，农业化的意义足以与工业化并驾齐驱。①

农业化是人类进入文明时代的根基。那些坚持以采摘或者狩猎为主业，拒绝转型为以农业为主业的民族，在人类文明的舞台上逐渐变成配角，比如非洲、南美的那些丛林部落。

农业化过程中，最重要的是农耕化，也就是以种植业为主，而不是以游牧或者畜牧业为主。

一个农耕化的社会，可以稳定地获得大量食物，养活数量庞大的人口，并让这些人口定居下来，而不是像游牧民族那样居无定所。农业劳动者创造的食物数量可以超过维持自己和家庭的生存必需，也就可以供养一批无须从事农业劳作的"富余人员"去从事脑力劳动，搞国家行政管理，研究科学技术和军事技术，从事思想文化与文艺创作等工作，还可以养得起规模庞大的军队；而且，

---

① 尤瓦尔·赫拉利在《人类简史：从动物到上帝》中认为人类发展史上有三次关键的革命：认知革命、农业革命和工业革命。其关于认知革命的说法很有意思，但只是纯粹的理性推断，而无任何考古或生物学上的证据。所谓"认知革命"，应该只是智人在进化过程中智力水平逐步提高、逐渐具备抽象思维能力的一个极为漫长的演化过程。

这些"闲暇人员"可以聚集到固定的城市集镇当中，互相交流，形成分工，产生比较复杂的手工业体系，制造出先进的工具。这就可以极大地提高一个民族的文明程度和战争能力。

　　战争能力是一个国家、民族、文明生存发展的重要能力。将领的才干差异对个别战役的胜负影响极大。但不同国家、民族之间长期的生存战争，则并不主要是将领个人的军事才能对决，而是经济实力和社会动员组织能力的对决。汉朝初年，由于经历了长时间的战乱，国家能够调用的骑兵不过 1 万[①]，汉高祖刘邦出行想要找到 4 匹毛色一样的好马都凑不齐，有些将军、丞相出行只能用牛车[②]。这个时候匈奴能够骑马打仗的控弦战士有近 10 万。此时，白手起家建立汉王朝的高祖刘邦，即使手下名将如云，北征匈奴也依然以失败告终。汉王朝因此励精图治，休养生息，增加人口，繁殖马匹。经过 60 多年的发展，到了汉武帝时期，汉朝拥有军马约 60 万匹[③]、战士 70 余万[④]，而匈奴的骑兵数量基本保

---

① 韩信破赵之战，动用了骑兵 2000（《史记·淮阴侯列传》）。刘邦派遣亲信刘贾平楚，刘贾仅带 2 万人，骑兵"数百"。《史记·项羽本纪》载，楚汉决战于垓下，刘邦亲自带领的军队与项羽大战时被击败，以分封大片土地为奖励紧急调度韩信、彭越等诸侯大军前来支援。此战是双方战略决战，主力倾巢而出。最后关头，项羽带领数百骑兵突围，汉军方面"令骑将灌婴以五千骑追之"。此为有史料记载的汉军动用骑兵主要数据。韩信带领的部队为仅次于刘邦亲自带领的主力部队，动用骑兵数最高仅 2000；刘贾次之，仅数百。最终的战略大决战，刘邦、韩信、彭越三大主力和其他诸侯大军齐聚垓下，为追杀项羽而派出的骑兵数也只有 5000。因此，汉军骑兵数量应该在 1 万以下。

② 《史记·平准书》："自天子不能具其钧驷，而将相或乘牛车。"

③ 汉朝官方养马有厩马和苑马两种，内地官厩直管的养马场，所养之马为厩马；汉景帝时期在边郡设立"牧苑三十六所"，所养之马为苑马。汉景帝时期，边地养苑马 30 万匹（《汉旧仪补遗》）；汉武帝时期，"厩马有四十万匹"（《文献通考》卷 56《职官考十》），但苑马数量未知。若按汉景帝时期计算，当合 70 万匹。受文献资料所限，厩马和苑马的统计关系尚未完全清晰，可能存在部分重合，且部分内地马未必适合作为战马。然汉景帝时期苑马即有 30 万匹，汉武帝时苑马加厩马总共仅 40 万又过于保守。军马总数应该低于 70 万而高于 50 万，故估算为 60 余万。

④ 汉朝士兵可以分为中央军、郡县兵和边防军，其中郡县兵以维持本地治安为主，中央军和边防军装备较好。据胡宏起估算，汉武帝元鼎六年（前 111 年）守边将士超过 60 万，此后下降。同时，中央军则长期维持在 10 余万。则汉武帝用兵最盛之时，可用战士当在 70 万以上。参考胡宏起：《汉代兵力论考》，载《历史研究》，1996 年第 3 期。

持没变。这样，汉王朝就取得了相对于匈奴的绝对优势。汉武帝因此发动了一系列针对匈奴的远征，解除了来自北方的威胁。

在汉朝与匈奴的战争中，名将卫青、霍去病对汉朝的最终获胜起到了相当大的作用。另一方面，匈奴在经济实力和社会动员组织能力上也弱于汉朝。汉朝远征，骑兵向北方深入大漠数百公里，对后勤补给的要求极高，每个士兵都需要3个甚至4个民夫来为其输送粮食①。如果是10万大军远征，就需要大约40万人脱离生产劳动，专门从事军事相关活动。如果把生产这些军需的人口也算进来，那就更高。《孙子兵法·用间篇》里边说："凡兴师十万，出征千里，百姓之费，公家之奉，日费千金；内外骚动，怠于道路，不得操事者七十万家。"若按一家5口计算，10万大军背后就至少需要350万农业人口作为支撑。仅此一项，就超过了匈奴的总人口。汉朝靠什么支撑起了如此庞大的物资供应线？就其经济根基而言，就是依靠中原地区的农业耕作，可以养活数千万农民。劳动者除了家庭自身消耗以外，至少还有10%甚至更多的富余产量。

13世纪中期，蒙古消灭了金帝国，占领了中国北方。蒙古民族是游牧起家，对农耕生活不太熟悉。蒙古皇帝一开始觉得农耕这东西很不好，净养一些懒人，打仗都打不赢我们游牧民族，所以想把汉人都杀光或者赶走，把农田变成牧场。结果，比较了解汉文化的大臣耶律楚材就跟皇帝说：这块地方如果经营农业，每年最少可以征收赋税50万两白银、8万匹布帛、40余万石粮食，完全可以支持蒙古大军南下消灭宋王朝的军费之需②。蒙古皇帝一算账，如果这地方经营畜牧

---

① 《梦溪笔谈·官政一》："三人饷一卒，极矣。若兴师十万，辎重三之一，止得驻战之卒七万人，已三十万人运粮，此外难复加矣。"此为宋代情况，七万人用三十万人运粮，即一个战士需要超过四个民夫运粮，如果把负责辎重的人也算进来，战斗人员与非战斗人员之比已接近一比五。汉朝军力远强于宋，军事组织效率应该更高。但骑兵深入大漠远征，运输距离较远，要低于一比三不太可能。故战斗人员与非战斗人员按一比三至一比四来估算当较为符合实际。

② 《元史·列传·卷三十三》："楚材曰：陛下将南伐，军需宜有所资，诚均定中原地税、商税、盐、酒、铁冶、山泽之利，岁可得银五十万两、帛八万匹、粟四十余万石，足以供给，何谓无补哉？帝曰：卿试为朕行之。"

业，肯定得不到这么多战争经费和物资，所以就采纳了耶律楚材的意见。农业耕作能够比畜牧业养活更多的军队，这一点似乎成了北方汉人得以保全的关键因素。

中国的农耕人口在汉朝时期就达到了五六千万人。北方的匈奴以游牧为主，能够养活的人口也就几十万，再英明的君主也没办法突破这个人口供养的上限。这点儿数量的人口进入中原，就好像河流汇入大海，不管河水有多么浑浊，哪怕像黄河一样全是泥沙，流进来之后泥沙也会冲散、消失。稳定的农耕生活远比居无定所的游牧生活过着舒服，游牧民族进入中原以后很快就会放弃游牧，改为农耕。因此，尽管中原政权多次因为自身的腐朽而被北方游牧民族击败，但中原农耕文明仍长盛不衰，在数千年的时间里，人口数量还一直随着技术进步而不断增加。汉民族作为中国主体民族的情况，在中华帝国 2000 年的历史中也始终没有发生过变化。

第一章

由文明诞生
至大唐盛世

帝国制度
逐步确立

一、大河文明：农耕帝国起源之谜

农耕化是人类文明的一次大跃进。单纯从事采摘活动时期的人类，严格来说都是未完全进化的人类。动物也大都靠采摘为生，却并不能在此基础上发展出文明。

从事狩猎的先民略好一些，食物来源多样化，而且形成了组织协同体系，原始部落因此形成。但是这种部落一般都极小，只能勉强维持自身的生存，也谈不上有多余的人口来发展科学技术和文化思想。从某种意义上来说，只有农耕化以后的人类，才能算是真的进入了文明时代。

要想从采摘和狩猎的阶段进入农耕时代，并在此基础上建立一个大帝国，条件是很苛刻的。整个地球上，也就只有四处地方能行。一个是埃及的尼罗河流域，一个是中东地区的两河流域，一个是印度半岛的印度河流域，一个是中国的黄河流域。

这些地方能够进入农耕时代、建立农耕帝国，首先要有一条大河，为农业耕作提供足够的水源。

这条河必须足够大，能够养活足够多的人。因为农耕文明跟游牧文明不一样，从事农业劳动的人必须分散居住，没办法永远处于战备状态，机动性很差，这就需要足够大的耕作面积来养活一定数量的常备军从事国防。小河是不行的，小规模的农耕部落很快就会被周边的原始部落或者游牧民族征服。

光有大河还不行，还需要满足一些很苛刻的条件：河流附近要气候干爽而且温度适宜，不能太冷也不能太热。尤其是不能太冷，冷了作物就生长不起来。

同时，还不能有太多降水，不能有太多山地。如果这个地方雨水充沛，大河的两边就会生长出茂密的森林。原始条件下的人类，难以在森林里开垦出大片的耕地。尤其是，如果河流经过的地方多山，土地坡度较大，大量的降水会不断冲刷地面，带走地表土中大量的有机质，只留下贫瘠的沙土地，难以种植根系比较浅的农作物，只能生长根系很深的树木。只有气候比较干燥，河流周边地势平坦，没有大片的山岭和浓密的森林，然后每年河流泛滥，泥沙会淹没周边的一些地区，才能形成开阔而肥沃的土地用来播种农作物。

地球上能够同时满足这些条件的地方并不多，在原始耕作水平下就能实现农耕化的地区也就非常少。

像南美的亚马孙河流域和西非的刚果河流域，虽然拥有世界流量第一大和第二大的河流，但是降水量太大，表层土就会因雨水长期冲刷而变得贫瘠，河的两岸又是茂密的热带雨林，不可能较早实现农耕化。

完美符合以上全部条件的是埃及的尼罗河流域。尼罗河的上游降水丰沛，水量非常大。但在其中下游地区，由于海洋季风不往这个方向吹，一年到头很少下雨，非常干燥，旁边就是撒哈拉大沙漠，河水基本就是从沙漠中间流过。

每年夏季，上游就下暴雨，下游河水泛滥。从上游冲下来很多的泥沙，就堆积在河流两岸，形成肥沃而平坦的适合耕种的土地，原始人类可以很容易地在上面播种。埃及这个地方因此就成了人类农耕文明最早的发源地。

仅次于埃及的农耕文明发源地是埃及东北边的两河（幼发拉底河和底格里斯河）流域。中东这地方也十分干旱，有大片大片的沙漠。古巴比伦、波斯帝国和后来的阿拉伯帝国（7 ～ 13 世纪）、奥斯曼土耳其帝国（13 ～ 20 世纪），都是依托这两条河的农耕文明形成的陆权帝国。

相反，在埃及对面，隔着地中海的欧洲，那里也有两条大河：一条是莱茵河，一条是多瑙河。由于地中海的风向是往北吹的，所以埃及不下雨，但是欧洲降雨量丰富。这两条河两岸森林茂密，很难发展出早期的农耕文明。在欧洲地中海北岸靠近埃及和两河流域的一些地方，由于受到埃及和两河流域农耕文明的影响，也缓慢地发展出古代希腊和罗马文明。但是比四大古文明要晚了数千年。

第三位适合发展农耕的就是中国的黄河流域了。

黄河水的部分来源是青藏高原的冰川融水，黄河也会出现季节性的泛滥，在中下游地区形成冲积平原，而其中下游地区位于中国北方的黄土高原和华北平原。从太平洋刮来的东南季风经过南方大陆以后就减弱了，从印度洋刮来的季风则直接被青藏高原挡住了，所以这个地区降水不会过多，能够发展出早期的农耕文明。但它还是会受到东南季风的影响，比埃及和两河流域的降水量要大一些，所以农耕文明出现的时间稍微晚于古埃及和古巴比伦。

黄河下游地区降水更为丰沛，所以黄河文明首先出现在更为干旱的中上游地区，也就是今天西安一带的关中平原，由黄河的支流渭河冲积而成。这个地方南边有秦岭阻挡，比下游更加干旱，开垦耕地也就更容易一些。中国古代神话传说中，位于西北地区的昆仑山、太白山（秦岭主峰）占有重要地位。上古传说中的"华夏始祖"黄帝部族便生活在黄河中上游平原和渭河平原一带。中国有比较可靠的文字记载的历史是从商周开始的。周的发源地也在关中平原。

中国的长江流域距离黄河流域很近，很早就有人类活动。长江水质清澈，物产丰富，非常适合航运。但是长江上游和中游流经的地区降水过多且两岸多山，山地一遇到暴雨就会大量流失表层土壤，适合农耕的只有山地之间的狭小平原。这些小平原无法供养足够多的人民和军队，很容易就被来自黄河流域大平原的农耕部族征服。长江下游以及它旁边的钱塘江地区，地势平坦，季风北上也较少遇到高山阻挡，降雨相对上游和中游地区要少一些，发展条件稍好。早在七八千年前，这里就种植了人工驯化的水稻，与黄河流域种植人工驯化粟（小米）和黍（黄米）的时间基本相当。在四五千年前，钱塘江流域还出现了良渚古城这样辉煌一时的文明，但有学者认为，它最终还是被来自黄河流域的农耕兵团征服了。从炎黄时期一直到北宋，北方的黄河流域始终都是中国的政治、经济、文化中心。中华农耕帝国的重心，长期以更为干旱少雨、地势平坦的黄河流域为主。

第四位适合发展农耕文明的，就是印度河流域。印度河发源于青藏高原，上游有丰富的雪山融水流下来。中游的两边都是高原，挡住了降雨的季风，中间形成数十万平方公里的印度大沙漠（又叫塔尔沙漠）。情况与尼罗河类似，这里也很早就产生了农耕文明。

但是，印度河中下游平原的面积比较狭窄，发展空间有限。在中国商朝的时候，印度河文明就被北方的异族征服了。后来随着农耕技术的进步，又逐步开发了东边的恒河流域，印度文明的中心也随之转移。

大河才能孕育文明，但降雨太多又会阻碍文明。这是一对有趣的矛盾。

不过，降水丰沛的地方一般日照充足，又有足够的水源。农耕技术发达以后，特别是人们学会如何防止降水冲刷山坡土地的养分以后（比如中国南方的水田、梯田），这些地方反而会“后发制人”，得到比干旱地区更高的粮食产量，甚至发展出更先进的文明。欧洲后来发展得比埃及和中东都要好，美国现在成了世界上最大的粮食产地之一，长江流域取代黄河流域成为中国的经济中心，恒河流域取代印度河流域成为印度半岛的经济中心，都与此有关。

二、天佑中华：华夏文明的特殊之处

在古代四大农耕文明中，华夏文明是非常有特点的。它有三个“最”：最封闭、最广阔、最艰苦。

第一，最封闭。

这是华夏文明最幸运之处。华夏文明之外的另外三大古文明都在地理上互相连通。

中东的两河流域位于四大文明的交通要道上，四周无险可守，所以这个地方战乱最频繁。从古巴比伦王国的建立到古代波斯帝国的入侵，然后是马其顿地区的异族入侵，再然后是罗马帝国入侵。罗马帝国衰落以后，阿拉伯帝国统一了这一地区，时间长达数百年，催生了空前的文化繁荣。后来又被蒙古帝国入侵，接着是奥斯曼土耳其帝国统治，最后就是西方殖民者的进入。可以说是"乱哄哄你方唱罢我登场"，没有一个民族能够长期居于统治地位。

埃及靠近中东，通过西奈半岛跟中东地区连接，同样无险可守。一般称霸中东的帝国也会顺便征服埃及。现在大家干脆就把埃及也视为中东的一部分。

印度东西两面都是大海，北边是青藏高原，看起来很封闭，但是在西北角的地方有一片开阔的高原地带通往中东地区，可供大兵团出入。历次外敌入侵都经过这条通道。印度本土的古文明早在中国商朝的时候就被雅利安人征服了，还形成了今天的种姓制度，雅利安人是高种姓，而印度本土居民则是低种姓。后来，波斯人、大月氏人、匈奴、突厥等民族又来入侵印度。16世纪初，它又被改信伊斯兰教的蒙古人后裔入侵，在此建立了莫卧儿帝国。这是古印度最后一个古代帝国，后来就是西方殖民者的海上入侵了。

由于主体民族不断变化，三大古文明最终都没有传承下来。主体民族没有发生变化、主体文化流传至今的，只有华夏文明。

这种幸运主要是地理上的原因。华夏文明被青藏高原和帕米尔高原跟另外三大文明隔开了。东南方向是大海。在古代，军队虽然可以翻越崇山峻岭，但是后勤物资跟不上。要想征服中国这种几千万人口的大国，大兵团行动没有充足的后勤物资补给线是不可想象的。

中国北边的阴山—太行山脉不算太高，中间有一些山谷，蒙古高原上的骑兵可以长驱直入；在东北方向，燕山山脉靠近渤海湾的地方有一条平坦的通道，也就是从锦州到山海关的这么一段地区，今天连接东北和北京的铁路、公路也都是沿着这个地带修筑的。中国历史上两次少数民族入主中原，第一次是蒙古族，第二次是来自东北地区的满族，就是因为在地理上存在这么两个缺口。

不过，北方处于寒冷地带，人口非常稀少，这些少数民族虽然偶尔能成功入主中原，但由于人口基数太小，无法取代中原文明。蒙古人建立的元朝不到 100 年就覆灭了，满族人和汉族人现在在外貌和生活习俗上也几乎无法区分。这两次入主中原最终没有毁掉中原文明，蒙古族和满族也成了中华民族的组成部分。

第二，最广阔。

在这片相对封闭的空间里面，适合人类生活居住的腹地最为广阔，比另外三大文明的发展空间都要大。我们的先辈从黄土高原开始发展，接着到黄河中下游地区，然后开发长江上游的四川盆地，最后开发长江中下游地区和珠江流域。其中既有适合农耕文明早期萌芽的干旱地区，又有适合农耕技术发达以后可以开发的长江、珠江流域。中国最后供养了好几亿人口。在农耕时代，人多就是硬道理。外敌入侵、自然灾害在庞大的人口基数面前都不过如沧海一粟，不足以动摇中华文明的根基。

第三，最艰苦。

中国是世界两大自然灾害带——北半球中纬度自然灾害带和环太平洋自然灾害带的交汇点。据统计，20 世纪 80% 以上的自然灾害发生在这两个地带。作为这两大灾害带交汇点的中国，是世界上自然灾难发生频率最高、受灾最严重的国家。

我们的祖先几千年来，不断地被训练着如何面对复杂多变的自然灾害并生存下来。这种能力已经融入我们的基因。如果用达尔文优胜劣汰的观点来分析，也可以说：只会埋头种地、不懂得应对突发自然灾害的基因，在中国很快就会被淘汰掉。活下来的都是既聪明又能吃苦的人。这样说有点残忍，不过应该符合历史事实。

在形成古文明的四条大河中，黄河是"脾气"最不好的一条河流。这从它的形状上就能看出来。另外三条河（幼发拉底河和底格里斯河隔得很近，而且在下游合流了，所以也可以算作一条河）都是比较直地从源头流入大海。

唯独黄河从青藏高原自西向东奔腾而下，然后突然掉头向北，穿过黄土高原，经过内蒙古高原，再拐一个大弯向南直奔关中盆地，然后又拐道向东，经由华北地区入海，形成一个巨大的"几"字形，一看就是一条非常"暴虐"的河流。

黄河上游穿过了黄土高原地区，携带了大量的泥沙，这让它成为世界上含沙量最大的一条巨河。大量的泥沙给中下游带来了肥沃的冲积平原，但是长期的泥沙堆积让河道上升，甚至超过了地面的高度。这就让它很容易改道，也就是原来的河道太高了，河水冲出老河道以后就会寻找新的更低的河道入海。中国古代关于大禹治水的传说，就是黄河沿岸的原始部落不断跟水患战斗的反映。根据历史记载，商朝的时候至少六次迁都，主要原因就是黄河泛滥。

中国人现在成为世界上最勤劳、最能吃苦、最聪明的民族，与我们生存的恶劣环境密切相关。如果黄河也像尼罗河那样定期泛滥，带来肥沃的土地，那么中华文明可能就不会像今天这样光辉灿烂。

在公元前 602 年至公元 1938 年间，黄河下游决口 1590 次，大规模的改道 26 次①。也就是基本上每隔 100 年改一次道。几乎每一次改道都会造成巨大的灾难，并带来农耕区域的变化。中国古代王朝，中央政府大的行动主要就是两件事：第一是抗击外敌入侵或者平定内乱的军事行动，第二就是治理黄河。

在长期跟水患战斗的过程中，华夏民族很早就学会了如何组织起来。因为治水是一个规模浩大的工程，依靠单个部落的力量无法完成，需要很多原始部落联合起来。在这个过程中，治水领袖掌握了巨大的权力。

中华农耕文明的历史若纯从考古而言，可以追溯到距今约一万年前甚至更远；若以非神话的半信史传说而言，则可以追溯到约五千年前的炎黄时代；若以

---

① 中共水利部党组，《中国共产党领导人民治理黄河的经验与启示》，来自水利部黄河委员会官网：http://www.yrcc.gov.cn/xwzx/hhyw/202109/t20210903_232959.html

考古与历史记录共同支持的信史而言，目前最多只能追溯到夏朝。夏朝的建立人是大禹，一个依靠治水而获得政治权威的英雄人物，其事迹介于信史与半信史之间。大禹治水的范围遍及黄河、淮河和长江流域，经常需要跨越地域和部族大规模组织动员。有一次，大禹召开部族首领会议制订治水计划，防风部落的首领迟到了，大禹就把他杀掉以树立权威，强调纪律。许多治水行动在河流的上游进行，但主要的受益者却是下游的部族。因此，必须强制要求下游也投入人力和物力支持。地方向夏王朝提供劳役和赋税的制度因此形成。这样，原始部落联盟就逐渐走向了君主制的文明国家形态。

由于身处最艰苦的耕种环境，中华文明在国家组织和政治文明方面很快就走到了世界的前列。又由于最广阔和最封闭的生活环境，这个文明才历经数千年的风雨延续至今。

三、帝制时代：郡县制与君主专制制度的确立

自然条件的这三个"最"，最终促成中国古代采取了"中央集权的君主专制制度"来治理国家。这一制度对中国的影响深远持久。

君主专制制度最主要的作用，就是以极高的效率把全中国的人力、物力集中起来，对抗外敌入侵，治理水患等自然灾害。其中主要作用是抵御外敌入侵。

中国的专制君主，其权力来源于战争，其身份定位主要是军事领袖兼帝国元首，即"君权来源于军权"。中国古代的国家大事，一般会被叫作"军国大事"——军务的重要性排在政务之前。政府关心的事情主要就两个：一以耕，一以战。也就是鼓励农业生产和组织战争，以耕养战，以战保耕。

中国幅员辽阔，古代的信息传输手段却非常落后。比如，唐代对邮驿的行程有明文规定：陆驿快马一天走 6 驿，即 180 里，再快要日行 300 里，最快要求日行 500 里；步行人员日行 50 里；空舟逆水行船时，每日河行 40 里，江行 50 里，

其他 60 里；顺水时不分轻舟重舟一律规定为 100 ～ 150 里。①

从这个规定看，最紧急的军情传送也就每天 500 里。唐朝安史之乱的时候，安禄山在范阳（今北京附近）起兵，从范阳到长安今天走高速公路大概 1100 公里，合 2200 里，当年的官道肯定要绕一些，距离大概就是 3000 里，消息过了 6 天才能传到长安。这已经是最紧急的军情了，平均传递速度还不到每天 500 里。这是每 30 里路换一次马、每一两百里路就换一次人、日夜不停地狂奔才能达到的速度。大部分情况下不可能这么快，把水陆传递速度平均下来，估计信息传递速度也就每天 150 里路。按照这个速度，当时的都城长安与今天北京或者南京进行政务联系，大概一趟就要 20 天左右，来回一次就是近一个半月。各地进京办事，官员们走得还要更慢。偏远一点的地方去长安一趟，来回就是小半年。

古代中国如果不搞中央集权君主专制，啥事都要协商一下，来回讨价还价几回，北方异族早就打到家门口了。

如前所述，汉朝抗击匈奴的战争，需要动员的青壮年劳动力就可能超过 200 万，要在很短的时间内，向分布在数百万平方公里国土内的几十万个几乎与世隔绝的村落征收粮草和征集士兵，然后组织远征。这种组织力量非常可怕，而且必然会遇到激烈的抵抗。比如，江南地区的人民感觉不到异族的威胁，很多人不会有兴趣缴纳军粮或跑到北方的大漠去战斗。所以，必须要有非常强有力的政府组织，才能集合这些战争资源，捍卫华夏文明。

君主专制制度在今天已经落后于时代了，但在古代社会是非常先进的政治制度。欧洲在 15 世纪文艺复兴的时候，还是封建领主割据，一盘散沙。欧洲人听说中国的皇帝只需要坐在朝堂上点头和摇头就可以决定国家大事，就好像听见神话一样。

"封建"，从汉语的字面上理解，就是"分封土地，建立政府"的意思。欧

---

① 李世华：《陕西古代道路交通史》，人民交通出版社，1989 年 8 月。

洲中世纪的封建社会，是封建领主一家建一个城堡，管理着城堡周围的土地。领主的身份世袭，不由国家委派。这一片地方，就是领主的小王国。他们在这里面可以向农民收取租税，行使司法行政等各项权力，还拥有自己的私人武装。这些私人武装只对封建领主效忠，不对国王效忠。国王只有在自己的武装比较强大的时候，才能指挥得动封建领主。这种西方学者眼中的"封建制度"，跟中国的"分封制"比较像。从这个层面来说，中国的夏朝、商朝和西周就是封建社会，齐楚燕赵这些诸侯国就类似于欧洲的封建领主。

西周灭亡以后，中国进入了长达 500 多年的春秋战国大混战时期。经过 500 多年的战争洗礼，诸侯国的君主权力都得到了极大的扩张。他们在诸侯国内部纷纷废除分封制，直接委派官员管理地方，确保国家资源可以根据君主的意志随意调用，为残酷的战争服务。秦统一六国以后，在全国范围内取消了封国，全面建立了郡县制。中央政府直接委派文官来管理各个地方，建立"中央—郡—县"的垂直管理机制。拥有土地的那些地主，只有从土地中获得经济收益的权力，在其土地范围内没有行政司法权，更不能拥有自己的军队。

首次在全国范围内实行郡县制的秦朝二世而亡，只存在了十几年。汉朝建立以后，国家精英们觉得秦朝的灭亡与郡县制有关。他们认为，封国君主世袭，只要中央政权在，他们的子子孙孙就永远都是封建贵族，对中央可能会更加忠诚，一旦出现地方内乱，封国的军队可以帮忙镇压。汉高祖刘邦接受了这个结论，有限度地恢复了分封制。但他还是担心封国作乱，所以只分封自己的儿子，而且死前还搞了一个"白马盟"，杀了一匹白马，跟诸位大臣立下盟誓：不姓刘的封王，全天下要一起讨伐他。

但是没过多久，汉朝就发生了"七国之乱"，起兵造反的正是这些姓刘的封王。其中带头的吴王刘濞就是跟皇帝血缘关系很近的一个封王。这说明封国本身就是中央政权最大的威胁，而封国造不造反、危害不危害国家稳定，跟是不是封刘姓的王也关系不大。

　　平定了"七国之乱"以后，中央政府就逐渐把所有封王的政治军事权力解除了。这些封王在分封的土地上只有收益权，也就是这部分土地的地租或者赋税归其享用，而其他权力归政府。这样，分封制其实也就名存实亡，变成了一种单纯的经济奖励。

　　我们现在中国历史教科书中所称的"封建社会"，是用马克思分析欧洲历史的结论来认识同时期的中国。所以有学者认为，中国在秦朝以前才是封建社会。从秦始皇到清王朝覆灭的这段时间，称为中国历史上的"帝制时代"也许更为准确。尽管封建制国家和郡县制帝国都遵从"普天之下，莫非王土；率土之滨，莫非王臣"的政治原则。但郡县制帝国的实际治理模式已经将生产资料（主要是土地）所有权和政治权力分离，即土地的经营收益权归地主，治理权归地方官员，而且这种治理权不能世袭。这是人类政治文明的巨大进步。

　　到了汉朝，董仲舒在给汉武帝的《举贤良对策》里面把这个问题讲得更明白了：享受国家俸禄的人，不应该再寻求其他经济收入。官员之家，就应该以俸禄为生，不能与民争利。这样他执法的时候才能公平地分配利益，人民才能安居乐业。①

　　从秦朝开始，政治权力内部又开始进一步细化分工，形成了一套更为复杂的权力组织体系。总的来说，帝制时代的中国政府组织可以这样理解：

　　皇帝为国家元首，掌握最高权力，下面军权、行政权和监察权"三权分立"。

---

① 原文："古之所予禄者，不食于力……是亦受大者不得取小……故受禄之家，食禄而已，不与民争业，然后利可均布，而民可家足。此上天之理，而亦太古之道，天子之所宜法以为制，……求财利常恐乏匮者，庶人之意；皇皇求仁义常恐不能化民者，大夫之意也。"董仲舒最后总结了一句"求财利常恐乏匮者，庶人之意；求仁义常恐不能化民者，大夫之意也"。这句话是很有意思的，它跟孔子所说的"君子喻于义，小人喻于利"有点接近，但并不完全一样。孔子说的是"君子"和"小人"的个人修养问题，而董仲舒把它变成了"庶人"和"大夫"的身份差异问题。也就是说，"义大于利"，不仅可以从道德层面来理解，还可以从政治层面来理解：想做官的人，就必须坚持义大于利；普通老百姓，才可以"求财利"。从这个层面来说，中国古代著名的"义利之辨"，不仅是伦理话题，还可以是政治话题。它起到了推动权力和经济分野的作用：在商言利，在官言义。通俗点说，就是"做官不求财，求财不做官"。

军队由皇帝直接控制，出征的时候才临时授予军事将领统兵之权；丞相担任政府首脑，行使行政和司法权力；另外设监察机构，由御史大夫监督政府行为，也有部分司法权，直接对皇帝负责。此外，皇帝本人还可以临时设立一些由宦官控制的监察机构，对整个文官和武将集团的行为进行监督，比较典型的就是明朝时期的东厂和西厂。

尽管每一个朝代的具体做法都会有所不同，但这个大的框架基本维持不变。我们研究中华帝国的崛起和衰落，有了这么一个大框架作为背景，思路就会清晰很多。

一个王朝兴盛的原因，一般就是皇帝励精图治，各个权力机构各司其职，维护社会稳定，保障农业生产，并高效地调动国家资源来抵御外敌入侵，以及建设水利工程等公共基础设施。

反之，一个王朝的衰亡则有各种各样的原因：皇帝昏庸或者暴虐，文官集团贪污腐败，军事力量失去控制，等等。

王朝崛起的原因都是相似的，而覆灭的原因则不尽相同。

四、秦亡汉兴：汉武帝的"反'封建'"斗争

秦始皇嬴政是一个拥有雄才大略的皇帝。他把目光放得很远，想为自己的王朝、为华夏文明开创千秋万岁的基业。他一统中国之后，很快就做出了统一文字、度量衡、货币等影响中国数千年的决定。他建立的郡县制沿用至今——县依然是中国最重要的地方行政单位。

除此以外，他还在北面修建长城，修建从首都咸阳通往今内蒙古地区的军事物资通道"秦直道"，向南派大军征服了南越，开凿灵渠，将长江流域和珠江流域纳入帝国版图，把中华帝国的"骨架"搭建起来了。

这些军事行动和公共工程如果一件一件去做，都是非常伟大的政绩，但他

几乎把所有的事情都集中起来一块儿干，这就超过了人民所能承受的极限。

单纯做这些，也许还不至于把帝国推向灭亡，但他还在骊山修建规模浩大的陵墓和阿房宫。

大规模的军事行动、大型工程的兴建、个人的穷奢极欲，这三个方面加起来，让人民不堪忍受。于是，秦始皇死后一年就爆发了陈胜、吴广起义。

这就像是点了一把火，农民起义立刻风起云涌。战国时期各个诸侯国的贵族后裔也趁机加入了进来，形成了全面开花的战乱形势。

此时，中央政府的主力兵团正在远离中原主战场的地方：有30万军队在北方和匈奴交战①，有50万大军在南越②。这个时候版图太大的问题就凸显出来了：主力兵团来不及回来扑灭战乱，于是义军联盟很快抵达了战略要地函谷关。中央政府只能把在骊山修建宫殿的民夫临时武装起来，组成军队出战。这种军队的战斗力可想而知，很快他们就在巨鹿之战中被项羽率领的楚兵团击败。

随后，农民起义领袖刘邦带兵攻入首都咸阳，秦王朝灭亡。秦王朝也因此成为中国历史上第一个被底层暴动推翻的中央政权。

刘邦战胜项羽建立汉朝以后，他和他的继承人就吸取了秦朝灭亡的经验，开始搞"休养生息"：对外与匈奴议和，用和亲政策代替战争；对内什么工程也不搞，皇家用度也十分节俭。基本上就是除了管管治安以外，政府什么事情都不干。这就成了中国历史上著名的"黄老政治"，也就是体现了传说中黄帝和老子的治国理念。这段时期主要是汉文帝和汉景帝的在位时期，因此又被称为"文景之治"。

对于"文景之治"，后世说起来一般都会津津乐道。但它同时也造成了非常

---

① 《史记·蒙恬列传》："今臣将兵三十余万，身虽囚系，其势足以倍畔，然自知必死而守义者，不敢辱先人之教，以不忘先主也。"

② 《淮南子·人间训》："又利越之犀角、象齿、翡翠、珠玑，乃使尉屠睢发卒五十万，为五军，一军塞镡城之岭，一军守九疑之塞，一军处番禺之都，一军守南野之界，一军结余干之水。"

严重的社会问题，为汉王朝的覆灭埋下了隐患。

这个问题就是土地兼并和地方豪强势力的发展壮大。

现代人提起"黄老政治""文景之治"，很容易把问题想得很浪漫：政府什么都不管，大家就埋头种地搞生产，然后就国家富足了，人民生活也好了，简直就是童话世界一般。

其实那个时代的人跟我们现在一样，生活在现实世界而不是童话世界。现实世界的人性并不完美，有贪婪之心。很多事情政府不管，就会有人钻空子占便宜，并不是所有人都老老实实地埋头搞生产。地方上的一些地主大户，对上贿赂官员，对下雇佣家丁打手，兼并土地，称霸一方。《史记·货殖列传》里面记载，大富霸一郡，中富霸一县，下富霸一乡一里。基本情况就是，几十年的休养生息下来，每个郡县都有了独霸一方的地主豪强。

当然，官员们自己也不会闲着，他们跟地主豪强结合，买房置地，搞得不亦乐乎。最后的结果就是《汉书》里面说的，"文景之治"结束后的汉武帝时期，已经出现了"富者田连阡陌，贫者无立锥之地"的严重情况。几十年经济大繁荣的好处并没有落到底层老百姓身上。

汉武帝一边发动对匈奴的战争，一边开始严厉整治豪强。方法主要有两个：一是杀，二是迁。所谓迁，就是把豪强地主强制迁往西北落后地区，分给他们一大片荒地自己去开垦，原籍的土地由政府没收，分配给当地农民。当时迁徙豪强的标准主要就是：凡家产 300 万钱以上的，而且家里房子占地面积和高度超标的，一律迁走。

汉武帝的铁腕引起了利益阶层的强烈反抗。他们对皇帝没有办法，就攻击政策的执行者。那些被汉武帝派往各地查办豪强的官员被称为"酷吏"，纷纷因各种贪污举报或政治诬告而下狱。

最严重的事情发生在征和二年（公元前 91 年），汉武帝的"酷吏"江充跟太子发生了激烈冲突。太子刘据一向为人敦厚，但是长期处于深宫之中，对地方和底层的情况缺乏了解。豪强地主阶层既然搞不定皇帝，就把希望寄托在"接班人"身上，不停地通过各种渠道向他反映"酷吏"如何迫害老百姓，制造人民流离失所、家破人亡的惨剧。

实际上，"酷吏"们迫害的并不是普通的底层百姓，而是地方豪强。这里面冤案肯定很多，"酷吏"收黑钱搞栽赃整人的事情也不少，这是不可避免的。汉武帝一方面任用"酷吏"，一方面"酷吏"只要被举报犯有贪污或者滥杀的罪行，并且证据确凿，也坚决予以惩处。这是解决问题的正确做法。

以刘据的社会阅历，他不可能了解老百姓和豪强的区别，他认为父亲跟秦始皇一样在搞"暴政"，国家可能会像秦朝一样灭亡，他可不想当秦二世。因此，刘据就处处与"酷吏"为敌。他不懂得，父亲其实是在努力修补帝国制度的一个重大缺陷。

当时汉武帝已经66岁了，健康状况也不好。江充等人害怕武帝死后他们会被整肃——这几乎是一定的，便利用汉武帝生病去城外宫殿休养的机会，以搜查"巫蛊"为名，从太子府里面搜出来了一些针扎小人，上面有武帝的生辰八字之类的东西。江充想要以此为证据，告发太子想咒死皇帝、早日继位。

刘据得知以后，慌乱之中竟然发兵将江充等人杀掉。江充的亲信逃脱，急报太子谋反。

汉武帝起初并不相信，派人去了解情况。刘据起兵杀人之后头脑发昏，不是第一时间派人向武帝通报，而是占领宫城，大肆搜捕江充余党。武帝的使者被吓得不敢进入城内，根据外围的情况就认为太子已经谋反。武帝这才下令发兵。刘据也是横下一条心，竟然跟父亲派来的军队硬拼。汉武帝的军队是当时最强大的武装力量，刘据那点乌合之众不是对手，最后他兵败自杀。

汉武帝死后，豪强势力反攻，"酷吏"遭到整肃。100年后，皇太后的侄子王莽（他是一个理想主义的儒家知识分子，生活俭朴，以建立一个儒家理想国为人生目标）利用太后的信任和个人声望夺取皇位，又开始了新一轮抑制豪强的改革。王莽试图把全国的土地收归国有，然后平均分配，但是他的权力并不稳固。他的改革方案比汉武帝的还要激进，但他却远远没有汉武帝的威信和政治才能。改革最终失败，王莽本人也被杀掉，汉朝后裔刘秀夺回皇帝之位，建立了东汉。在开国之初短期打击豪强之后，东汉最终还是走上了跟西汉一样的豪强称雄的道路。

除了土地兼并以外，汉朝还有一个很严重的问题，就是始终没有建立起合适的官员选拔制度。那个时候还没有科举制，主要是靠下面推荐和上级考察相结合的制度，也就是所谓的"察举制"，后来又叫作"举孝廉"，即让有孝心的人进入官场，让清廉的官员被提拔。

孝和廉的判断标准非常主观，容易弄虚作假。什么样的人能被"察举"、能当上"孝廉"，没有一个说得清楚的标准。越是地方豪强子弟，越容易打通关节，被地方官员"推举"。官员之间也会互相推举，你提拔我的孩子，我提拔你的孩子。这是必然出现的结果。

随着时间的推移，举荐豪强子弟的行为越来越赤裸裸，不是豪强家庭出身的子弟基本没有做官的机会，最终形成了豪强问题的加强版——门阀政治。

豪强主要在地方上称王称霸，"门阀"则是一些超级大豪强在中央称王称霸。这些家族的子弟仅凭出身就能获得中央的高级职位，比如后来跟曹操争霸的袁绍，他们家就号称"四世三公"，也就是连着四代人都担任"三公"①领导职务。这样的门阀家族，一般被称为"士族"。

到了这个份儿上，皇帝的权力就基本被架空了：地方被豪强控制，中央政府官员由门阀世袭。豪强是郡县这一级的武装地主，门阀就是国家级的豪强。秦始皇建立的把生产资料所有权和政治权力分开的郡县制度也随之失效，"分封制"

---

① "三公"指负责政府管理的丞相、负责军事指挥的太尉和负责监察的御史大夫。东汉末年，"三公"的官职名称为司徒、司空、太尉。

意义上的封建制度"复辟"。

所谓"封建复辟"，就是说：夏商周时期的"封建制度"指的是"封土建制"，即分封大片土地的人同时被授予土地上的政治治理之权；尽管这个制度被郡县制代替了，但通过土地兼并的方式，大片的土地再次集中，并且有大片土地的人利用政治腐败和"察举制"变成了政府官员，或者政府官员利用权势霸占大片的土地，地主阶级和官僚阶级合二为一，最后形成豪强和门阀集团。

这个集团的特点是政治权力和生产资料所有权一体化，跟夏商周时期或欧洲中世纪的封建领主的特点一致。这个集团掌权，就可以称之为"封建制度"的"复辟"，皇帝制度名存实亡了。

秦朝的皇帝和夏商周的君王有什么区别呢？最大的区别就是：商周的君王通过诸侯来治理国家，诸侯的位置是世袭的，而且在诸侯的封地内部，政治、军事、经济都由诸侯说了算；而秦朝的皇帝，则直接选拔官员来管理国家，政令畅通无阻，官员只是职业，不能世袭。当皇帝失去了选拔官员的权力，只能根据世袭血统来分配权力的时候，皇帝制度就退化成了跟欧洲中世纪的国王制度差不多的东西。

按照帝国政治设计，官僚集团应该和地主富豪阶级脱钩，也就是说做官的就不应该拥有大量的生产资料或财富，当地主富豪就不应该做官。只有这样，政治权力才能制衡经济权力，保障社会公平。如果官员不能抵制经济利益的诱惑，通过被动受贿，或者主动出击强取豪夺别人土地等形式，变成了大地主、大富豪时，慢慢地，他们的利益就跟地主富豪一致了，掌握大量土地和财富的人同时也掌握政治权力，也就是恢复了"封建制度"。

随着土地兼并规模的扩大，地主和官僚勾结的情况日益严重。汉武帝逐渐发现：在他的官僚集团内部，形成了一个"封建主义"的当权势力。这些人希望帝国回到"封建主义"的道路上去，让大土地所有者在其拥有土地的范围内代替政府行使权力。这是不利于帝国统治的，对皇帝不利，对老百姓也不利，只对豪强地主和腐败官员有利。为了打击这些封建势力，汉武帝任用酷吏，杀贪官，徙豪强，把大地主的土地没收了分配给农民。

五、魏晋风度：门阀政治的终极产物

汉武帝的改革让汉朝重获生机，使其进入了长时期的繁荣。但随着时间的推移，地主豪强做大和官僚体系腐败等问题又逐渐严重起来。东汉王朝建立 159 年后，社会矛盾终于激化到了非暴力不能解决的程度，底层人民发动了黄巾起义。地方豪强组织私人武装，把这次农民起义扑灭了。但是豪强势力也因此坐大，以前他们只是和政治结合，现在则进一步掌握了军队。中央政权因此完全失去权威，国家进入了豪强武装主导的军事割据时期。

各地军阀互相征战的结果是：曹操集团占据了北方的黄河流域，刘备集团占据了四川和汉中地区，孙策、孙权集团占据了长江中下游地区。这些人都是依靠豪强地主的支持，靠镇压黄巾起义起家的，但他们都不是来自最高贵的豪门望族。这也说明，豪门大族经过上百年的权力世袭已经非常腐朽，不能培养出具有卓越才能的乱世英雄。

三个军事集团的领袖都陆续采取了一些抑制豪强的政策措施。由于国家没有统一，他们也不可能像汉武帝那样采取彻底的手段来整治豪强，否则政权就有被内外势力勾结起来颠覆的危险。

公元 220 年，大权独揽的汉朝丞相、北方军事集团的首领曹操去世。他的儿子曹丕和门阀家族达成政治交易，确定"九品中正制"，将家庭出身的高贵程度作为选拔官员的主要标准。这也就否认了他父亲抑制豪强、任人唯贤的政策，重新在制度层面认可了门阀大家族的政治特权。

作为回报，这些大家族支持曹丕称帝，逼迫汉献帝禅让。汉朝灭亡。

曹丕背叛了他父亲的政治路线，通过跟门阀政治结合的方式来篡夺皇位。

同时，这也为他的魏帝国埋下了灭亡的种子。

曹家并不是门阀世家。曹操的父亲曹嵩是大太监曹腾的养子[①]，虽然也做到了"九卿"高位，后来还花钱买了一个"三公"的头衔，也算是位极人臣了，但只有一代人的积累，不能算是"世家"或者"士族"。特别是曹腾属于宦官集团，更是被门阀世家看不起。

士族、世家一定要世代做官，而且有大量的土地，有一个由无数大中小豪强地主组成的家族集团，依靠家族共同的政治经济实力来支撑权力。像司马家族，其祖先在项羽称霸的时候就被封王，后来子孙世代居于河内，是当地最大的地主集团，在东汉中后期每一代人里面都有中央级官员，这才能称为门阀士族。宦官都是最穷人家的孩子被迫阉割入宫，是直接从皇帝那里获得权力，从本质上是跟门阀家族的权力来源有冲突的。

曹操的父亲虽然是"三公"，但曹操本人只做到了一个议郎的小官，没什么实权。作为"三公"的儿子，这个位置算是很低了。

黄巾起义爆发，天下大乱，曹操自己拉起一支队伍南征北战，统一了中国北方。他军权在握，门阀大家族不得不向他低头。他们仍然跟对付汉武帝一样，在"接班人"身上做文章，利用曹丕和曹植争夺继承权的机会，跟两个接班人都结成了政治同盟。曹丕主要依靠司马家族，曹植主要依靠弘农杨氏、清河崔氏。最后不管谁上位，门阀政治一定会复辟，原因不在于继承人的政治立场，而在于他们没有曹操的军事权威，要想平稳执政，必须要有大门阀家族的支持。

曹操定下来曹丕继位以后，就杀掉了杨修和崔琰这两大家族的代表人物。但这无济于事，家族势力不会因为死掉某几个人就消亡了。"九品中正制"确立

---

① 有一种说法，说曹操是西汉第二任丞相曹参的后代。2013年，复旦大学历史学和人类学联合课题组对汉代丞相曹参的家族基因进行验证分析，显示曹参与曹操的家族基因没有关系。还有一种说法，说曹操的父亲原来姓夏侯，也被基因验证否定。现在看来，曹嵩应该是曹腾从他们家的亲戚内部过继的，曹家没有显赫的历史背景。

以后，门阀家族很快就联合起来对付皇帝。曹家毕竟不是豪强士族，大家觉得政权还是掌握在自己人手里可靠。魏帝国立国 45 年后，大权在握的司马家族仿照曹丕的手法，逼迫皇帝曹奂禅让，建立了晋帝国。

晋帝国是一个纯粹由门阀家族建立和统治的政权。经过数百年的发展，这些特权家族已经非常堕落，家族上层从一生下来就锦衣玉食，等着朝廷给官做，根本不知道民生疾苦为何物。皇帝司马衷听说农民因为没有粮食而饿死，却问"何不食肉糜"，就是这个背景下闹出来的笑话。所以晋帝国从一开始就不具备一个新朝代的那种革新气象，它能够统一中国，主要原因是南方的政权也被豪强家族控制，变得同样腐朽。南方的豪强势力并无兴趣维护刘备和孙权后人的统治，反而很倾慕"九品中正制"，北方的大军一到，他们就投降了。

刚刚完成国家统一，晋帝国内部就爆发了"八王之乱"。司马家的八个亲王为了争夺皇位，在各自豪强势力的支持下展开内战。这再一次证明，"封建制度"不可能维持国家统一。只要允许地方豪强掌握武装力量，国家一定会陷入混乱。

夏商周时期，"封建制度"能够基本维持而不至于发生全国性的大混战，主要是因为当时的生产力发展水平比较低，各地之间的道路交通也不发达，诸侯国要想对外发动战争，后勤物资运输线跟不上。所以，这种分封的状态可以勉强维持。中央政府本质上只是最强大的诸侯国，由它来组织各国共同对抗异族入侵；还有就是起到一个仲裁机构的作用，协调诸侯国之间的矛盾，减少内部战争。

周王国消灭了商王国，其实就是周部落战胜了商部落，成为华夏部落联盟的首领。商部落的人被强制迁徙到中国各地，他们失去了故土，就开始利用原来的部落关系在各个诸侯国之间做生意，所以后来的生意人就被叫作"商人"。

随着生产力的发展，诸侯国可以养活更强大的军队，更多的道路被开拓出来，跨国长途物资运输成本大幅度降低，"商人"可以很方便地在各个诸侯国之间做生意。这个时候，分封制就失去了存在的生产力基础。诸侯国之间开始大打出手，大诸侯国不停地吞并周边的小国。到了战国后期，粮食产量和交通条件已经可以支持数十万人的兵团在整个黄河流域自由行动，中国统一的条件也就成熟了，"天无二日、国无二主"的时代来临。中央集权的郡县制取代了诸侯割据的分封制。这就是一个典型的"经济基础决定上层建筑"的案例。

到了魏晋时期，农业生产和道路交通更为发达，各地的封建割据势力都可以随时发兵四处征讨，他们之间不可能和平共存。任何势力只要稍微强大一点，都想趁机消灭周围弱小的邻居，只有这样才能获得安全感。

中原地区的混战为北方少数民族入侵创造了条件。公元316年，晋帝国立国51年后，首都洛阳被匈奴攻陷，西晋灭亡。公元317年，司马睿在建康（今江苏南京）重建政权，东晋建立。在北方，五大少数民族和汉民族纷纷建立政权，彼此之间继续混战。阶级矛盾、政治矛盾、民族矛盾集合在一起，冲突杀戮不断，整个国家陷入了空前的动乱。

偏居江南的东晋帝国仍然继续搞它的门阀政治，内部始终动荡不安，直到公元420年亡于军事政变。此后，中国南方经历了宋、齐、梁、陈四个朝代，合称"南朝"。在这期间，门阀政治仍维持不变。

在"九品中正制"时期，也就是魏帝国、西晋、东晋以及宋、齐、梁、陈时代，门阀士族过着一种非常舒服而又糜烂的生活。他们中的许多人不了解民间疾苦，不懂得实现人生抱负，每日醉生梦死，养了一大批文人墨客，玩弄诗词、书法、音乐。因为他们从生下来就不缺钱，所以自视清高，鄙视物质生产生活，形成所谓的"魏晋风度"。

比较典型的就是东晋著名的书法家王羲之、王献之父子。他们出生于琅琊王氏，这是一个兴起于山东的门阀世家。西晋战乱的时候，该家族集体南迁，因拥戴东晋第一任皇帝司马睿有功，而成为东晋数一数二的大家族。当时就有"王与马，共天下"的说法，就是王家和司马家共同拥有天下。王羲之父子二人从小养尊处优，除了练习书法以外，什么都不会。但是国家仍然根据出身给他们大官做，又当刺史又当将军的。他们既不懂政务，也不会打仗，只不过领着国家的俸禄继续玩书法，纠集一大批"名士"成天吟诗作赋、喝酒寻乐，然后感慨人生苦短。名篇《兰亭序》就是这么写成的。

琅琊王家还出了一个很有名的人，叫王衍，他是西晋末年的宰相，竟然以从不过问国家大事为荣，天天跟人清谈老庄哲学。最有名的典故就是：他嘴里从来不会出现"钱"这个字，因为他觉得钱这种东西太庸俗了。有一天他的妻子跟他开玩笑，趁他睡着的时候在床上床下都堆满了铜钱，心想他起床看到了肯定会说"钱"字。结果他起来以后却说：除却阿堵物！也就是"把这个添堵的玩意儿给我挪开"。后来就有很多文人骚客喜欢向王衍学习，把钱称之为"阿堵物"以显示自己的清高。

西晋兵败后，王衍被俘，对方的将军石勒问他兵败原因。他却说，我是研究老庄哲学思想的，从来不过问国家大事，啥都不知道。石勒这个人出身底层，从小就被当作奴隶贩卖，父母都死于暴政的迫害，听到这里勃然大怒，说："你是国家的宰相，做了几十年的大官，名动天下，竟然宣称自己对国家事务完全不知道。好好一个国家，就是被你们这种人弄垮的。"于是把他活埋了。

所以说，魏晋时期这种所谓的"风度"，并不完全是什么值得追慕的好东西，从某种意义上来看不过是权贵阶层生活糜烂的产物。王衍们的"风度"，是建立在石勒这种底层老百姓悲惨命运基础上的，二者之间有一定的因果关系。这些"魏晋名士"之所以自命清高，并不是他们真的不喜欢钱财和权力或有更高的理想和追求，而是钱财和权力来得太容易的缘故。

六、佛教西来：魏太武帝和周武帝对佛教的世俗化改造

魏晋南北朝时期中国发生的另一件大事就是佛教的传播和中国化。佛教起源于古印度，东汉时传入中国。魏晋时期，天下大乱，佛教有关轮回转世的说

法很容易被饱受战乱之苦的中国人所接受，他们希望可以通过信佛来让自己的下辈子过上美好的生活。腐败的统治阶级把它当成了让人民放弃反抗现实压迫和痛苦的有力工具，因此大加宣传和推崇。

中华文明作为世界上最早进入农耕社会的文明之一，很早就实现了宗教与政治活动的分离，从宗教社会进入了世俗社会。战争、治水和农业耕作，都是社会文明世俗化的重要驱动力。战争和治水活动要求领袖人物必须按照客观规律行事，否则就会遭遇失败。农业耕作带来的定居环境，可以大大降低人类对超自然力量的恐惧感。华夏文明由于很早就进入了农耕社会，文明的传承又一直没有断绝，世俗化程度也就长期领先于其他古文明。在上古传说中，黄帝的孙子颛顼就曾经下令"绝地天通"，禁止民间巫师私自与天上的神仙沟通，将对天神意志的解释权收归君主所有。这是中华文明中世俗政治权力与宗教权力斗争并取得胜利的最早标志。从可靠的文献记载来看，最晚到了西周，中国国家政权就已经完全世俗化了。春秋战国时期，诸子百家争鸣，各大思想流派的政治观点各不相同，但在世俗价值高于宗教价值的问题上并无不同。儒家学派的创始人孔子认为，"敬鬼神而远之""祭如在，祭神如神在"。他强调对鬼神之说应保持一种敬而远之的态度，只在形式上尊崇而实际上应完全按照世俗的价值观念去行动。

在世俗化国家中，最高权力由国王或皇帝掌握，不属于宗教领袖。宗教领袖只能为统治者服务，而不能掌握政治军事权力。中国君主虽然也会宣传"君权神授"这样的理念，但在实际操作上，讲究的是君主之于人民就好像父亲之于子女一样，既拥有伦理上的统治权，又必须承担让人民幸福生活的责任。世俗化君主治理下的政府，也由一群世俗化的官员来管理，他们的权力来源于君主任命，而不是神灵授权。地方官员可以组织求雨祭神之类的宗教活动，也可以禁止他们认为的扰乱社会的宗教活动。战国时期，魏国地方官员西门豹听说本地有巫婆煽动当地老百姓将年轻女子投入河中祭祀河神，以避免河神发怒制造水患。他就下令把巫婆丢进了河里，然后组织老百姓修建水利工程来消除水患，最后取得成功。

欧洲一直到 16 世纪宗教改革运动以后，才逐步摆脱宗教的统治，从宗教社会进入世俗社会。在社会形态方面，中国领先了欧洲最少 2500 年。世俗化是中华文明最重要的特征之一，也是古代中国强盛的意识形态根源。在其他文明还在采用类似于用年轻女子作为祭品的方式来消灭水患的时候，中国的政治家们就已经忙着带领人民修建各种水利工程了。

中国古代一直有许多民间宗教，但早已被世俗政权所驯服，其教义主要为个人追求长生不老服务，或者为人们在面对生老病死等问题上提供精神寄托，主要集中于私人事务。宗教一旦进入公共领域，比如求雨、祭祀等活动，那就必须由政府而非寺庙主导。中国底层人民还喜欢利用宗教旗号造反，但真正掌权的是战争英雄而非宗教教主。佛教未传入之前，中国并不存在宗教特权阶层。

相反，在佛教的诞生地古印度，宗教特权长期存在，宗教祭司阶层的地位甚至高于帝王将相的地位。佛教也天然包含了宗教高于世俗的基本信念。佛教的传入极大地冲击了中华文明的世俗化传统。僧侣通过向统治阶层传教来谋求政治特权，为佛教寺庙争取到了各种免除税收和劳役的权利。各种土地只要被记入佛寺名下，就可以不用交税；一个人只要被佛寺认证为僧侣或者他们的仆从，就可以免除劳役。这造成了大量劳动力和社会财富向佛寺集中。无数僧侣不劳而获，不交税，不服劳役，还拥有大量的仆役和婢女，成为特权阶层。

被宗教狂热感染的皇帝和官员们疯狂修建佛寺，而不顾及自己的政治责任，其中最著名的是南朝的梁武帝萧衍。他原来比较相信道教，但接触到佛经以后，就变成了狂热的佛教信徒。他率领大小官员及随从数千人到佛寺门口跪拜，当众宣布自己皈依佛门，然后终日吃斋念佛，不过问国家大事。在萧衍的大力倡导之下，南朝佛教很快达到鼎盛，仅京城建康一处，寺院就多达 500 余所，僧尼 10 万余人。他亲自下令建造的寺院就有大爱敬、智度、光宅、解脱、开善、同泰等等。唐朝诗人杜牧在《江南春》中写道："南朝四百八十寺，多少楼台烟雨中。"该诗句反映了当年修建佛寺的狂热景象。

门阀家族的腐朽堕落与佛教逃避人生义务的思想结合起来，成为魏晋时期社会动荡的一大动因。在佛教这个外来宗教思想的剧烈冲击下，中国社会面临着从世俗社会向宗教社会倒退的巨大危险。在南朝，一些对国家和民族的命运抱有强烈责任感的儒家、法家、道家等传统中国学派的知识分子挺身而出，反对佛教的传播，努力捍卫中华文明的世俗传统。著名学者范缜写作了《神灭论》，大力驳斥佛教关于转世轮回、因果报应的说法，产生了很大的影响。梁武帝萧衍亲自下诏反对《神灭论》，还组织诸多御用学者与范缜辩论。范缜不畏强权，一一反驳，丝毫不落下风。

尽管如此，这种学者的抗议总归只是纸上谈兵，无力改变整个社会的大趋势。在门阀家族的腐朽统治下，佛教的传播在南朝愈演愈烈、无法遏制。

当南朝的门阀贵族沉溺于魏晋风度和佛教玄学中的时候，北方民族融合的大混战基本消灭了门阀贵族，在战争中崛起的各方势力开始利用世俗化的君主专制权力来向佛教宣战。公元438年，北魏太武帝拓跋焘勒令50岁以下的僧侣必须还俗，要求其自食其力并履行劳役和兵役。同时拓跋焘禁止帝国官员供养僧侣，一经发现，被供养的僧侣和官员一齐处死。一些佛寺试图组织起来反抗，但遭到了严厉的镇压。这一政策极大地增加了帝国的劳动力和兵源，而且促进了土地的开垦，大大增强了帝国的实力，同时降低了普通人民的税收和劳役负担。公元439年，拓跋焘消灭北凉，基本上统一了北方。

公元534年，北魏由于内部斗争分裂成了东魏和西魏，然后这两个政权又分别被北齐和北周取代。公元574年，北周武帝宇文邕效仿魏太武帝，再次灭佛。他下令全国的僧侣全部还俗，焚毁一切寺庙和经书。这个命令执行得相当彻底，最终毁掉了4万座庙宇，强迫300万僧侣还俗，增加了1/10的编户人口和大量的土地。最终的结果就是"民役稍希、租调年增、兵师日盛"。北周武帝借内部改革之威，很快消灭北齐，再次统一北方。

在这场世俗政权与宗教势力血与火的斗争中，世俗政权取得了胜利，佛教被迫做出改变，开启了它的中国化进程，学会了如何与世俗社会共存，强调远离尘世的清修和思想上的开悟。僧侣不得再奴役人口、驱使婢女。信徒的施舍和自身的劳作取代收取地租，成为僧侣的主要经济来源。

七、杨坚复辟：中央集权的回归

中国北方经过超过 200 年血流成河的大混战，民族融合基本完成，在大量消灭了豪强地主的势力之后，其军事精英集团不仅具备了改造佛教的能力，也具备了消灭土地"封建制度"的能力。

公元 439 年，鲜卑族建立的北魏统一了北方。北魏孝文帝大力推行改革，其中最重要的是均田制。这个后面再说。另一个很重要的改革，就是在农村地区建立"三长制"：五家为邻，设一邻长；五邻为里，设一里长；五里为党，设一党长。这"邻长""里长""党长"并称"三长"，职责是检查户口、维护治安、征收田赋、组织大家服兵役与徭役，属于准国家公务员，由县政府统一管理。

这个"三长制"的意义很大，它打破了西汉末年以来地主豪强实际上的封建割据。

我们知道，秦朝是国家一管到底，地方上不仅有郡县两级，乡里面还有亭长、里长。亭长、里长直接由县令任命，是领国家工资的公职人员[①]。

汉高祖刘邦就当过亭长，相当于今天的乡长。他负责组织本地区的农民去首都服劳役。在给秦始皇修建宫殿的过程中，他正好看到了秦始皇的仪仗队经

---

① 亭长、里长跟郡守、县令的主要区别是郡守和县令有回避制度，本地人一般不能当本地的县令，但亭长、里长则基本都是本地人。县令以上的官员是国家正式编制，会跨地域调动、升迁，而亭长、里长则不会纳入这个官员序列，属于基层自治机构的代表。

过，就感叹说："大丈夫就该如此。"还有一次他带人去服劳役，结果很多人中途逃跑了，因为秦朝劳役负担太重，刘邦根本管不住。按照秦朝的法律，这种情况下他会被治罪，甚至可能被砍头。刘邦一咬牙，干脆带着剩下的人躲进山里。等到陈胜、吴广起义以后，他才带着同行的人下山来攻占老家的县城，宣布"起义"了。

汉朝建立以后，继承了秦朝的乡村管理制度。但是到了西汉末年和东汉时期，地方上的豪强地主势力坐大，里长、亭长基本上就形同虚设了。这些名义上的国家官吏实际上就管不着乡村地区了，乡村事务都是豪强地主说了算。

从东汉末年开始的战乱时期，地方豪强纷纷成立私人武装，建设山寨堡垒等，保卫自己的地盘，管理土地上的人民，中央要征税、征兵等都要通过这些豪强。这种体制被后世称为"宗主督护制"，非常接近于古代欧洲的封建领主制。北魏强力推进"三长制"，就是努力恢复秦朝的中央直管农村的体制，用来取代"宗主督护制"。这标志着中央权威的回归。

后来北魏分裂成了东魏和西魏，随后这两个魏国又分别被北齐和北周取代。然后北周灭掉北齐，再次统一北方。

公元 581 年，北周皇太后杨丽华的父亲杨坚，利用皇帝年幼的机会掌握了大权，逼迫皇帝禅让，建立了隋帝国。公元 589 年，杨坚下旨发兵南征，消灭了南朝陈，统一了中国。

杨坚夺位的过程顺利得出奇：他既没有立下过什么军功，也没有治理国家的政绩，从亳州主管被提拔到丞相的位置只有一年，就先后杀掉北周的主要宗室成员，顺利登上皇位，夺位前后都没有发生过一点儿政治动荡，堪称权臣夺位的"最佳典范"。

杨坚能够这么顺利地夺位，主要是背后有汉族精英集团的支持。

经过 200 多年的民族融合，虽然表面上北魏、东西魏、北周的皇帝都还是鲜卑族，但这些少数民族的人数很少，文化程度跟汉族比起来也差得很远。汉族主要是受门阀政治的影响太深。门阀势力被消灭以后，来自普通家庭的汉族优秀人才很快就进入了国家统治阶层。到了北周的时候，行政和军事权力大部分都已经掌握在了汉人手中。

比较典型的就是杨坚的父亲杨忠，他在乱世中利用自己的勇气和才干，一步一步从流民、士兵成长为国家最重要的军事统帅。

这些汉人对中国长期处于鲜卑族统治之下很不满意。在这种情况下，杨坚以杨忠儿子的身份，代表汉族重新夺回皇权，整个过程显得顺理成章。他只不过是完成了汉族的最后一击，鲜卑政权在此之前其实早已被汉人接管了，除了皇帝是鲜卑族以外，其他实权派几乎都是汉族。所以杨坚并不需要进行很多复杂的策划，直接把皇帝家的亲戚抓起来杀掉就完事了，军方和文官集团方面都没有表示异议。

八、科举革命：走向鼎盛的帝国

经过了 200 多年的大分裂之后，统一中国的杨坚就像秦始皇一样，推行了很多影响中国上千年的改革，诸如制定完备的帝制法律体系《开皇律》、确立三省六部制等等，但其中最重要的是建立了科举制度。这个制度成为门阀政治的终极克星，为后来的大唐盛世奠定了最重要的制度基础。

杨坚对中国帝制时代的影响仅次于秦始皇。可以说，杨坚是一个具有秦始皇优点而没有秦始皇缺点的伟大君王。他跟秦始皇一样具备雄才大略，但是注意节俭，爱护民力，废除了苛刻的刑罚。他发动战争和修建工程主要都是从国家民族的利益出发，只求达到目的，不会好大喜功。他也没有耗费巨资为自己修建奢华的宫殿，其陵墓修建标准只相当于汉朝的公卿级别而不是皇帝级别。

经过杨坚 20 年的努力，中国完全复兴，版图、人口、耕地面积都达到了历史上的最大规模。从各方面来看，隋朝都将成为一个辉煌的大一统王朝。不过它运气不好，遇到了中国历史上头号暴君杨广。

如果说杨坚有秦始皇的优点而没有他的缺点，那么杨广则正好相反，有秦始皇的缺点却没有秦始皇的优点。

我们前面说了，秦始皇同时干了三件事，超过了人民的承受能力，导致国家覆亡：发动对匈奴和南越的战争、修建长城和"秦直道"、修建超大规模的宫殿和陵墓。杨广在这三个方面一点儿不落地全干了：三次远征高句丽、修建大运河、营建东都洛阳。

按照隋帝国当时的国力，杨广如果只干其中任何两件事，帝国都不太可能灭亡。但他三管齐下，终于引起了跟秦末农民大起义一样遍地开花的大暴动。最后李渊、李世民父子出来终结了混战，建立了唐朝。

唐帝国借鉴了从北魏以来各个朝代的制度探索，力求彻底避免毁灭汉朝的门阀政治。它最重要的制度有两个：均田制①和科举制。

先来讲讲均田制。

均田制是为了抑制土地兼并，从经济根源上掐断门阀家族的命脉。

唐代田令规定了每户最多可以占有多少亩田地，一个青壮年男子的家庭上限大概是100亩。超过上限的要收归国有，不足这个数量的可以向官府申请补足。

但在实际操作过程中，不太可能真的补足上限，这太理想化了。立国初期，由于战乱频发，官府手里有一些无主的荒地，没有土地的农民可以申请一点儿。如果某地大部分人都很缺土地，而有个别家庭土地太多的，则需要拿一点儿出来分配给没有土地的本地户籍农民。缺少或没有土地的人可以自己去开垦荒地，垦出来后归自己，通过申请授田的方式取得官府的事后承认。总之，就是想办法保障大部分小农家庭都有一块可供糊口的土地。

---

① 唐朝法令中并没有"均田制"或者"均田令"的叫法，这个名称是后人把北魏的均田制套用过来的。唐朝基本的土地制度安排是跟北魏的均田制一脉相承的。

这个制度还限制了土地占有的上限，超标部分是违法的。按照法律，超过的部分要收归国有，然后再分配给没有土地或者不够上限的农民。

不同品级的官员所能拥有的土地数量的上限不一样：亲王最多可以有 1 万亩土地，一品官可以有 6000 亩土地，而最低的九品官只能有 200 亩，是普通家庭上限的 2 倍。[①]

官员如果违规侵占老百姓的土地，达到一亩以上就会被打 60 大板，最高的处罚是发配到边疆做两年苦役。这对于地主和官员勾结进行土地兼并而言是一个威慑。

唐太宗李世民的时候，泽州刺史张长贵、赵士达，各占泽州境内良田数千亩，被举报之后，土地就被没收分给了贫民。唐太宗的儿子李治登基那一年十月，有人举报顾命大臣、当朝宰相褚遂良低价强买别人的土地，褚遂良很快就被贬职到地方上去当刺史。连宰相都会被贬职，可见唐朝前期对土地兼并惩罚之严格。

再来说科举制。

比均田制影响更为深远的就是科举制了。有了这个制度，国家终于可以比较独立、客观地选拔政治人才了。科举制度主要是一个"门槛"，进入官场以后还是要按照别的规则来决定官员能否升迁。但是这个"门槛"本身明确了官僚集团的准入条件：有钱的、没钱的，大地主、小地主、普通农民家庭的人，只要科举能够得到好的成绩，就可以进入官僚集团。这就从制度上切断了政治权力和经济实力之间的关系，也就不可能再有可以世代做官的家族出现了。

科举是人类历史上一项伟大的政治发明，它标志着帝国制度开始走向完善。中华帝制相对于"封建"国家，最重要的一个进步在于：政治权力和经济权力的分立，有了非常坚实的制度基础，基于财产继承的经济阶级不再与政治统治阶

---

① 《新唐书·卷五十五·志第四十五》："一品有职分田十二顷，二品十顷，三品九顷，四品七顷，五品六顷，六品四顷，七品三顷五十亩，八品二顷五十亩，九品二顷"；"亲王以下又有永业田百顷，职事官一品六十顷"。

层直接相关。中国从此有了一条社会中下层的杰出人物进入统治阶层的常态通道，无数英雄人物开始通过这条通道来践行自己治国平天下的理想，而无须等待天下大乱的时机。

由于有了这么一条大通道，阶级之间有了流动的可能性，所以像东汉末年那么强悍而顽固的门阀政治就被消灭了，不可能再次出现。

注意，我们这里说的消灭是指消灭了享有做官特权的门阀世家，并不是消灭了名门望族，后世还有很多"书香门第"。一个家族能够连续不断地出现高官名士，那是因为他们具有良好的家族教育传承，能够持续地培养出优秀的后代。从这个意义上来说，这种"门第"对社会进步是有益的。

没有了可以独霸一方的封建门阀家族，国家统一变得更为容易。从汉朝灭亡到隋朝统一，足足经过了369年的时间，接近4个世纪。这个时间太漫长、太恐怖了。春秋战国的混战时期，至少出现了诸子百家争鸣这样伟大的思想盛况，而门阀政治下的内战，则导致南北长期分裂割据，民族矛盾尖锐，政治腐败黑暗。

自从隋文帝杨坚建立科举制度以后，中国改朝换代的混战时间大大缩短。从唐朝灭亡到北宋基本统一中国，只用了70多年。此后，宋元明清四个大统一王朝之间都是"无缝连接"，再也没有出现过旧的王朝灭亡、新的王朝尚未建立的大混战时期。即使把农民起义的时间算进来，从唐末黄巢起义到北宋基本统一中国只用了100多年；元末农民起义爆发到朱元璋统一中国，只用了不到20年；从明末农民起义爆发到清朝基本统一中国，也只用了不到40年。

这是因为地方上已经没有了封建割据势力，同时，优秀人才都被吸收进了垂直管理的官僚系统。新政权只要摧毁旧的中央政权，很快就能统一中国，并且继续沿用原来的管理体系。这使得中国人可以在帝制时代享有更长的和平时光，使得中华民族成为古代世界生活相当幸福的民族，中华帝制也因此成为人类古代历史上相当成功的国家制度。

第二章

由大唐盛世
至元朝灭亡

无法摆脱的
兴衰宿命？

一、盛极而衰：中华帝国无法突破的300年大限

唐朝充分借鉴了前代的经验教训，以郡县制为骨架，以均田制抑制土地兼并，以科举制促进政治平等，把帝国制度推向了成熟。中华文明也迎来了它最辉煌的时代：盛唐。

然而这个伟大的朝代终究还是消失了。在历史上存在了289年，在打破了秦、西汉、东汉、西晋、隋这五个大一统王朝的生存纪录之后，它永远地消失了。

秦朝和隋朝亡于暴君，两汉和晋朝亡于门阀。那唐朝亡于什么呢？

唐朝亡于"帝制的绝症"，一种帝国制度无法解决的致命缺陷。

帝制的绝症，有点像人类的癌症，它是一种"高级病"。在人类古代医疗史上，几乎没有癌症记录。但是到了现代，癌症成了人类的第一大死因。所以就有很多人觉得，我们现代人的生活方式"不健康"，想要回到古代那种生活。

后来医学研究发现，癌症其实是跟人的年龄密切相关的一种病变。人的身体几乎每天都会产生癌细胞，但人在40岁前免疫系统比较强，可以杀死癌细胞，得癌症的概率极低，而过了70岁以后，免疫系统功能逐渐下降，得癌症的风险就会急剧上升。所以环境好、收入高、医疗水平高的国家，癌症发病率比非洲高得多，关键原因在于人家寿命长。如果将来人均寿命超过100岁了，癌症发病率还会更高。

所以，癌症这种病是现代文明导致的"富贵病"。在近代以前，由于医疗条件太差，世界各国的人均寿命很少超过40岁[1]。在现代社会，像澳大利亚、挪威

---

[1] 林万孝，《我国历代人的平均寿命和预期寿命》，载《生命与灾祸》，1996第5期；徐浩，《中世纪欧洲的老年群体与养老模式》，载《经济社会史评论》，2020年第1期。

这些国家，人均寿命都超过 80 岁了，所以癌症就成了第一大致命疾病。

唐朝灭亡的原因，就跟发达国家有很多人死于癌症一样：唐朝把帝国制度的各种缺陷都完善了，王朝的寿命延长了，以前没有出现过的导致帝国灭亡的致命问题就出现了。而这个问题又近乎绝症，帝国制度无法根治，只要达到一定时间，就一定会导致一个王朝的覆灭。

"帝国之癌"的病根是什么呢？从古至今，这个问题一直存在巨大的争论。关于病根的争论，对中国的命运影响极大。

这个致命的疾病从表面上看，就是到了帝国后期，土地兼并到了一定程度，农民失去大量土地，同时却还要继续承担沉重的税收和劳役负担。这就让他们越来越难以生存，最后只能暴力反抗，农民起义就这样发生了。

发生农民起义是帝国的常态，即使在各种治世、盛世也屡见不鲜。只不过在正常年景，老百姓虽然生活艰难，但勉强还活得下去，小规模的农民起义很快就会被政府镇压下去。只有当人民在统治阶级的剥削和压迫下普遍面临生存困境的时候，小规模的农民起义才会像火种一样形成燎原之势，无法被扑灭，最终烧遍整个中国，推翻一个大一统王朝。

中国的帝制朝代，最长的也没有超过 300 年。如果对应人的寿命 100 岁的话，立国 210 年的朝代大概就相当于人的 70 岁。基本上"70 岁"以前的帝国都不会爆发毁灭性的农民起义，像东汉只持续了 100 多年，虽然爆发了黄巾起义，但不到一年就被豪强地主武装扑灭了。

西汉的统治持续了 210 年，刚好到了"70 岁"这条红线，土地兼并问题已经很严重了，大规模农民起义的临界点眼看就要到了。然后，王莽出来篡夺了皇位，开始土地国有化改革。结果改革失败，这才诱发了大起义。所以，西汉还差那么一点点才能死于"癌症"，结果被治病心切的"庸医"王莽给葬送了，可以算是死于一次"医疗事故"。

西晋、东晋的灭亡都是因为门阀政治。北宋延续了 167 年，南宋延续了 152

年，其间农民起义不断，但都没有毁灭性的大起义，秦朝、隋朝是由于出现了暴君而"突然死亡"。元朝并没有完全汉化，蒙古贵族对百姓的压迫太厉害，它实际上也是亡于暴政。

剩下三个：唐朝、明朝、清朝，都是"年过七旬"以后才爆发毁灭性的底层暴动。黄巢起义爆发于唐朝建立后 257 年；明末农民起义的起点——"王二起义"爆发于明朝建立后 259 年；清末太平天国起义爆发于努尔哈赤建立金（史称"后金"）之后的 235 年，稍微提前了一点，这应该和鸦片战争有关：西方的入侵加重了底层人民的痛苦，让大革命提前来到。

二、黄巢起义：藩镇的崛起与关中地区的兴衰

有很多人认为，唐朝亡于藩镇割据。应该说，藩镇割据对唐朝伤害很大，但真正毁灭它的还是农民起义。

军权和地方政权分开是帝国制度的一大基石。唐朝因为疆域很大，和边疆地区信息往来所需的时间很长，为了方便对外作战，就在边疆地区设立节度使，集中掌握地区的军政大权，统管数郡。这最终导致了中央权威丧失、节度使军事割据的局面，史称"藩镇割据"。

唐朝中后期的地方势力大概可以分为三种：

第一种是东北方向的藩镇。中央政府在关中地区，割据势力不听从中央调遣，也不上缴赋税，类似于独立王国。这些藩镇主要集中在河南、河北一带。但是它们并没有完全独立，中央政府有时候也会派遣一些地方官过去，或者调一些官员到别的地方任职。只是中央无法委派掌握军政最高权力的节度使，而是由本地的军队自己拥立。这些节度使自己收税自己花，养活军队，负责抵御东北方面的少数民族入侵。应该说，他们虽然不服从中央，但还是履行了自己的边防责任。

第二种是西北边的藩镇。这些藩镇负责维护西北边疆的安宁。西北地区边

防任务很重，但经济远远不如河南、河北一带发达，自己的赋税无法养活边防军，所以他们没办法脱离中央而独立。

第三种是东南地区的势力。这个地方赋税很充裕，但是没有边防责任，那个时候唐帝国还没有面临来自海上的威胁。所以这些地方没有什么军队，也不可能搞军事割据。

因此，唐末的局面就是东北藩镇自己养自己，中央政权用东南地区的赋税来养着西北地区的藩镇。

黄巢起义爆发于东北方向的藩镇割据地区。这个地方的骄兵悍将中央管不着，无法无天，老百姓负担最重。但这些地区的兵力也最强大，起义军很难生存。于是他们就从藩镇突围，向南进入没有军事藩镇的东南地区，像浙江、安徽、福州、广东等地。

这个策略非常成功。东南地区物产丰富，又没有主力部队的阻击，所以起义军一路走一路抢钱抢粮。沿途农民也跟着参与进来，队伍越拉越大，最后积累了百万之众。

这个时候黄巢才挥师北伐，很快就攻陷了洛阳和唐王朝的首都长安。

应该说，起义军这一路都非常顺利，因为东北方向的藩镇军队对国家事务不感兴趣，任凭黄巢在东南地区发展而不加干预，而西北地区的藩镇军队又离得太远。这是起义军能够一路顺风顺水的重要原因。

黄巢攻陷长安以后，形势就完全变了。关中离西北方的藩镇很近，从西面和北面调兵过来都很容易。黄巢在江南地区横扫一遍就很快北上，属于流动作战，但他没有建立起自己的赋税管理系统，军队一旦离开江南地区，就无法继续获得补给[1]。百万大军困守关中，粮草短缺，又要面对西北方面赶来的唐军主

---

[1]　根据历史记载，黄巢本来打算在广东建立根据地搞地方割据的，但是北方来的士兵无法适应当地潮湿炎热的气候，爆发了大规模的疫情，死亡超过一半，黄巢这才被迫仓促北上。

力，失败必然不可避免。

关于黄巢攻取帝国首都反而遭致失败的问题，还可以多讲几句。长安所在的关中地区在黄巢以前一直是"龙兴之地"，周王灭商的根据地就是这里。后来秦统一六国也是从这里出发的。

关中是中华文明的发源地之一，也是早期农业开垦最容易的地区。西安附近的黄河、渭河冲积平原沃野千里、物产丰富，而且它周围又被崇山峻岭环绕，向东只有一条狭窄的通道通往河南中原地区。这条通道上先后修筑了函谷关和潼关。要从关中地区向东攻占河南，比较容易；反之，要从河南向西攻打关中，就比较困难。所谓易守难攻，就是这个意思。占领了这个地方，中原地区势力强大的时候可以闭关自保；中原衰落，出兵函谷关吞并中原，就可以一统天下。

秦末农民起义推翻秦朝以后，当时很多人劝楚霸王项羽定都长安，但项羽是个缺乏政治头脑的军人，说："一个人富贵了如果不回故乡，就如同穿锦绣衣裳在黑夜里行走，有谁知道呢？"他坚持把首都定在靠近老家的彭城（今江苏省徐州市）。结果项羽刚走，被他赶到汉中的刘邦就派兵把长安占领了。

刘邦打仗的水平不如项羽，在中原地区跟项羽交战屡战屡败，但丞相萧何在关中源源不断地给他提供人员物资的补给，这就让他一直立于不败之地。项羽虽然不断地打胜仗，但实力却越来越弱。彭城地处中原之地，四周都是大平原，无险可守。后来刘邦派韩信北上占领河北。刘邦从西面进攻，韩信从北面进攻，最终形成合围之势。在彭城南面100公里的垓下（今安徽省蚌埠市固镇县）将项羽军队围歼，刘邦因此夺取天下。

南北朝的时候，北周定都长安，很容易就把定都河北的北齐灭掉了，也是同样的道理。

隋文帝杨坚夺取北周皇位以后，继续定都长安。公元613年，暴君杨广第二次"御驾亲征"高句丽，在河南负责军需供应的杨玄感发动兵变。杨玄感的谋士李密建议他立刻占领长安，杨玄感拒绝，最后兵败被杀。李密后来自己当了山东农民起义军的领袖。当时杨广跑到扬州"南巡"去了，长安再度空虚。他的谋士也建议他赶紧占领关中地区，李密考虑到手下的将领和士兵大都是山东、河南一带的人，远离家乡的话可能会叛逃，因此也拒绝了这个建议。结果没多久，李密也同样失败了。

跟李密的谋士一样，同时看中关中的还有镇守太原的李渊、李世民父子。他们抓住机会从太原起兵，沿着山西吕梁山和太行山中间狭小的山谷，出其不意地进入关中平原，一举攻陷长安。然后以此为根据地，向东消灭了占据洛阳的王世充和占据河北、山东的窦建德，很快统一中国。

但是"得关中者得天下"的规律在黄巢占领长安以后失效了，而且是永远失效了。此后再也没有政权可以凭借关中平原夺取天下，再也没有大一统政权定都长安。

其中有两个原因。第一，关中平原经过上千年的开发，很多坡地、山地也被开发成为耕地，森林植被遭到了严重破坏，水土流失严重。特别是黄土高原地区，原来是富饶的耕地，面积是今天关中平原的好几倍，物产非常丰饶。但是经过长期过度开垦，水土大量流失，变得沟壑纵横、土壤贫瘠，导致关中地区粮食产量大幅度下降。第二个重要的原因是，黄河和长江中下游地区已经开发得很充分了，而且修建了大运河，把长江下游跟黄河中下游连接起来。这两个广大区域的物资产出数十倍于关中平原，足以在中原地区养活百万大军。这样的军事力量翻山越岭进入关中地区毫无困难，关中易守难攻的地理优势丧失，而关中平原面积狭小、粮食产量低、跟中原地区交通不便的缺点就凸显了出来。

黄巢并没有意识到这个问题。他攻陷长安以后就登基称帝，因为按照历史规律，取得长安就可以当皇帝了。但很快他们被赶来勤王的唐军击败，黄巢被杀。不过他的部下朱温投降唐朝以后，唐僖宗把他封到开封当节度使。开封这个地方是大运河连接黄河的交通枢纽，从黄河和长江下游运送的粮食物资都在这里中转。朱温因此坐大，然后密谋再次叛变。这一次朱温吸取黄巢的教训，很注意在洛阳—开封一带营造根据地，逐步消灭唐军主力，最后再去攻打长安，取得成功。

公元907年，黄巢死后23年，朱温杀掉唐朝皇帝自己称帝，改国号为梁。唐朝灭亡，享年289岁，是中国历史上最长命的大一统王朝。

三、苟且偷生："杯酒释兵权"带来的灾难性后果

朱温是农民起义出身，本人是个文盲，虽然很有打仗的天赋和谋略，但个人品行极差。当了皇帝以后，竟然把他所有的儿媳妇召进宫乱伦。后来他的儿子们发动兵变把他杀掉了。然后就是天下大乱，经过了72年的五代十国混战之后，赵匡胤的北宋政权再次统一中国。

我们前面说过，汉朝建立后，吸取秦朝灭亡的教训，搞休养生息；隋朝建立后，吸取汉朝灭亡的教训，搞均田制和科举制；唐朝建立后，又吸取隋朝灭亡的教训，继续搞休养生息。这样逐步地推动帝国体制的完善。

宋朝建立以后，当然就要反思总结唐朝灭亡的教训，搞制度改革。

但是这一回，总结错了。

跟很多人一样，赵匡胤把唐朝灭亡的原因归结为藩镇军事割据，而不是土地兼并和官僚腐败。

赵匡胤是军官家庭出身，家里比较富裕，他从小就学习骑马射箭，家里还给他请教书先生教他念书，成年后又资助他四处游历，可以说是文武双全、见多识广。这个人性格平和、心胸宽广、待人厚道，但是家庭出身决定了他对民生疾苦的了解只是停留在纸面上，缺乏切身体会。

"五代十国"当中的"五代"，指的是唐灭亡之后的后梁、后唐、后晋、后汉、后周五个北方主要的帝国。"十国"，指的是吴、南唐、吴越、楚、闽、南汉、前蜀、

后蜀、荆南、北汉等国，它们总共存在了 72 年。每个帝国都只有两任或三任皇帝，然后就被军事将领推翻。赵匡胤自己就是军事将领出身，依靠兵变把后周的第三任皇帝推翻了，自己当上皇帝。他面临的危险非常现实，就是宋朝也可能很快会被他手下某个武将发动兵变推翻。

在这种情况下，赵匡胤的选择理所当然。他把制度建设的重点放在如何抑制军事将领的权力、保证皇帝集权上面，对于土地兼并和官僚腐败问题则毫不介意。宋朝从一开始就完全允许土地自由交易，也没有搞过任何形式的均田制，对官员的贪腐行为也长期纵容。

赵匡胤这个人很厚道。据说他死前留下了三句遗言，要求其子孙世代遵循：

第一，不杀后周皇帝的后人。

第二，不杀文官。

第三，不增加田赋。

这三条可以说，上对提拔自己当大官的后周皇帝很厚道，中对政府官员很厚道，下对黎民百姓很厚道。他确实是个厚道人。

除此以外，赵匡胤还对跟自己一起打天下的武将很厚道。虽然他很担心这些人将来可能发动兵变，但仍然采用了"杯酒释兵权"而不是屠杀的办法来解除他们的兵权，然后给他们高官厚禄以享受人生。

"不杀文官"和"杯酒释兵权"这两个事儿被后世津津乐道，但所谓"过犹不及"，这两个政策搞得太绝对，危害也不小。

文官犯了政治错误，或者说话触怒了皇帝，不杀自然是好的。但要是严重的贪污腐败、违法乱纪呢？武将交出兵权，可以享受良田美宅。但要是他在地方上欺压百姓、祸害一方呢？

这个问题赵匡胤没有回答，或者说虽然想过，但是他不在乎。在他看来，帝国最主要的还是得到官员和军事将领的支持。实际上，有的时候对官僚、对权贵厚道，就是对人民不厚道。这个矛盾总是存在的。宋朝不杀文官，可不是不杀普通人。不仅杀，而且杀得比唐朝、汉朝更加残酷。"凌迟处死"这个酷刑就是从宋朝开始成为国家法定刑罚的，专门用来对付造反的人民。

赵匡胤的这些做法被后世的文人夸成了一朵花，而后来明朝的开国皇帝朱元璋大批处决违法乱纪的官吏，则被描写成了暴君。文人们给朱元璋编排了很多故事，比如谁写文章或者作诗出现"光""秃"这样的字眼儿就会被他抓起来杀掉，因为他以前当过和尚、心理变态云云。而这些故事，其实都是子虚乌有的。[①]

说到底，还是因为历史的话语权掌握在读书人手里，赵匡胤牺牲老百姓的利益来照顾文官士大夫，文人就说他好；朱元璋牺牲文官的利益来照顾老百姓，文人就说他暴虐、没人性。

宋朝政治制度的基本理念就是利用高官厚禄把文官武将都养得舒舒服服的，然后利用复杂的权力制衡将官位和职位分离、将领和军队分离。官位决定你的俸禄，但具体做什么职位则根据需要临时委派。军事将领也由文官担任，平时在家养尊处优，不跟军队接触，需要打仗了，朝廷给予临时授权让他带某支军队出去。下次打仗，将领和军队的搭配又会换一下。所谓"兵不识将，将不专兵"，说的就是宋朝。

这个制度设计的目的，就是让任何官员都无法专权，让任何将领都无法专兵，永远不会威胁皇帝的地位。

制定这样的制度，说明赵匡胤把权臣和武将视为对皇权最大的威胁，而把人民反抗和异族入侵视为次要威胁。

结果，北宋只维持了167年，就被北方的金国消灭了。两个皇帝被金兵俘虏。开封城内数万人被金兵劫走，沦为奴隶。当然更惨的是北方的老百姓，不断遭受战乱之苦。

在宋朝时期，对外战争可谓有败无胜，打一次输一次，动不动就被对方屠

---

① 对朱元璋"文字狱"的辟谣，参见后文《另类"暴君"：不被理解的朱元璋》。

杀十几万人，毫无获胜的希望。而且北宋的农民起义爆发频率也很高。文学名著《水浒传》描写的就是北宋年间农民起义的故事。故事中把北宋政治黑暗、官逼民反的现实揭露得很清楚。不过宋朝有一个很独特的办法用来对付农民起义：招安。给农民起义的首领封官许愿，然后让他们带着起义军去前线跟辽国、金国军队打仗，打光了完事。

跟魏晋一样，北宋在文学艺术方面成就也很高。曾有作家发表文章，说如果能穿越到过去，他最想生活在宋朝。这个选择是很明智的，因为宋朝最尊重知识分子，只要是有点名气的文人，都给官做，给的俸禄也很高。他们可以随意兼并土地、营建豪宅、蓄养奴婢，同时又不用认真干活，而且言论自由，批评朝政、批评皇帝都行，保证不杀头。要是真把皇帝惹急了，也就是把他们从中央贬到地方当县令。

不过，如果你只是一个普通人，那最好别去宋朝。你们家的土地或者房产哪天被某个当官的文人说占就占了，老婆说抢就抢了，没有人管的。税负沉重就不说了，征的税都用来养一帮擅长琴棋书画的官员去了。遇到征兵上战场，突然派来一个没打过仗的指挥官，在地图上一画，直接给指挥到敌军埋伏圈里去，那也是常有的事。实在混不下去想造反的话，抓起来就是凌迟处死。好不容易把这些苦难都熬过去，结果金兵打过来政府不抵抗就跑了，留给你的可能是全家被烧杀抢掠的结果。

当然了，北宋比西晋还是要强很多，因为有了科举制度，进入文官集团至少需要精通儒家经典。而儒家是积极入世的，强调对国家社会的责任，所以北宋的官员除了吟诗作画，多少还能干点正事。

严格来说，北宋不能算是一个真正的大一统朝代，因为它从来没有收复过燕云十六州和辽东地区。这两个地区早已实现了农耕化，属于华夏文明核心区。从春秋战国时期起，一直到秦汉、西晋、隋唐，它们都是中国的领土。

北宋被金国灭亡以后，赵家的一个亲王在南方称帝，定都杭州，史称南宋。

南宋继承了北宋的全部制度和苟且偷生的立国精神，将抗金武装领袖岳飞杀害，以此换取了跟金国的议和。南宋偏居东南一隅152年，最后亡于蒙古铁骑。

南宋的经济相当发达，首都临安（今浙江省杭州市）的繁华程度甚至超过了唐朝的长安。其主要原因是当时海上航行用的罗盘技术已经成熟，可以进行远洋航行，海上贸易尤为兴盛。除临安外，泉州和广州的外贸也十分繁荣。当时的中国已经可以跟东非和中东地区建立贸易联系。商业的繁荣，以及和中东地区的文化交流，大大地促进了科技进步。由于对外贸易的需求，各种冶金、制瓷、纺织等技术得到了长足的发展。大规模的土地兼并出现以后，农民流离失所，很多人进入城市从事商业、手工业，这在一定程度上缓解了社会矛盾。

这是南宋扭转局面的历史性机遇。如果统治集团不是那么腐朽无能，完全可以利用海权来对抗蒙古帝国的陆权优势。但内政的腐败让他们不仅陆军打不过蒙古，竟然连海军也打不过蒙古，这还能有什么办法？

公元1279年，南宋海军和蒙古海军在广东江门附近的崖山海域展开决战。蒙古海军以少胜多，只用了一天就全歼南宋海军。丞相陆秀夫背着年仅7岁的皇帝跳海，南宋灭亡。

四、大元进士：在民族意识与国家意识中抉择的汉民族精英

消灭南宋、统一中国的元朝并非标准意义上的大一统王朝，它只是部分实现了汉化，建立了表面上的皇帝制度和郡县制，并任用儒家士大夫为官。元朝的首任皇帝忽必烈尊藏传佛教僧人八思巴为"帝师"。自忽必烈之后，元朝的历代皇帝及其家眷均需受戒皈依为佛家弟子，佛教僧侣成了特权阶层。元朝专门设立了由僧侣担任首脑的宣政院，负责管理西藏等边疆地区和全国的僧侣，其品级为从一品，地位高于六部。它不仅有独立平行的官僚系统，甚至还有单独用兵之权。当时的僧侣违法犯罪，统一由宣政院处理，六部、枢密院、地方政

府都无权插手。许多僧人目无法纪，扰乱社会治安、破坏国家法度的事件时有发生。各地寺庙疯狂扩建、侵占土地等情况愈演愈烈。

大部分元朝皇帝和蒙古官员只是粗通汉语，重要而复杂的问题还是要翻译成蒙文才能理解并作出决策。虽然也有科举制，但立国40多年后才开始采用，50多年里面只用科举选拔了1139名进士①，占官员总数还不到5%②。蒙古贵族始终占据了大部分实权职位，而且有严格的等级制度。蒙古官员贪污腐败程度惊人。

元朝的统治从忽必烈定国号算起，只持续了98年，最终被农民起义推翻了。

这也说明，中国不是那么好管理的。我们老说封建时期多么专制独裁，其实帝国制度远远不是专制独裁那么简单，有很高明、很复杂的设计在里面，有很大的合理性。

比如早在公元前，汉朝就举办过专门讨论国家盐铁专营制度的大会，由来自全国各地的专家和中央官员一起开会研讨盐铁专营制度的利弊得失。到底是国家管得多一点好，还是民间经营多一点好？会议参与者分为两派，爆发了激烈的争吵。最后，"民间经营"的观点占据上风。于是朝廷适度放宽了盐铁生产经营的管制。其实我们的古人早在2000多年前就把各种好处坏处都想过了，还有《盐铁论》保存下来。从这个例子就可以看出，帝国制度的设计是何等的精密、细致。

这样一套复杂的制度，要是没有一大批杰出的人物来构建、推行和操作，换上一群没文化的皇帝和官员来简单模仿，国家很快就会灭亡。西晋的门阀、元朝的贵族，都证明了这一点。

这里面有一件事儿非常有意思，就是元朝科举录取的那1135个进士，大部分行政能力很强，比蒙古贵族高了不止一个档次。有很多人为官相当清廉，官

---

① 申万里：《新视角、新材料与新视野：元代科举研究的创新与展望》，载《中国史研究动态》，2020年第1期。

② 《元典章·卷七·吏部一·官制一·内外诸官员数》记录元朝官员总数为26690人。

声极好。而且后来元末农民起义的时候，很多担任地方官的进士积极组织镇压抵抗，成为元朝的"中流砥柱"。

至正十七年（1357 年），10 余万农民起义军围攻安庆。淮南行省左丞余阙守安庆，"西门势尤急，阙身当之，徒步提戈为士卒先……斩首无算"。[①]

余阙其实是一个地地道道的儒生。由于家庭贫困，他 13 岁才开始读书，但极为勤奋好学，嗜书如命。他在科举考试中位列全国第二名，以进士及第的身份进入翰林院，参与了《辽史》《宋史》《金史》的编撰工作。他平时喜欢研习经史之学，专门针对《五经》写过几本注释和讲解的书，还著有《青阳文集》四卷。他做官的时候就以廉洁而著名，但谁也想不到这种书生竟然还能带兵打仗，而且骑马提刀冲在战场第一线。

江州道总管李黼是泰定四年（1327 年）的状元。至正十二年（1352 年），10 余万江南的农民起义军北渡长江，驻守在江边的元军不战而溃，威顺王宽彻普化弃城而逃，武昌、瑞昌相继失守，江西大震。李黼收拾残兵进行抵抗，兵力只有几千人。他发现农民起义军队伍混乱，没有任何标记识别敌我。于是他抓住这个机会，让手下的士兵全部涂黑面部，亲自率军反击，成功地解除了江州（今江西省九江市）之围。

但个别人的努力改变不了大局，他们只能坐守孤城，看着周边的起义军越来越多。元朝灭亡的时候，包括李黼、余阙在内的 42 个进士宁死也不投降起义军，最终"死节""殉难"，其忠勇程度远超蒙古贵族。如果不是他们，元朝在大起义的冲击下坚持不了 17 年。可以想象，如果元朝能够全面采纳科举制度，大规模录用科举人才，在中央和地方都由一大批像余阙、李黼这样的人来主持工作，一定不会只有 100 多年的国运。

这些进士的表现说明，中国的科举制度是一种非常好的选拔管理人才的制度。

---

① 参考《元史·余阙传》。

第三章

吏治之思

朱元璋反腐的历史逻辑

一、另类"暴君"：不被理解的朱元璋

代元而立的是明朝。开国皇帝朱元璋是中国历史上出身最贫寒的大一统皇帝[①]，他父母早亡，当过和尚，还当过乞丐。

人的生活习惯基本都是成年以前就形成的，后来很难改变。朱元璋小时候吃苦太多，后来当了皇帝也异常简朴，吃穿什么的全不讲究，一直穿打补丁的衣服；而且非常勤政，基本上就是一个工作狂。

以洪武十七年（1384 年）九月十四日到二十一日 8 天为例。在这 8 天里面，朱元璋平均每天大概要批阅处理 400 多件事[②]。此外，还要每天上朝接受面奏，接见各地来京的百姓，接见定期朝觐的官员等，其辛苦程度可以想象。

朱元璋处理国事，常常废寝忘食，吃着饭就停下来，想起哪一件事情，就写在纸条上，马上贴在身上。因此，他穿的衣裳时常贴满了条子，如同长满了羽毛一样。在他的后宫和殿堂的墙上也都贴满了条子，事情办完后才取下。他还写过一首诗：

百僚未起朕先起，百僚已睡朕未睡。

不如江南富足翁，日高五丈犹拥被。[③]

---

① 比朱元璋出身还要贫寒的是十六国时期抓住王衍的那个石勒，当时是汉赵帝国的将军，后来自己也当了皇帝，成为中国历史上唯一一个出身奴隶的皇帝。他建立的后赵帝国基本统一北方，但未能统一中国。

② 《春明梦余录·卷二五》："洪武十七年给事中张文辅言，自九月十四日至二十一日八日之间，内外诸司奏札凡一千六百六十，记三千二百九十一事。"

③ 参考许元溥撰《吴乘窃笔》。

有很多野史说，朱元璋因为当过和尚，所以很讨厌别人提到他这段往事，谁提到光啊、秃啊什么的他就胡乱杀人。这些传说都是子虚乌有的。各种版本的朱元璋"文字狱"故事都不见于官方档案，同时代的人流传下来的各种记录里也没有提到过，直到 200 多年后野史中才出现。经过后代学者考证，几个流传最广的"文字狱"故事，当事人都不是死于"文字狱"。

比如，清朝乾隆年间的赵翼在《廿二史札记·卷三十二》中摘引《闲中今古录》说："杭州教授徐一夔贺表，有'光天之下，天生圣人，为世作则'等语。帝览之大怒，曰：'"生"者，"僧"也，以我尝为僧也。"光"则剃发也。"则"字音近"贼"也。'遂斩之。"[1]

经考证，杭州地方志里面记载，徐一夔在朱元璋去世之后还在杭州做地方官。在朱元璋死后，他还给别人写过墓志铭。所以，赵翼记载的这则故事必然为假。

再比如，赵翼在《廿二史札记》中还是引用《闲中今古录》，说著名僧人释来复的诗句中"有'殊域'及'自惭无德颂陶唐'之句。帝曰：'汝用"殊"字，是谓我"歹朱"也。又言"无德颂陶唐"，是谓我无德，虽欲以陶唐颂我而不能也。'遂斩之"。

根据明朝档案记载，释来复是因为卷入"胡惟庸谋反案"被杀，与写这首诗无关。

总之，凡是能够考证的朱元璋"文字狱"故事，都被证实为假。有一些无法考证的野史故事，没有时间和背景，被杀者的生平不见于历史记载，因此也并不可信。

朱元璋在各种公开的官方文件中多次回忆自己当过和尚的贫贱出身，像"空门礼佛，出入僧房"这样的文字，就下令刻在石碑上公告天下，流传后世。他

---

[1]　参考赵翼《廿二史札记·卷三十二》。

自己还写过几首谈僧论道的诗。可见，朱元璋对这件事情毫无避讳之意，不仅不以自己的贫寒出身为耻，反而引以为荣，动不动就跟人说：我当年在庙里当和尚的时候，我当年在大街上要饭的时候……如何如何。他希望以此来教育臣僚和儿孙要理解民间的疾苦。说朱元璋因为别人提到他当过和尚的经历（还不是直接提到，而是出现"光""秃"这种字）就杀人，根本没有道理。

就这样，还有很多人说朱元璋是"暴君"。

中国历史上有两大暴君——隋炀帝和秦始皇。这两个暴君都毁掉了一个国力强盛的大一统王朝。而朱元璋这个"暴君"不仅没有毁掉自己创造的王朝，反而使其绵延276年，成为中国历史上仅次于唐朝的第二长命的大一统王朝。

我们就要想一想：朱元璋这个"暴君"跟秦始皇、隋炀帝有什么区别呢？

秦始皇和隋炀帝，都是同时大干三件事把帝国毁灭的：大规模的对外战争（前者进攻匈奴、南越，后者三征高句丽）、大规模的公共工程（前者为长城，后者为大运河）、大规模的宫殿皇城建设（前者为阿房宫，后者为东都洛阳）。让人民活不下去了，这才叫暴君。

那朱元璋呢？三件事他一件都没有大干：统一以后就很少打大仗了，也不搞什么伟大工程，也不大修宫殿，个人生活也比较简朴。历史记载，他当了皇帝以后，早饭只用蔬菜，外加豆腐一道，所睡的床也跟中等收入的普通人家差不多。宫中制作衣服后的余料，他下令不要扔掉，缝到一块儿做成被套。身为皇帝能节俭到这个地步，极为罕见。

称帝以后，按照历朝历代的管理惯例，皇帝使用的车舆、器具等物应该用黄金装饰。朱元璋下令全部以铜代替。主管的官员报告说用不了很多黄金，朱元璋却说："我不是吝惜这点黄金，而是提倡节俭，我应该自己带头。"

洪武元年（1368年），蕲州进竹席，他命退回，又告诫官吏：蕲州没有得到命令就来进献竹席，这个先例不能开，如果一开，天下都会争着进奇巧之物以讨好皇帝，"则劳民伤财自此始矣"①。

洪武六年（1373 年）十一月，潞州贡人参。他又说：人参得来不易，过去金华进香米、太原进葡萄酒，我都制止了。国家的任务就是养民，为什么要贪口腹之欲而使人民劳困呢？于是下令退回②。

没有了个人的享受，他当皇帝的乐趣就是每天没完没了地批奏章、开会。照说皇帝这个职业，干得再好也没法往上提拔了，也没人给他发加班工资，但他就是这么拼命，有啥办法？

但就是这样，朱元璋"暴君"的名头却非常响亮，几乎跟秦始皇、隋炀帝齐名。这是不同寻常的。

主要原因是朱元璋对官员非常粗暴、残忍，杀掉了很多大臣和地方官员，包括一些跟他一起打天下的开国元勋。在明初三大案③（"胡惟庸谋反案""郭桓贪污案"和"蓝玉谋反案"）中，就有近 6 万人被处决④。这些人几乎全都是官员、武将和他们的亲戚朋友。

有人说，朱元璋是有系统有计划地杀掉开国元勋，防止他们以后造反。不过这种程度的杀戮似乎毫无必要，历史上开国皇帝去世以后儿孙顺利继位的情况很多，并不需要对开国功臣有系统地进行"肉体消灭"。此前王莽、杨坚、赵匡胤夺位，都是利用新皇帝年幼无知的机会才取得成功的，被夺位的皇帝年龄都在 10 岁以下（汉孺子婴被夺位时年仅 4 岁，北周静帝 9 岁，后周恭帝 7 岁）。

---

① 参考《明太祖实录·卷十四》。蕲州，在今天的湖北黄冈附近。

② 参考《明太祖实录·卷八十六》。潞州，在今山西长治附近。

③ 另有一种说法是明初"四大案"，还有一个"空印案"。这个案子影响很大，但有学者认为最后真正被处决的只有数百人，与另外三个杀人过万的大案不在一个数量级上。

④ 三大案的死亡人数均来自《明史》。胡惟庸杀人数："惟庸既死……词所连及坐诛者三万余人"；郭案杀人数："系死者数万人"；蓝玉案杀人数："族诛者万五千人"。郭案数据不详，可见《明史》作者对此并无把握，既云数万人，则肯定不少于万人之数。照此保守估计，三案合计也不低于 6 万人。

朱元璋的太子朱标在明初三大案拉开序幕的时候已经年满 20 岁。朱标是在洪武二十五年（1392 年）因病去世的，死的时候已经 38 岁了，而此时"胡惟庸案"和"郭桓案"都已经结束。

朱标死后，新的皇位继承人、朱标的儿子朱允炆也已经 15 岁。"蓝玉案"爆发的时候，朱允炆已经 16 岁，可以独立主持政务了。其时朱元璋身体仍然十分健康，还在世的功臣都已经 60 多岁，就算活过朱元璋恐怕也没有力气造反了。为了朱允炆的皇位而继续杀掉所剩不多的几个老臣也无必要。

还有一种说法是，朱元璋是为了加强皇帝独裁，彻底消灭相权对皇权的制约，所以才这样残暴。因为三大案中牵连最广的是"胡惟庸案"（杀了 3 万余人）。朱元璋杀掉胡惟庸之后，就宣布不再设丞相这个职位，而是由皇帝直接管理中央各个部门，彻底废除相权。

这个观点也有问题，"胡惟庸案"持续追查了 10 多年，而朱元璋在案发之后第二天就宣布不再设丞相一职。大规模的株连则发生在废除丞相之后 4 年。废除丞相这种事情，只需要朱元璋下一道圣旨就能解决，事实也确实如此。开国皇帝在制定国家制度方面的权限很大，没有"祖制"这种东西管着。像秦始皇取消分封制，刘邦恢复分封制，杨坚建立科举制度，赵匡胤取消武将的兵权等，其影响都远远大于不设丞相，都没有遇到什么激烈的反对。设不设丞相，设几个丞相，稍微强势一点的皇帝就能自主决定，何况是朱元璋？

即使上面几个原因（解决皇位继承的隐患、加强个人独裁、消灭相权等）都存在，最多也就诛杀一些功劳比较大、地位比较高的官员和武将即可，仍然没有必要对地方上的中下层官吏进行大规模的处决。

由于无法从权谋的角度来解释，有一些历史研究者就只能把这些事归结为朱元璋的个人性格缺陷，说他心理极度阴暗、以杀人为乐趣、性如蛇蝎等等。

但是，这个结论仍然有问题。因为朱元璋对跟他争夺天下的人非常宽容，一点儿也不喜欢杀人。像朱元璋的主要敌人陈友谅，他的儿子陈理在陈友谅战死后自立为王，继续跟朱元璋对着干，最后战败投降。朱元璋并没有杀掉陈理，而是封了他一个侯爵。

另外一个农民起义领袖方国珍也跟朱元璋打过仗，还投降过元朝，后来失败了被抓住，朱元璋也没有杀他，也是封了爵位养着，最后得到善终。方国珍的侄子方明谦后来被任命为广洋卫亲军指挥佥事，担任南京宫禁值宿警卫，负责保卫朱元璋的安全。洪武二十年（1387 年），朱元璋又派方明谦带着五六万兵丁在浙江一带修筑城防，可算是重用了。

还有一位著名的农民起义领袖、"大夏国"国王明玉珍，投降朱元璋以后也得到善终，后来他的儿子明昇又不听话想造反，朱元璋派兵攻击，明昇投降，也没有被杀掉，被封了个侯爵养着。再后来，明昇暗地里透露出不少对朱元璋的不满，被举报，朱元璋也不过把他们全家派遣到高丽去生活，以免日后生乱。他给高丽国王下旨，对待明昇一家"不为官、不为民"，简单来说就是掏钱养着，别授予实权，明昇最后也得以善终。

吴王张士诚兵败被抓，朱元璋也没有杀他，而是关起来，派亲信谋士李善长去劝降，张士诚只要点点头说我投降了，也会被封个爵位养着。但他骨头很硬，始终拒绝投降，而且把李善长骂得狗血淋头，差点打起来。朱元璋还是没杀他。最后，张士诚被关了一段时间后，在监狱里自杀了。

朱元璋后来回忆起这些事情，还对张士诚颇有惋惜之情。他说：

元末天下大乱的时候，有抱负又有道德的人，会努力保全人民的生命和住所；无志无德的人，会烧人房屋杀人性命，所过之处，荡然一空。当时天下有十几个大的势力，无志无德的领导者占了大多数。只有姑苏的张士诚，虽然在乱世，仍然不失雄心和理智，施行德政和仁政。可惜他用人不当，他的兄弟也不成器，因此才被我打败。但（所有这些势力）最后归降我的人，都被我保全了下来……

他们的父母妻子，我都保全了，让他们可以生儿育女、建立宗祠。①

这样一个人，会是蛇蝎心肠、以杀人为乐的变态吗？

在历史上，农民起义的领袖当中确实有一些非常残暴，但这些残暴的人物一般闹不大，很快就会灭亡。

原因也不难理解：残暴的人，士兵和将领只是出于恐惧而服从他，但不会为他效忠，一旦有机会一定会逃走，上了战场一打输了就会投降。他的队伍也不会得到老百姓的支持，军队的凝聚力和后勤补给能力都会受到很大的影响。这样的军队，是不可能长久的。

朱元璋的主要对手陈友谅，通过一系列阴谋诡计杀了自己的主公和朋友，夺取起义军的领导权。他的诡计看起来很成功，但下面很多人是不服的，只是敢怒不敢言。结果在和朱元璋决战的关头，部队内部出现了分裂，好几个大将临阵倒戈投降朱元璋，而且这几个大将在反过来跟陈友谅作战的过程中尤其勇猛，杀红了眼，要为主公和老朋友报仇，成了陈友谅失败的重要原因。

中国历史上，出身社会底层而能够一统天下的，三千年来也没有几个人，其中又以朱元璋的出身最差。朱元璋能够一统天下，除了他的谋略和机遇外，至少有两点非常重要。

首先，这个人非常仗义、慷慨。朱元璋在郭子兴手下打仗的时候，作战很英勇。胜利了之后从来不去抢财物。后来当了头目，战利品一律上交，上头的奖励一律分给大家，很得人心。这让他在军队里面名声很好，并成功引起了主帅郭子兴的注意，这才得到了被迅速提拔的机会。

---

① 原文见《大诰三编·指挥林贤胡党第九》："昔者天下大乱，有志有德者，全民命，全民居。无志无德者，焚民居而杀民命，所过荡然一空。天下群雄以十数为之，其不才无志者，诚有七八。唯姑苏张士诚，虽在乱雄，心本智为，德本施仁。奈何在下非人，兄弟不才，事不济于偃兵。然而相从者父母妻子，当归我之时，各各见存……妻室为之已有，男女岁为之生产，祖宗后嗣已立。"

　　后来郭子兴受人蛊惑，怀疑朱元璋的忠诚，先把他关起来，过了几天又给了他很少的兵力去攻打元军重兵把守的定远城。但朱元璋竟然真的把定远打下来了，而郭子兴自己却打了败仗，不得不跑来投奔朱元璋。朱元璋此时有充足的理由把郭子兴拒之门外，但他不仅没有这么做，反而把城池交给他，又给他留下 3 万兵马，自己带着剩下的部队另外打了一个城池来当根据地。

　　在乱世中，这种随便交出兵权的做法是很罕见的。如果说不要战利品之类的行为还有收买人心的嫌疑，但直接交出根据地、交出兵权的做法肯定是很真诚的。也就是说，朱元璋这个人很懂得感恩，而且不记仇。他的做法只有一种理由：郭子兴成不了大事，我不会跟着你混了，但我感谢你把我从普通士兵提拔成为将军；作为回报，我在你最困难的时候把军队、城池都交给你，今后咱们两不相欠。

　　这种做法，既有英雄之义，又有英雄之略。可见，朱元璋是一个既有本事又有情义的人，所以才有那么多武能安邦、文能治国的英雄人物跟着他出生入死。

　　其次，朱元璋的军队在农民起义军中纪律最好。

　　农民起义军一般来说纪律比较差，打仗前后都喜欢沿路抢掠财物和妇女。郭子兴的军队就非常缺乏纪律，朱元璋多次制止其他将领攻城后抢劫财物和妇女，郭子兴因此猜忌他，还将朱元璋关了起来。主要就是因为这些做法触动了郭子兴身边亲信的利益，这些亲信在郭子兴面前说朱元璋的坏话。

　　后来朱元璋自己当了主公，对部队管束更为严厉，多次诛杀违反军纪的士兵和将领。在 1356 年攻打镇江之前，为了严明军纪，他按照谋士李善长的策划，以放纵士卒的罪名把大将军徐达抓起来，并宣布要以军法处斩。此时，李善长出面求情，众将不知是计，也一起求情。于是朱元璋就顺水推舟，说看在众人的面上，暂时免去徐达死罪，不过要徐达攻下镇江后，做到不烧不抢，方可完全赦免徐达之罪。众将看到朱元璋对待主将尚且如此严厉，因此也不敢不严守军纪。这样，朱元璋的军队不论打到哪里，都容易得到老百姓的支持。

总之，从各个方面来看，朱元璋都不大可能是一个天性残忍好杀的人。对上级，他知恩图报；对手下，他公正大方；对老百姓，他注意保护；对竞争对手，也不赶尽杀绝。当了皇帝以后，他每天勤于政务，生活俭朴。还经常拿自己当和尚、当乞丐的经历来教育大家要懂得民间疾苦。

这样一个人，怎么就成了杀人如麻的"暴君"了呢？

二、反腐风暴：布衣天子的心路历程

朱元璋这个人出身于社会的最底层，他的父母就是被元朝末年的贪污和暴政害死的，自己又当了3年乞丐，目睹了底层官吏、骄兵悍将对人民的残害。所以，朱元璋对文官武将的贪污腐败和仗势欺人，有一种发自内心的痛恨。这种情绪，不是通过读书学习就能够体验得到的。

据野史记载，朱元璋从小就发誓：我若是当了皇帝，必杀尽天下贪官！

朱元璋有没有发过这个誓，恐怕无法考证。但像这样一个很有正义感和同情心的人（这从他后来带兵对待手下和老百姓的态度就能看得出来），对于贪官污吏一定有着切齿痛恨。这种心理不需要什么证据，如果自己的爸爸、妈妈、哥哥、弟弟都被贪官污吏迫害致死，正常人都会想："老子当了皇帝，一定把这些人斩尽杀绝。"没有这种想法反而不正常。

对绝大部分贫苦人民来说，这样的想法只是发泄一下愤怒罢了。实在受不了，充其量杀掉身边几个贪官，跟他们同归于尽，不会对历史产生任何影响。

但朱元璋跟所有这些人都不同：他竟然真的当了皇帝。

一个人基本的价值观、人生观，都是在成年以前就基本定型的。朱元璋17岁的时候父母去世，21岁才结束流浪生涯到庙里当和尚，25岁才参加农民起义军①。他有足够的时间和心智来体验家庭的幸福和家破人亡的痛苦。家庭和个人的苦难对他来说绝对不是一个可能抹去的、零星的或者模糊的童年记忆，而一定是刻骨铭心的伤痛。

当上皇帝以后，朱元璋在宫里设了父母的灵位。某一年各地大旱，至次年春仍未缓解，朱元璋和皇后一起减少膳食，在父母灵位前喃喃自语："过去父母大人遭遇凶年用草掺在米中当饭吃，我哪里敢忘呢！现在老百姓又遇上了灾年，这都是我治国无能啊！"从这件事情可以看出，朱元璋对于年少时家庭的悲惨遭遇，是一刻也不曾忘掉的。

只有从这个角度来理解，我们才能解释，为什么朱元璋会对那些跟他争夺天下的枭雄及其后裔很宽容，却对手下的文臣武将大开杀戒。

后来朱元璋杀了许多贪官，将这些案例编辑成册，起了个名字叫《大诰》，要求全国人民每家每户都看，以起到宣传反腐败的效果。这个《大诰》用的是很通俗的明朝白话，是朱元璋以第一人称的口吻写作的，非常好懂。《大诰》第四集《大诰武臣》专门收集武将贪污腐败的恶行。在这一集的序言里面，朱元璋这样说道：

这等官人，上坏朝廷的法度，下苦小军（军：这里指普通士兵，下同）……那小军们苦楚，也不如猪狗。且如人家养个鸡狗及猪羊，也等长成然后用。未长成，怎么说道不喂食、不放？

……如今军官全家老小，吃着穿着的……都是军身上来。这军便似他家里做饭的锅子一般，便似仓里米一般，又似庄家种的田一般。

这军官们，如今害军呵！他那心也哪里是个人心？也赶不上禽兽的心……似他这般害军呵，却便似自家打破锅子要饭吃么；道却似露天地里放着米，眼前

① 参考吴晗《朱元璋传》之附录《朱元璋大事年表》。朱元璋在父母去世后曾经短暂入寺为僧，但只待了一个月即开始流浪生活，21 岁时结束流浪再次回到庙中。

吃一顿，别的都烂了，明日再要米吃，有也无？……

且如在京的管军官吏人等，我每日早朝晚朝，说了无限的劝诫言语。若文若武，于中听从者少，努目不然者多……及其犯法到官，多有怀恨，说朝廷不肯容，又加诽谤之言。为这般凌迟了这诽谤的人若干。

及自有一等不诽谤，甘心受贬，做军三二年、五七年、十数年，才可怜他，召回复职，到任都无两月，其害军尤甚前日……

似此等愚下之徒，我这般年纪大了，说得口干了，气不相接，也说他不醒。我将这备细缘故，做成一本书，各官家都与一本。

这话直直地说：军官有父母的，父母们教诫；有兄弟妻子的，便教……都看了，自家心里寻思：把做自家做军，似这等过活，受得过去，也受不过去？

若是将心比心，情意度量到根前，果实过不去呵！

那做父母妻子兄弟，怎么可怜小军，发些仁慈心，教那为官的休害小军。

我许大年纪，见了多，摆布发落了多，从小受了苦多。军马中，我曾做军来，与军同受苦来，这等艰难备细知道。……这文书各家见了呵，父母、妻子、兄弟、朋友，怎么劝诫，教休做这等恶人，合着天理仁心了行，却不好？……

上面这些，都是朱元璋自己写的原话，是当时最好懂的口语，识字的人都能看明白。读起来就像是家里一个唠叨的长辈在没完没了地劝诫年轻人：你们不要搞贪污腐败呀，会把下面搞得很苦，要有良心，不然要杀头的。

以皇帝的身份这样说话，我相信确实是良心话、真心话：他自己就是当兵出身，了解基层士兵的疾苦，晓得军官们如何克扣军粮、收受贿赂、让士兵为了自己家里的事当苦役……做出一系列违法行径。对这些行为，朱元璋自然特别痛恨，因此下手也很重。《大诰武臣》后面列举了 32 个案例，大部分犯罪的军官都被砍头抄家。

《大诰》的另外几篇主要是说贪官，序言里面也都在反复强调一个意思：

贪官污吏把人民害得很苦，我从小就吃够了这样的苦头，所以要坚决打击。编制这些案例集，把贪赃枉法的招数都公布出来，人民要晓得监督，官员们要晓得你们那些见不得光的行为是躲不过惩罚的。教育工作方面，我也尽力了，每天上朝都要说，还编了那么多书来教育你们，摆事实讲道理。有人以后还要再犯，就不要怪我下手重了。

有了这样的心理和逻辑，朱元璋也因此成为历史上对贪官和权贵最无情的皇帝。

根据朱元璋主持制定的《大明律》，贪污 80 贯铜钱就要处以死刑，当时大概也就相当于六七十两银子。但是后来他觉得这个标准还是太高，在具体实施中，不少官员被凌迟、阉割、剁手、挑筋，诸多汉代即遭废除的肉刑被再次启用。后来又另外颁布律令，改为贪污 60 两就要处以"剥皮实草"：砍掉脑袋以后在地方衙门旁边专设的"皮场庙"剥皮，皮被剥下以后被填上稻草，摆在衙门的公座边上，起着杀一儆百的作用。

除了刑罚严苛以外，朱元璋还有两个方面做得很绝。

第一，不避皇亲国戚、亲信朋友，一视同仁。

明朝开国功臣朱亮祖是朱元璋的安徽老乡，被封到广东当永嘉侯。结果他跟当地土豪勾结起来，欺行霸市，还诬告打击土豪的清官道同，导致道同被冤杀。朱元璋得知后下令把他和他的儿子押到京城，亲自鞭打致死。

朱元璋的女婿、驸马都尉欧阳伦，不顾朝廷的禁令，向陕西贩运私茶。他以为自己是马皇后亲生女儿的丈夫，怎么也不至于被杀头，至多也不过被罚点俸禄什么的。可是后来被一位小吏告发，朱元璋立即下令赐死欧阳伦，表扬告发欧阳伦的小吏。

为了培养和提拔人才，朱元璋专门成立了培养人才的国子监，为年轻读书人提供升迁机会。他对这些新科进士和监生厚爱有加，经常教育他们要尽忠至公，不为私利所动。然而洪武十九年（1386 年），他派出大批进士和监生下基层查勘水灾，结果有 141 人接受宴请，收受银两、钞票和土特产品。朱元璋一边叹惋难过，一边下令将其中犯罪最为恶劣者斩杀，其余也各自处分。[①]

第二，凡有贪污案件发生，必定顺藤摸瓜，斩尽杀绝。

这一招是最狠的，一旦株连起来，就几乎无法停止。比如甲收了乙的贿赂被发现，就把甲和乙都抓起来审问，逼着他们再供出平时有无跟其他人行贿受贿的记录。这样，跟这个案件本身毫无关系的丁，因为以前给甲送过钱，也会被查出来。然后再审问丁，可能丁又因为别的事情给官员丙送过钱，于是再审问丙……

明朝历史上，也可能是中国历史上，甚至人类历史上，杀人最多的贪污案——"郭桓案"，就是这么顺藤摸瓜摸出来的。刚开始只是有人揭发礼部侍郎郭桓，说他串通六部官员贪污江浙一带的赋税。结果一追查起来就没完没了，最后中央政府诛杀了数百名官员，地方上诛杀了上万人。除了官员，还有很大一部分是官员参与窝赃、分赃的亲戚朋友。最后查出来的贪污总额高达 700 万石粮食，相当于全国一年赋税的 1/4[②]。

这么大的贪污量是怎么来的呢？主要是朱元璋念及自己起兵的地区在江南一带，这些地区的老百姓遭受的战乱最严重，同时又是根据地，所以经常下令减免这些地区的赋税。比如洪武十四年（1381 年），就把所有民田的赋税全免，官田的赋税减半征收[③]。但下面的官员根本不执行，而是继续照常征收，收上来之

---

① 见《大诰续编》之《秦昇等怙终第八十三》《查踏水灾第八十四》，参考杨一凡：《明大诰研究》附录，江苏人民出版社，1988 年 12 月。此前有多种文献提及此事时认为这 141 人均被处死，查《大诰续编》原文，有包括秦昇、王朴在内的 141 人被列入名单昭告天下，明文记载被处死是"昇等"，又有"内除王朴性不怙终，见任不解"之语，可见有部分"不怙终"也就是案发之后能及时坦白认错的人被免死了，因此 141 人中具体有多少人被处死未知。

② 参考《大明会典·卷二十四·会计一·税粮一》，洪武二十六年（1393 年），夏税米麦 4712900 石，绢 288487 匹，钱钞 39800 锭，秋粮米 24729450 石，绢 59 区，钱钞 5730 锭。夏秋税粮合计约 2944 万石。

③ 《明太祖实录·卷一百三十九》："朕思创业之初，军需甲仗皆出于江左之民，其劳甚矣。其应天、太平、广德、镇江、宁国五郡今年秋粮，官田减半征收，民田全免。期苏民力，同乐治平。"

后一起私分了。这些地方是中国最富裕的地区，每年应交的粮食都有四五百万石，多年减免的部分累积起来，数量就很惊人，而且涉及面极广，从中央到地方，从官员到地方土豪都参与了"分肥"。

这个数字把朱元璋都吓到了。他在《大诰》里面说：真正的数量我怕说出来大家不相信，所以我只说有查实的是 700 万石。历朝历代贪污的人很多，但贪污数量这么大的，还真是罕见。

最后，他不得不颁布圣旨，说"郭桓案"到此为止，不再追查了，这才停止了诛杀。因为再追查下去政府就要无法正常运转了。

朱元璋不仅杀人狠，还很重视发动民众，这在中国古代历史上是绝无仅有的。

他立了一条最特殊的规定：即使是普通百姓，只要发现贪官污吏，就可以把他们绑起来，送京治罪，而且路上各检查站必须放行；如果有人敢阻挡，不但要处死，还要株连九族！

给老百姓这样的特权，这是以往任何一个统治者想都不敢想的政策，但朱元璋就是这么规定了。不仅规定了，还不折不扣地实施了。

在《大诰》的《阻挡者民赴京》中，就记录了嘉定县民郭玄二等人，手执《大诰》赴京告状。经过淳化镇遭遇巡检何添观刁难，又被马兵马德旺索要钱财。朱元璋得知后，下令将马德旺枭首示众，何添观刖足戴枷。在《县官求免于民》中，又记录了农民赵罕晨将县主簿汪铎等几个官吏捆绑押送进京之事，最终逼得汪铎跪地求饶，说："我十四岁读书，灯窗之劳至此，你等可免我此番，休坏我前程。"

而《大诰·民拿下乡官吏》中则记录了常熟县农民陈寿六等人将官吏顾英绑至京城面奏的案件。在这起著名的案件里，朱元璋不仅杀掉了被绑进京的官吏，还特别警告道：如果有人对陈寿六进行打击报复，一律族诛。而且以后陈寿六真有过失，也只有朱元璋本人有权审问他。

在向腐败的官僚体系宣战的过程中，朱元璋要求家家户户都学习他编写的

《大诰》，还规定每个乡镇都要有专门的讲课点来讲授《大诰》，所有的学校也都要将《大诰》列为教材。家里有人犯罪的，如果能够熟知《大诰》中的案例，就可以减一等判刑；反之，就要罪加一等。朱元璋宣讲《大诰》的目的不是神化自己，让全国人民崇拜他。《大诰》里面没有吹捧其文治武功的内容，全是刑法案例，目的就是为了形成一种贪官污吏人人喊杀的局面，保证他的反腐精神能够传达到普通老百姓那里去，达到家喻户晓的效果。

三、官不聊生：明初官员的工资水平分析

在朱元璋治下，大明朝成了有史以来第一个"官不聊生"的朝代。

朱元璋对官员很刻薄，甚至可以说很凶残；但是对老百姓却很宽厚。明朝的农业税收，是历朝历代最低的，严格按照"三十税一"的比例来征收。这个比例只有在"文景之治"的时候被执行过，后来基本都是执行十五税一或者十税一。而且朱元璋还动不动就下令减免某些地方的税赋。

朱元璋时代和"文景之治"的区别就是："文景之治"啥事都不干，任由地主豪强扩张势力、兼并土地，朱元璋则是逮着一个杀一批（不是逮着一个杀一个，他在屠杀贪官豪强方面属于战斗力爆表的类型）。

在这种情况下，官员的生活就很惨了。贪污会被杀掉。不贪污，由于国家税收很少，给官员发工资自然也很抠门。一个县令的工资就是一个月七石五斗大米①，折合约1155斤大米②，这个水平大概相当于宋朝县令工资的一半。明朝也

---

① 《明太祖实录·卷一百八十五》："户部奏定正一品月俸米八十七石，从一品七十四石，正二品六十一石，从二品四十八石，正三品三十五石，从三品二十六石，正四品二十四石，从四品二十一石，正五品一十六石，从五品一十四石，正六品一十石，从六品八石，正七品七石五斗，从七品七石。"

② 吴慧在《中国历代粮食亩产研究》（中国农业出版社，2016年版）中指出："明清一升大米合1.53～1.55市斤"。一斗十升，一石十斗，七石五斗重量折合大约1155市斤。

是历史上官员俸禄最低的大一统朝代。

那这个工资到底是不是低得官员们不得不贪污受贿呢？

如果按照粮食价格来折算，1000 多斤大米大概相当于现在的五六千块钱。这点钱要养活一家五六口子人，是肯定不够的。但这种折合方法比较片面，因为粮食作为基本生存物资，一旦完全够吃以后价格就会直线下跌。在绝大多数人只能勉强维持温饱的古代社会，粮食比现代社会"值钱"得多。

我们用一种更复杂的方式来算一下：

一个县令一年的工资是每月 7.5 石，每年 90 石。根据《中国历代粮食亩产研究》，明代每人每天吃一升米是一个标准，相当于每天约 1.5 斤。官府也按照这个标准给政府雇佣工匠发口粮。[①]一个人一个月就要吃 3 斗米，五口之家一个月口粮不会超过 1.5 石米。

也就是说，一个县令，要养活一家 5 口人，只需要花费他工资的不到 1/5（1.5/7.5=20%）即可。

大家都知道经济学里面有个很著名的"恩格尔系数"，就是一个家庭在食品方面的开支占全部家庭收入的比例。恩格尔系数达 59% 以上为贫困，50%～59% 为温饱，40%～50% 为小康，30%～40% 为富裕，低于 30% 为非常富裕。

当然，一个人一天 1.5 升米是非常省吃俭用的生活方式，仅能满足温饱。但即使再增加一倍，算上肉蛋方面的消费，食品开支也应该可以控制在总收入的 40% 以内。

也就是说，按照朱元璋定的工资标准，一个县令只需要花费工资不到 40% 就可以让五口之家吃饱吃好，属于"富裕"。

换而言之，一个县令不用下田劳动，在办公室里办办公务，就能让全家吃饱吃好。而且政府还为他全家提供住宅，县衙里边还能种菜。如果能够注意节约，

---

① 参考吴慧《中国历代粮食亩产研究》。

省下钱来买田买地的话，退休以后回家当一个地主富农是没有问题的。

当然，也有人认为一家五口的数量不一定准确。那么，就不考虑一家有几口人这个假设，再将县官收入与明朝农民家庭的收入水平比较。在江南地区，自耕农所占田地数，少者为 3 ～ 5 亩，中者为 5 ～ 10 亩，多者不超过 40 亩[①]。平均亩产约为 2.31 石[②]，则即使按照"多者"也就是自耕农中最富有的地产上限 40 亩来算，每年也只能收获大米 92 石，与县令俸禄相当。如果按照中位数来算，如果一家只有 10 亩地，全年最多只能收获 23 石大米，县令的收入是中等自耕农家庭收入的四倍之多。

在朱元璋看来，这个标准定得一点也不低。因为他是贫农出身，这个工资够他们家全家六七口人累死累活干上好几年了。县令只需要坐在县衙办公，获得的收入就能赶上耕种 40 亩土地的富裕农民家庭。这是少年朱元璋和他的父母做梦都达不到的生活标准。怎么能说低呢？[③]

但是，在官员们看来，这个工资标准就太低了，低得让人没有活路了。官员们是通过读书考试进入仕途的，属于人才、精英，社会地位又高，怎么能跟农民有一样的吃穿用度呢？农民过年才能吃一回肉，官员家庭天天都要吃肉才

[①]　陈宝良：《明代社会各阶层的收入及其构成——兼论明代人的生活质量》，载《西南大学学报》，2016 年第 3 期。

[②]　参考吴慧《中国历代粮食亩产研究》。但吴慧认为 2.31 石指的是稻谷产量，稻谷经过加工之后只有大约一半能变成大米。作者结合吴慧计算过程中引用的各种文献资料原文分析，认为应该是大米而非稻谷。此处按大米算。若按照稻谷产量算，官员每月 7.5 石的大米就比拥有 40 亩地的富裕农民家庭收入高出几乎一倍了。

[③]　注意，这个分析结论只适用于朱元璋时代，而不适用于朱元璋之后的明朝。后来明末著名的清官海瑞，靠死工资过活，生活非常艰难。这是因为，海瑞时代距离朱元璋已经过去了 100 多年，物价水平发生了很大变化。明朝从中前期开始，发工资就不直接发大米了，而是按照粮食价格折成了银两，甚至是宝钞或者国库库存的西洋香料等等。明末外贸繁荣，西班牙从美洲掠夺的银子大量流入中国，导致银子贬值厉害，购买力远远低于朱元璋时代。但是官方发工资规定的折算比例一直保持不变。所以到了海瑞时代，发的银子已经无法购买到朱元璋时代的那么多大米。我们不能用海瑞的穷困来证明朱元璋定的工资标准太低。这是明政府没有注意根据物价变化调整工资水平导致的，责任显然在后来的当权者，而不在朱元璋。

行。农民可以衣衫褴褛，官员必须衣服光鲜整洁；家里还要雇佣人，办公还要雇佣书吏、幕僚，这些都要钱，都属于基本开支。光这些开销，一年的工资就不够。官场上还有交际，花费就更不用说了。

朱元璋跟官员们的认识差距，可以称为阶级意识的差异——工资够还是不够的问题，站在不同的阶级角度来分析，得出的结论是不一样的。

阶级意识主要包括两个部分：阶级感情和阶级认识。前者，就是你站在什么立场上来看问题；后者，就是出身环境决定了你能认识到、了解到哪些情况。

朱元璋虽然当了皇帝，但他还是站在贫苦农民的立场来想问题，他所能了解到的日常生活，就是底层老百姓的日常生活。在帝国制度下，要当好一个官员必须面对哪些具体而复杂的问题，他是不知道的。因为他没有当过官，不晓得当官也有当官的难处。他所能看到的世界，就是一个官员压迫老百姓的世界，那些官老爷们都很威风，也很腐败。所以，要求他们过一过跟农民差不多的生活，杀一杀他们的威风，在朱元璋看来就是完全应该的。

也就是说，不管在阶级感情还是阶级认识上，朱元璋都是从农民阶级的角度来分析问题和解决问题。

相反，站在读书人、士大夫的立场来看，一切就完全不同了。

像赵匡胤，他出身军事地主家庭，虽然未必是大富大贵之家，但从小吃穿不愁，也不用学习耕田放牛。在他看来，县令这种官员，就应该过跟他小时候差不多的生活才对。而且他是一步一步升官升上来的，当过刺史、节度使，后来做到权力中枢的位置，然后发动兵变夺取了政权。所以他相当了解做官的辛苦，知道官场上的那些"潜规则"有多么复杂。一个普通官员要在官场中生存发展，收点钱那是难免的，如果不在本人工资之外去搞点钱，用来应酬同事、孝敬上司，他在官场上基本就混不下去。收钱之后能把本职工作办好，不过分贪婪挥霍，就算是好官了。

所以赵匡胤制定的国策，就是给官员很高的俸禄，把大家养得舒舒服服的，而又不必承担太多的责任。这必然导致一个结果，就是农民的负担很重，过得很辛苦。他是站在官僚阶级的立场来看问题和分析问题的，所以对底层人民的疾苦考虑得就要少一些。或者说他缺乏理解这个问题的生活体验和基础知识。

每逢新进入官场的年轻官员上任，朱元璋都要亲自召见，跟他算农业生产的账：你看你的俸禄，是多少石大米，折合成谷子是多少，要生产这些谷子要多少亩地，要多少农民辛苦干一年。然后农民要将这些谷子交给国家，还要挑着走多少里地，来回走多少趟，多么多么辛苦。所以你不要嫌工资少，你一年的工资已经是农民们全家干多少年的收入了。

这些账到赵匡胤那里，肯定是一笔糊涂账，他不可能知道得像朱元璋这么清楚，估计也没有兴趣去搞清楚。

四、山头之争：立国初期的权力斗争

除了反腐败，朱元璋要做的事还有很多，其中就有一件很特殊的任务：协调好开国功臣之间的关系。

一般来说，会打仗的人不一定能做好官；反之亦然。建立国家之后，需要论功行赏，而最大的赏赐就是官位。立下最大功劳的肯定是武将群体，但是又不能让这些武将来治理国家，必须使用文官。结果就是：战争时期功劳大的人到立国后不一定能掌握实权，立国后掌握实权的人在战争时期可能只是一个小官小吏。这里面就会产生非常错综复杂的关系，必须要靠皇帝来协调。

朱元璋起家主要依靠两个方面的人才班底，一是淮右军事集团，一是浙东士人集团。淮右地区就是淮河中下游的那么一块地方，主要是在今天的安徽省淮南市附近。朱元璋也是淮右地区出身，所以后来喜欢自称"淮右布衣"。那个地方的特点就是穷，不识字敢拼命的英雄好汉比较多，跟朱元璋一起打天下的武将大部分是从这个地方来的。而浙江一带商业发达，出文人比较多，等朱元璋发展到一定阶段以后，很多文人谋士来投奔他，也形成了一股势力。

统一中国以后，淮右集团和浙东集团两个"山头"的矛盾就凸显出来了。淮右集团势力大、资历老、武将多；浙东集团文人比较多，资历比较浅。

在封官的时候，朱元璋比较注意照顾"山头"，把丞相的位置给了淮右集团中功劳最大的李善长，位居百官之首；而把御史中丞的位置给了浙东集团的首领刘伯温，主要负责监察文武百官。封为公爵的人全都是淮右集团的，而刘伯温只得了一个伯爵，比公爵低了两个档次①。表面上看淮右集团占优，但是在下面的政府执行层面，浙东集团占了优势：重要的文官职位都被浙东集团占据，因为他们本来就擅长行政工作嘛。淮右的将领们大多只是得到了丰厚的赏赐和爵位，而政府实权则主要由浙东士人掌握了。

显然，淮右集团对这样的安排十分不满。因为天下是他们打下来的，他们是创业集团；浙江的那些文人基本都是等到朱元璋已经成气候才来投靠的。凭什么让这些人掌握实权？

很快，丞相李善长和刘伯温就爆发了冲突。李善长有一个亲信犯法，他自恃军功想要为亲信免除惩罚。但刘伯温坚决不同意，最后不仅没有免除处罚，还把这个人给杀了。李善长大怒，就动用淮右集团的势力不断攻击刘伯温，让他的工作无法开展。刘伯温被逼得没办法，只能辞职。

朱元璋虽然给李善长面子，同意刘伯温走人，但心里还是比较清楚的，知道里面的利益斗争，所以仍然继续让浙东集团的人物来接替刘伯温的位置。

接替刘伯温的人叫杨宪，这个人是搞情报工作出身的，负责帮助朱元璋刺探敌情、监督将领会不会谋反。他手里掌握了很多人的"黑材料"。杨宪以前很老实，朱元璋想要了解谁的情况，他都客观公正地禀报，显示出情报人员非常

---

① 古代封爵位的次序是：公、侯、伯、子、男。明代爵位只有三个等级：公、侯、伯。李善长被封为韩国公，刘伯温被封为诚意伯。

良好的职业操守。

李善长既然用不正当的手法赶走了刘伯温，浙东集团当然要反击，搞情报的杨宪显然是最佳炮手。在刘伯温的幕后操纵下，杨宪搞了李善长的很多"黑材料"，通过各种渠道向朱元璋反映。

朱元璋本来非常信任李善长，把他列为开国第一功臣，时常把他比作萧何（帮助汉高祖刘邦建立汉朝的第一功臣）。但朱元璋经不住杨宪各方面的小报告，加上对李善长逼走刘伯温一事不太满意，就任命杨宪为副丞相，制衡一下李善长的权力。

可惜的是，杨宪毕竟是搞情报工作出身的，让他负责监督、举报很合适，真的作行政决策就不行了。当了副丞相以后，杨宪立马变得专横跋扈起来，利用手中的权力处处与李善长作对，打击淮右集团势力，提拔重用亲信。这让朱元璋非常不满。

在这期间，李善长故意放任杨宪在背后拆自己的台，默不作声，让杨宪放松警惕，犯了几个很要命的错误，然后抓住证据狠狠地告了杨宪一状。朱元璋大怒，直接就把杨宪给杀了。

李善长到底在朱元璋面前告发了杨宪什么事情，让朱元璋竟然立即下令处决副丞相这样的高官，谁也不知道，历史上也没有留下任何记载。我们只能说，李善长不愧为朱元璋的首席谋士，不出手则已，一出手就要人命，不给对手任何机会。

整死杨宪之后，李善长的权势达到了顶点，百官谁也不敢与之对抗了。但朱元璋对他的不满也与日俱增，因为李善长在收拾刘伯温、杨宪的时候，拉帮结派、争权夺利的意图太明显了。

李善长对朱元璋还是很畏惧的。杨宪被杀之后不久，他又下了自认为很高明的一步棋——以生病为由辞去丞相的职务，推荐他的同乡胡惟庸来接替自己。

胡惟庸是一个纯粹的文官，没有带兵打仗的履历，是从基层一步一步升上来的，行政能力、组织能力很强。在李善长看来，由这个老乡兼亲信来当丞相，既可以保持自己所代表的淮右集团的势力，又不会让朱元璋感到有威胁，而且胡惟庸也确实能把政府的日常政务处理好，可谓"一石三鸟"的好计。

但这个看起来完美无缺的计划，却最终把他自己害死了。

五、丞相造反："胡惟庸谋反案"

胡惟庸非常能干，当上丞相以后，把各项政务处理得井井有条，而且还非常善于协调淮右集团和浙东集团的矛盾，把两边都安抚得很好。

但另一方面，胡惟庸也并非安分守己之辈。他利用丞相高位，独揽政务。臣下的奏章，他先行拆阅，对他不利的就隐匿不报。官员的生杀升黜，他也常常不经奏报就独断专行。一些趋炎附势之徒"争走其门，馈遗金帛、名马、玩好，不可胜数"[①]。

简单来说，胡惟庸就是一个很有才能的贪官。这一类官员在中国历史上层出不穷。

对胡惟庸违法乱纪的行为，朱元璋应该是有所察觉的。但察觉到什么程度、有没有取得可靠的证据，这个无从得知。从历史记载来看，他了解得应该比较有限。因为胡惟庸敢于大胆地拦截不利于自己的奏章，而且背后又有李善长代表的淮右集团支持。此时，刘伯温已经告老还乡，浙东集团没有领袖，难以有组织地向他发起进攻。

不过有一件事情引起了朱元璋的警觉。洪武八年（1375 年），朱元璋派胡惟庸去看望辞官在家的刘伯温。结果胡惟庸回来 3 个月后，刘伯温就去世了。

一时间朝野上下议论纷纷。胡惟庸和刘伯温长期不和，这是众所周知的事

---

① 参考《明史·列传第一百九十六·奸臣》。

情。传来传去，就传出来一种谣言，说是胡惟庸给刘伯温下毒把他毒死的；还有一种说法更是把朱元璋也拖下了水，说是朱元璋派胡惟庸去下的毒。

实际上这事儿纯粹是胡惟庸运气不好。因为古代根本就没有吃下去之后，当时不知道，过了几个月才毒发身亡的毒药。这种东西只存在于武侠小说里面。有一些慢性毒药，必须每天摄入一定的量，连续吃上很久，然后才能收到过一段时间再致命的效果。胡惟庸就去看望了刘伯温一回，要是下毒，不管是偷偷地下，还是御赐什么食物让他吃，肯定是吃完就丧命，不可能过了好几个月才死①。

民间当然不会管这些科学问题，谣言越传越厉害。连朱元璋都半信半疑了，就去问副丞相汪广洋知不知道这个事。

汪广洋是浙东集团的大佬，本来是一个很有才干也锋芒毕露的人，一直深得朱元璋信任。汪广洋原来跟杨宪一起打击李善长，后来又跟杨宪搞内斗，但是杨宪被莫名其妙杀掉之后，汪广洋估计也是被吓到了，此后就开始"韬光养晦"，既不参与政治斗争，也不提出任何建设性的意见。总之就是随波逐流，各

---

① 关于"下毒"，还有一个朱元璋背的"黑锅"，就是开国第二功臣、大将军徐达之死。他实际上是善终。但民间传说他得了背痈，不能吃蒸鹅，朱元璋偏偏赐给他蒸鹅。徐达吃完之后当晚就病发身亡。这件事儿在正史上是没有记载的，当时的各种野史、笔记也没有任何记载，是徐达死后100多年才在野史里面出现的。此事一定为假。朱元璋杀过不少开国功臣，要杀徐达并不需要用这么"委婉"的手段。更重要的是：背痈不能吃蒸鹅只是一种迷信。我问过这方面的医生，得背痈的人，就算一天三顿都吃蒸鹅，吃上一个月，也绝对吃不死。蒸鹅、煮鹅、红烧鹅换着吃或者蒸鹅、蒸鸡、蒸鱼换着吃，也没问题。当然，生了病，吃点清淡的应该更有好处。但总的来说，痈这种病，跟吃鸡吃鹅还是吃鱼吃肉并无直接关系。有人进一步推测：虽然蒸鹅无毒，但徐达从这个事情可以知道朱元璋想要害死他，因此被逼自杀。这样的推测也不靠谱。《本草求真》云："鹅肉……有言服则发风发疮发毒，持论不同，臆各一。"也就是说这个事情在古代也就是一个传言，不是共识。皇帝给臣下赐食是常有的事。但是，利用食物禁忌毒死大臣的事情在历史上没有先例，大将军徐达一生征战沙场、算无遗策，立国以后镇守北方，政治上小心谨慎，没有任何不端的言行，这样一个既聪明又谨慎的人，仅仅因为朱元璋赐蒸鹅给他吃，就断定朱元璋想要杀他，然后也不搞清楚就自杀了，这样的逻辑实在过于荒谬。

个方面都不得罪。

　　这种做法，要是换了一般的皇帝，也就混过去了。但到了朱元璋这里就两说了。作为一个工作狂，朱元璋对眼皮底下发生的消极怠工完全不可容忍，为此已经屡次责备汪广洋了，甚至怀疑他是不是投靠了胡惟庸。所以这次问他，应该也有测试的成分在里面。

　　汪广洋对此毫无察觉，似乎想一混到底。朱元璋问起这个事情，他倒是回答得很干脆：没有这回事。

　　这个谣言当时已经传得很厉害了。既然朱元璋都亲自查问了，汪广洋好歹认真分析调查一番再说，就这样直接给挡回去，意思很明显：害怕得罪胡惟庸。

　　朱元璋收到汪广洋的回复之后勃然大怒，新账老账一起算，当即就下旨说他拿着朝廷的工资不干事，朋党为奸、欺君不报，处以革职流放。

　　墙倒众人推。在流放的路上，不断有人上书告发汪广洋，说他曾经跟朱文正①、杨宪都有结党营私的情况。朱元璋大怒，连续下旨责备。汪广洋走到半路上，看到这些圣旨，就自己服毒自杀了。

　　由于毒杀刘伯温的传言确实找不到什么根据，所以胡惟庸表面上仍然安然无恙。但朱元璋对他的猜忌已经很深了。洪武十三年（1380 年），又发生了占城国来朝贡的使者到了南京，竟然没有人管，也没有人向朱元璋报告这件事。估计是胡惟庸太忙了，也可能是他手下的人平时骄横惯了，见这种小国的使者没有贿赂到位，就懒得管他。

　　这个使团找不到地方住，就带着大队人马在大街上转悠，结果宫内的太监出来买菜时（朱元璋一直很关心市场物价，经常要太监给他报告菜价）给看见了，回去报告了朱元璋。

---

① 朱文正，朱元璋的侄子，战功卓越。因对朱元璋的封赏不满，暗通张士诚，被朱元璋得知，终生软禁，最后郁郁而终。

朱元璋很生气，因为占城这个地方很重要（在今天的越南南部）。当时，今越南北部的安南经常作乱，占城国可以起到牵制安南的作用。人家的使者跑来进贡竟然没人理，这算怎么回事？于是朱元璋下旨追问。

胡惟庸回复说，是下面的部门办事不力。下面的部门又互相推来推去。这下把朱元璋惹毛了，处理了一大批人，而且命令此后六部直接上书言事，可以不用抄送丞相，摆明了就是不再信任胡惟庸了。

这个制度建立以后，胡惟庸那些不法之事就有点瞒不住了。洪武十二年（1379年），胡惟庸的一个亲戚犯了死罪，被告到朱元璋那里。胡惟庸昏了头，竟然为之上书求情。朱元璋当然毫不犹豫地把犯人给杀了。

这年十二月，快过年的时候，决定性的事件发生了：胡惟庸的儿子不知道从哪里搞来了一匹好马，很威风地骑着，在大街上狂奔。因为他是丞相的儿子嘛，谁也不敢把他怎么样。但因为速度过快，马匹失控，撞上了对面驶过来的一驾马车，导致胡惟庸的儿子当场死亡。胡惟庸悲伤加上愤怒，竟然下令把马车的车夫绑起来，自己操刀把车夫给砍了。

这件事情立即变成轰动一时的社会舆论事件，胡惟庸想瞒也瞒不住了。

朱元璋很快就得知了此事，下旨要求严查是谁杀的车夫。

胡惟庸请求能够"赎死"，一方面向车夫家属支付大笔赔款，取得家属原谅，一方面向国家缴纳大笔罚款，免除杀人者死刑。"赎死"是古代中国历朝历代都有的一项制度。汉朝的时候，司马迁因为李陵投降匈奴的事件受到株连，应该被杀，他就凑了一笔钱免除死刑，改为阉割之刑。这样他才能得以忍辱负重写成了《史记》。胡惟庸的请求并不算十分无理。

但朱元璋只回答了他五个字：杀人者偿命。

这种情况下，胡惟庸唯一可行的方法就是找一个家丁来认罪抵命。但他自己也会被追究责任，免职几乎是必然的。

过完了春节一上班，御史中丞涂节就上书，告发胡惟庸谋反！

六、孤注一掷：胡惟庸造反的真伪与可行性

这下问题就大了。如果只是放纵家丁杀人，充其量就是免官，而谋反则是灭族的重罪。

有人认为，这是涂节的一种政治投机。因为胡惟庸被拿下已经是板上钉钉的了，他来个落井下石，揭发有功，就有可能接替胡惟庸的位置。

这个推理并不合理。因为根据涂节的告发，胡惟庸的谋反他自己也参与了。对于谋反重罪，没有马上告发，一定会受到株连。也就是说，只要涂节告发的事情是真的，他就绝不可能升官，面临的只不过是处罚轻重的问题，最轻也是坐牢，重的就是杀头甚至灭族；如果他的告发是假的，诬告丞相谋反这种罪名也会让他吃不了兜着走。

胡惟庸的其他违法行为可谓一抓一大把，随便弹劾他一点儿贪污腐败、任用私人、欺君瞒上之类的事情，不仅证据充分，效果又好还安全，为什么偏要伪造一个把自己也搞进去的谋反案出来呢？

只要涂节神志正常，他的告发只能是出于一个原因：胡惟庸即将失势，谋反的事情眼看就要包不住了，早晚要败露。因此涂节这才抢先告发，希望能够凭借首告之功，免除死刑。

朱元璋立即下令逮捕胡惟庸、涂节，进行彻查。案情很快就弄清楚了：胡惟庸内与御史中丞涂节、御史大夫徐宁密谋，外与吉安侯陆仲亨、平凉侯费聚勾结。陆、费二人之前曾经因为贪污和其他违法行为被朱元璋贬职外放，心怀不满。胡惟庸趁机与他们联系，结成同盟准备谋反。这 5 个人很快就被处决，胡惟庸被灭族。涂节虽然首告，但曾实际参与并长期隐瞒谋反案，等到快要出事了才被迫举报，仍然未能逃过死刑的惩罚。

杀掉胡惟庸的第二天，朱元璋就宣布，废除中书省，不再设丞相职位，由

六部直接向皇帝报告。

有人推测，朱元璋是为了废除丞相之职，所以才炮制了"胡惟庸谋反案"。前面我们已经说过，他其实没有必要这样做。更合乎常理的推测是：胡惟庸独断专权，长期向他隐瞒各种重大事务。这一情况被揭露出来以后，让朱元璋看到了丞相制度的弊端：由一个人来统领百官，极易造成皇帝的信息渠道被堵塞。

废除丞相之事，朱元璋应该已经考虑过很久，直到胡惟庸事发，才最终下定了决心。

从表面上看，胡惟庸谋反这个事情十分违反常理。他就是一个文官，资历也很浅，无法调动军队。朱元璋指挥千军万马作战的时候，他也就是在地方上搞点行政工作，怎么会生出这天大的胆量来谋反呢？这不是自找着想被灭九族吗？

一直以来，有很多人认为这是一个冤案。朱元璋无非是把胡惟庸当成一颗棋子，用他来达到废除丞相或者屠杀开国功臣的目的。

从现有的史料来看，胡惟庸谋反证据确凿，是个铁案。但硬要说这些证据全都是严刑逼供搞出来的，我们也没办法反驳，毕竟这事儿已经过去了六百余年，要探究真相很难。不过，如果只是分析动机和可能性，我认为：胡惟庸确实有动机谋反，而且是有可能取得成功的。

首先，胡惟庸毕竟是从乱世中混出来的。杨宪被杀之后，他接任丞相，仍然敢于有所作为，甚至专权独裁、收受贿赂、任用私人、隐瞒奏章，而不是像汪广洋一样唯唯诺诺、缩头自保，说明他胆子肯定不小。

其次，胡惟庸干了这么多违法乱纪的事情，能够隐瞒朱元璋一段时间，但要想长期甚至永远隐瞒下去，几乎不可能。朱元璋对待贪污腐败的态度天下人都知道，连驸马、开国功臣都能斩杀，贪污60两银子就要杀头。那么，他的那些事情被朱元璋知道以后，被杀几乎是板上钉钉的事情。

在这种情况下，胡惟庸就有三种选择：

第一种是放弃所有的利益，不收钱、不追求任何特权、子女亲戚也不能跟着沾光，领着朝廷的死工资，累死累活地做事。

第二种是不当丞相了，像李善长一样称病退休。

这两个选择利益牺牲极大，胡惟庸当然舍不得。就算舍得，因为之前已经有案底了，也不能保证朱元璋不会算旧账。退下来或者不收钱之后，利益格局发生变化，他被人告发的可能性反而更大。

这样看来，如果胡惟庸不想坐以待毙，只有一条路可走，就是谋反。

胡惟庸是很喜欢权力的，让他主动退下来太难了；胡惟庸又很有才能并勇于任事，让他坐以待毙也不太可能。从这个角度来看，他有足够的谋反动机。

历史上造开国皇帝的反的人并不少，也有成功案例。比如李世民造他父亲李渊的反就成功了，杀掉了哥哥，然后逼迫李渊退位。后来李世民的儿子也造反，开国功臣侯君集还参与了。汉高祖手下的英布也是公然造反，刘邦亲自带兵镇压，英布还硬碰硬地跟刘邦打了一仗。

当然，侯君集和英布都失败了，但起码说明：不是说开国皇帝很厉害，大家就不敢造反。总有胆子大的人想要拼命一搏，有的是被逼的，有的则是经不住皇权的诱惑。胡惟庸应该是二者兼而有之。

除了胆量和动机以外，胡惟庸也是极聪明的人。面对诛九族的风险，他一定会仔细思考：谋反成功的可能性有多大？

从表面上看，没有兵权的文官丞相想要推翻武功赫赫的开国皇帝，可能性几乎为零。

但是，朱元璋这个开国皇帝很特殊。

他反腐败的动作太大了，杀人太厉害，以至于整个官僚集团，包括武将集团、皇亲国戚，都没有安全感。这些文臣武将绝大多数不甘心过朱元璋给他们安排的生活：比以前朝代的官员工作更辛苦，工资和特权却最低。他们大部分或多或少都有贪污腐败、欺压百姓、滥用特权的行为。毕竟在帝国制度下，这实在太容易了，稍微有点权力，不用自己主动去敲诈勒索，也会有人通过各种人情关系来诱惑他们腐败。要拒绝这种诱惑，意味着要撕破很多亲戚朋友的面子，反而是一件很难下定决心的事情。

所以，他们也就跟胡惟庸一样，时刻担心被朱元璋发现后杀掉。按照朱元璋的性格，从位高权重到满门抄斩，这种变化随时可能发生。没有人喜欢过这种提心吊胆的生活。

"江山是兄弟们一起打下来的，皇帝都让你做了，为什么就不许我们吃好点儿喝好点儿？"

这应该代表了当时很多文臣武将的心声。

像吉安侯陆仲亨，很早就随朱元璋起兵，在攻打太平（今安徽省马鞍山市）、集庆（今江苏省南京市）等城市的战役中都立下大功。洪武三年（1370年），陆仲亨从陕西回京，本来是办私事，却擅自调用驿站的马车。朱元璋听说后大怒，说："国家刚刚经过战火，人民才开始重新成家立业，负责为驿站提供马匹的家庭生活还很艰苦。马都拿给你拉车了，他们自己的生活怎么办？"就罚他去山西捕盗。平凉侯费聚也立下过大功，后来去苏州做官，每天贪图酒色，治理苏州毫无起色。朱元璋就罚他到荒凉的西北地区去招降一些零散的蒙古残部，还是没啥成绩，因此屡次被朱元璋责备。这两人都对朱元璋非常不满。胡惟庸请他们到家里喝酒，喝完之后说："咱们三个以前都干过不少贪赃枉法的事，万一被揭发出来怎么办？"二人感到很惶恐，立即同意为胡惟庸谋反准备军马[1]。

在这样的背景下，胡惟庸要谋反，成功的可能性就大大增加了。他很容易就能拉拢一大批"有前科"的文官武将来参与这种灭九族的冒险。

---

① 　参考《明史·列传第一百九十六·奸臣》。

后来追查出来的证据表明，胡惟庸结党的范围相当广。他跟大部分官员都结成了利益同盟：官员们同意在重大问题上与胡惟庸保持高度一致，向皇帝封锁对胡惟庸不利的消息。而胡惟庸则保证他们的官位特权，出了事情给他们摆平。

这种同盟关系并不等于谋反。但这些职业官僚们应该很清楚丞相结党意味着什么。

官员之间结党联盟都是为了争夺权力。比如唐朝末年的牛李党争、北宋后期的新党和旧党之争。两大利益集团对立，一方如果不结党，就会被另一方轻易打倒。

胡惟庸当丞相的时候，浙东集团的三个领袖人物，刘伯温、杨宪已死，汪广洋形同废人。胡惟庸代表的淮右集团势力如日中天。特别是汪广洋死后，胡惟庸任"独相"，没有副丞相来分他的权力了。一人之下、万人之上的胡惟庸，还要不断地结党，这是很不正常的——百官都是你的手下，你还去跟他们结党干什么？

显然，矛头不是对准某些官员，只可能是对准皇帝。

胡惟庸的意图如此明显，但几乎所有的官员都站在了他这一边。要么积极参与，要么保持沉默。这说明，朱元璋的肃贪行动确实是到了众叛亲离的程度。他已经站到了整个官僚集团的对立面。

除此以外，胡惟庸有理由相信，自己可以得到军方的支持。他的丞相之位本身就是李善长推荐的，后来还跟李善长的弟弟结成了儿女亲家。他不停地通过李善长的弟弟去说服李善长与他结盟，共同反对朱元璋。

李善长坚决拒绝了，因为他认为这一定会失败。但他没有告发胡惟庸，一方面他可能认为，只要自己没有实际参与，就算胡惟庸案发，他作为第一功臣，也不会受到株连，所以没有必要去告发；另一方面，也说明他对朱元璋当了皇帝之后的很多做法是不以为然的。

　　胡惟庸当然不会轻易放弃，而是用更大的利益来诱惑李善长，承诺事成之后封他为淮南王。李善长似乎对此很心动，不过仍然拒绝。但他的态度逐渐发生了转变，最后说了一句："我老了，等我死后，你们自己看着办吧（汝等自为之）。"这句话的意思其实很明白了：他不会参与谋反，但如果胡惟庸谋反成功，军方将保持中立。

　　在这种情况下，胡惟庸谋反成功的可能性就比较大了。只要他能够想办法杀掉朱元璋，然后拥立一位愿意跟他合作的亲王——首选当然是太子朱标。如果他不合作，也可以一并杀掉或者废掉，之后再选一个。然后，宣布废除朱元璋制定的各种"恶法""酷刑"，保证大家可以像宋朝一样俸禄丰厚，想怎么贪污就怎么贪污。那么，文官集团一定会表示支持。李善长只要确认朱元璋已经死了，就会站出来稳定住军队。

　　我们要知道，当时明朝开国才10多年，官僚集团和人民都还没有形成忠于朱家天子的心理。如果用现在的眼光来看，我们已经知道朱元璋是建立200多年大一统王朝的开国皇帝，那么他当然是不可动摇的。而当时的情况是：他不过是一个刚刚扫荡完群雄的军事领袖而已。没有人知道明朝的命运会是像唐朝一样，还是像秦朝一样。如果胡惟庸政变成功，扶持一个傀儡皇帝，利用中央枢机的权威逐步诛杀朱家子孙和其他忠于朱元璋的势力，这个天下是姓朱还是姓胡那就不一定了。王莽、杨坚、武则天都是这样成功上位的。

　　当然，实际情况肯定会复杂得多，也要困难得多。最大的可能是天下大乱、重新陷入军事混战的状态，忠于朱元璋的军队和服从傀儡皇帝的军队将会展开一场大战。鹿死谁手还很不好说。但对胡惟庸来说，成功的可能性至少是存在的。如果成功了，他就是新一代开国皇帝，这种诱惑太大了。无论如何，总比当一个随时可能被处死的丞相要好得多。

七、血流成河：朱元璋的艰难选择

从这个层面来分析，胡惟庸的谋反并非偶然事件。这不是他一个人或者少数几个人的阴谋，而是整个官僚集团对肃贪行动的反击。他们要维护自己的利益和特权，于是默默地站在丞相胡惟庸背后，或积极参与，或冷眼旁观，希望朱元璋这个"暴君"的统治能够尽快终结。

但是很不幸，他们遇到了中国历史上最强硬的开国皇帝。

胡惟庸案发的时候，朱元璋只诛杀了很少的几个官员。但是随着不断地追查，朱元璋发现，此案涉及面之广令人震惊。整个官僚集团在胡惟庸的带领下，在长达七八年的时间内，有计划、有预谋地向他封锁消息，想把他变成一个高高在上的"聋子"和"瞎子"。

朱元璋是一个很有系统性思维的领袖，喜欢从制度上来解决问题。"郭桓案"之后，他就下令，以后财务记账必须用大写的"壹贰叁肆伍陆柒捌玖拾"来记录，而不再使用"一二三四五六七八九十"，以避免账目很容易被涂改的问题。这项改革至今还在影响着我们的生活。杀掉胡惟庸之后，他也很快就决定，废除沿用了上千年的丞相制度。

随着"胡惟庸案"的深入，朱元璋进一步发现：废除丞相还是不够。"胡惟庸案"不是丞相专权这么简单的问题，而是整个文官集团的问题。所以，很有必要在整个官僚体系之外，另外建立一套独立的监察系统。

在此之前，历朝历代的政治制度，都是"皇帝—文官—武将"的治理结构。武将负责打仗。除此之外，文官集团负责一切。除了行政部门，司法和监察部门也是在文官系统内部设立的。这样很容易形成所有文官团结起来向皇帝隐瞒消息、结党营私的局面。

杀掉胡惟庸之后两年，洪武十五年（1382 年），朱元璋下令对禁卫军进行改编，改为"十二卫"，也就是 12 支有特别权力的皇帝卫队。其中最重要的是"锦衣卫"，负责监督百官，集情报、逮捕、审判和执行的权力于一身。锦衣卫的统领由皇帝直接任命，不需要经过文官系统的选拔，也就是不需要走"科举—低级官员—高级官员"的升迁渠道。这样他们就不容易和文官集团建立起稳固的利益同盟。

锦衣卫的监察权力完全来自皇帝，一切情报直接向皇帝汇报，也不需要通过六部或御史。

锦衣卫设立以后，情报源源不断地被送到朱元璋案前。"胡惟庸谋反案"背后的整个官僚群体也就无所遁形了。各种腐败、结党……逐渐浮出水面。

随后发生的事情，应该是朱元璋深思熟虑后的结果。胡惟庸死后，他通过两年的追查发现问题的轮廓；然后设立锦衣卫想把这个问题彻底搞清楚，于是又用了两年的时间掌握了胡惟庸结党的详情。在这 4 年之间，"胡惟庸案"看起来已经平息了，株连的人数其实比较有限。官员们不知道的是，朱元璋一直在观察、分析，思考该如何解决这些问题。

应该说，大部分官员是抱着一种"法不责众"的心理与胡惟庸结党的——反正大家都结党，我不参与就会被孤立，被胡惟庸整。如果胡惟庸谋反成功，我说不定还有危险。就算失败了，事情暴露出来，总不能那么多人全都杀了吧！无非也就诛杀那么几个核心人物，其他的人只能是法不责众嘛，对不对？

还有，你朱元璋竟然允许草民捆绑官员进京问罪，收 60 两银子就要"剥皮实草"，难道不是太过分了吗？

遇到一般的皇帝，这个事情也就这样了。皇帝总是要通过官员来治理国家的。北宋王安石变法的时候，为了减轻人民的生活压力，削减了部分大官僚大地主的特权。保守派直接就质问皇帝：你是通过小民来治理国家，还是通过官员来治理国家？神宗皇帝竟无言以对。

朱元璋应该认真考虑过官僚集团结党反对他的原因，也必然考虑过如果将涉事官员全都严厉惩处可能会有什么后果。他可以只惩罚少数头目，向官僚集团做出妥协，放宽对腐败问题的惩处力度。这样反而有利于维护皇帝的权力地位。汉朝、唐朝、宋朝这些大一统帝国的反腐败标准比他所坚持的要低得多，照样立国数百年。

但作为一个从尸山血海中成长起来的贫民皇帝，他终于还是作出了不一样的决定。

在作出这个决定的过程中，他一定不止一次地回想起父母兄弟惨死的悲剧。

洪武十七年（1384 年），胡惟庸死后四年，朱元璋颁下圣旨，彻底搜捕胡惟庸余党。"胡党"之狱大兴。

杀 3 万余人。

凡是跟胡惟庸结党的官员，不管是积极参与者还是默许旁观者，全部被杀，整个官僚体系被血洗一空。受株连的还有很多跟胡惟庸等有经济往来的豪门大族。

大处决持续了 5 年。最后被杀的，就是"开国第一功臣"李善长。

1354 年，26 岁的朱元璋和 40 岁的李善长第一次见面[1]。朱元璋是初出茅庐的农民起义军领袖，李善长是远近闻名的文士。朱元璋问：天下大乱，何时才能平定？

李善长回答道：秦末战乱之时，汉高祖从普通百姓中崛起。他生性豁达大度，知人善任，不胡乱杀人，5 年就建成帝王的基业。现在的情况和秦末相似。将军倘若效法汉高祖，天下便可轻易平定！

朱元璋深以为然，从此将李善长作为首席谋士，军国大事，悉以咨之。朱元璋在前方打仗，总是留李善长在后方镇守。李善长也总是能够维护后方稳定，并保证后勤物资顺利输送。开国以后，朱元璋坚决把李善长排在所有战功赫赫

---

[1] 《明史·李善长传》："太祖略地滁阳，善长迎谒。"据吴晗《朱元璋传》附录年表，朱元璋夺取滁州在 1354 年。

的武将之前，并说："善长之功，吾独知之。"

是啊，在这腥风血雨的十多年里，两人不知道有多少次促膝长谈，纵论眼前的军事、古今的得失、未来的方略。李善长之于朱元璋，就如同萧何之于刘邦、诸葛亮之于刘备，原本应该成为一段流传千古的君臣佳话。但是，这个故事最终还是以悲剧结束了。

从他们第一次见面的对话来看，李善长只是想着如何帮朱元璋夺取天下。他提出不胡乱杀人、知人善任等谋略，更多的是从实用主义的角度出发。等到天下平定以后，不再需要这些谋略，李善长也就变得贪图权位、心胸狭隘起来。下级官员稍微触犯他的权威，就会遭到打击报复。逼走刘伯温、整死杨宪，都是出于派系斗争的需要，而不是为了国家的公义。

而朱元璋则是一个理想主义色彩比较浓的人。这从他主动把自己唯一的根据地和大部分军队交给郭子兴这件事就能看得出来，他做事情不纯粹是出于策略的考虑，道德考虑也占了相当重的分量。当了皇帝以后，他仍不失平民本色，省吃俭用，疯狂工作，一心想把国家治理好，成天担心的就是跟他出身一样的农民遭到像元朝官员那样的迫害，故在反腐败方面给出了可谓前无古人的力度。这一点是李善长完全想不到的，因为这样的事情在中国历史上从未出现过。

所以，李善长渐渐把朱元璋看成一个暴君，不愿再与之合作。而朱元璋则对李善长的所作所为越来越感到失望。这一对创业君臣开始渐行渐远。直到朱元璋发现，李善长被胡惟庸多次策反，竟然隐瞒不报，甚至说出"汝等自为之"这样的话来，朱元璋这才终于起了杀心。

公元1390年，洪武二十三年，韩国公李善长因卷入"胡惟庸谋反案"，族诛。全家70余口尽斩于市。

第四章

大明盛世

明初的
制度设计

一、监察独立：设立锦衣卫制度的意义

有人认为，朱元璋对胡惟庸的不法行为采取了"欲擒故纵"的策略，就是明知胡惟庸干了很多骄纵枉法的事情，却不及时处罚或纠正，故意放纵胡惟庸广泛结党，以达到通过胡惟庸来株连开国功臣或者废除丞相的目的。前几年某历史类畅销书就持这样的观点。

种种迹象表明，朱元璋所了解的情况可能非常有限。据《明史》记载，刘伯温在去世之前写了一封针砭时弊的遗书，叮嘱他的儿子说：有胡惟庸在，这封遗书写了也没什么用；等将来胡惟庸倒台了，你再想办法递给皇帝[①]。

也就是说，连刘伯温这种级别的开国功臣，想要通过写遗书这么极端的方式向朱元璋传递消息，都自认为无法通过胡惟庸这一关，可见胡惟庸对朱元璋信息封锁之严密。

另外一个佐证是发生在洪武九年（1376年）的"空印案"。

案件的起因，是各地到中央呈送钱粮及财政收支、税款账目，都会多找一些空白的账册在上面盖上公章，以便财务数据需要修改的时候能够立刻重新抄一遍，不然只要改一个数就得回到地方重新盖章。

那时候中央与地方交通不便，这样做可以降低行政成本，但另一方面，也为贪污作弊留下了空间。这个案子肯定不是朱元璋为了杀官员，故意装作不知道而放纵大家这么干的。因为此案没有株连任何武将或者开国功臣，只是把各个地方上负责盖章的官员给杀了。

---

① 原文见《明史》："我欲为遗表，惟庸在，无益也。惟庸败后，上必思我，有所问，以是密奏之。"

　　就是在空白账册上盖印这么一个事儿，官场上上下下都知道，唯独朱元璋不知道，而且被瞒了八九年。

　　朱元璋虽然勤政而且严厉，但也不是全知全能。他每天要批阅处理 400 多件事，这些奏章全部来源于官僚集团，用极为精练的文言文写成。读完这些奏章之后，还能有多少时间去了解别的事呢？

　　他会派太监出去打听民间的各种消息，但所得应该非常杂乱。民间还传言说是他派胡惟庸去毒死刘伯温的，你说这种传言朱元璋能随便信吗？这些非正规渠道的消息只能姑且听之，可靠的消息还是要依赖官僚集团的汇报。所以，朱元璋在很长一段时间内，对胡惟庸的违法行为知之甚少，这是很有可能的。

　　为了监督胡惟庸这种官员是否有违法行为，中国古代历朝历代都设立了监察御史。但御史本身也是文官集团的一员，御史大夫或御史中丞干得好的可以提拔成为丞相——比如杨宪。而行政官员也随时可能去当御史。行政职位和监察职位之间，存在一道"旋转门"。

　　有了这道"旋转门"，低级别的御史就会讨好丞相等高官，希望可以被提拔到更有实权的行政岗位上；或者说，官员在当御史的时候不能得罪太多人，不然什么时候被调入行政系统就会吃不了兜着走。反之，从行政机构调到监察机构的官员，也必然跟原机构保持着千丝万缕的联系。这样，御史的监察功能就会逐渐失效。

　　朱元璋设立锦衣卫，就是要关闭这道"旋转门"，转而从禁卫军当中选拔人员来监察百官。官员不可能成为锦衣卫，锦衣卫也不会被派出去当行政长官。锦衣卫也不用参加科举，跟文官没有"师门""同年"这些千丝万缕的联系。他们检举官员腐败的时候必然顾虑更少。

　　建立这样一个利益独立的监察机构，是帝国政治体制的巨大改革。监察权就从科举文官系统里面分离出来了。

　　从此，皇帝对文官集团的监督大大加强。朱元璋对官僚集团贪污腐败情形的了解程度，很有可能就此超过了此前历朝历代的所有皇帝。

明初三大案，都是在朱元璋设立锦衣卫之后爆发的。

"胡惟庸谋反案"是最初的引子，虽然诛杀胡惟庸是在设立锦衣卫之前，但大规模的株连则是在设立锦衣卫之后 2 年。

"郭桓贪污案"爆发于锦衣卫设立之后 3 年。

"蓝玉谋反案"爆发于锦衣卫设立之后 11 年，告发蓝玉谋反的正是锦衣卫指挥使蒋瓛。

二、《逆臣录》：蓝玉谋反的证据与动机

"蓝玉案"的情况和"胡惟庸案"非常类似。

蓝玉是开国元勋常遇春手下的一员武将，在建立明朝的战争中立下过不少功劳。不过那时候他还很年轻，跟徐达、常遇春他们比起来只能算是初出茅庐。等到了洪武后期，开国名将们老的老、死的死，蓝玉才慢慢有了出头的机会，在征讨云南和越过长城打击北元的战争中都立下了大功。

朱元璋对蓝玉很重视，把他看作新生代武将的代表，一直优礼有加。

但蓝玉是个武夫，缺乏政治头脑，对自身的行为缺乏约束，做事全凭一时兴起。他征讨北元班师回朝时，夜抵喜峰关，守关官吏没能及时开门接纳，他就纵兵毁关，破门而入。后来还有人举报他轻薄北元的王妃，致使王妃羞愤自杀。

朱元璋为此指责蓝玉，本打算封蓝玉为梁国公，因他有这些过失，便将梁字改为凉。这两个字差别很大。"梁"是古代开封的称谓，代表中原最繁华的地区；而"凉"地则在荒凉的西北地区。虽然说国公也就是个封号，不会实际跑去管理地方，但在名义上确实是降了一级。

除此之外，朱元璋还命人将蓝玉的这些过失刻在世袭的凭证上。这是很严厉的警告。

　　蓝玉仍然毫不改正，以军功自恃，日渐骄横，蓄养了许多庄奴、义子，乘势横行霸道。有一次他强占东昌地区的民田，被人举报，中央派御史来查问。蓝玉根本就不回答问题，直接把御史骂走了。最糟糕的是，他在军中擅自罢免和提拔军官，独断专行，朱元璋曾因此多次责备他。蓝玉西征返回后，被封为太子太傅，也就是太子的师傅。这是没有职权的荣誉职位。但蓝玉还是很不爽，因为带有"太子"头衔的最高职位是太子太师。宋国公冯胜、颍国公傅友德这两个人当时被封为太师。

　　蓝玉对此很不服气，公然宣称："我难道不能做太师吗？！"

　　要是单论功劳，蓝玉的功劳确实比冯胜和傅友德要大一些，但冯胜和傅友德的功劳都是开国时期打出来的，论资历比蓝玉要老。太傅太师这些都是荣誉头衔，优先安排老资历是应该的。蓝玉这样闹，说明这个人确实很不识大体。

　　洪武二十六年（1393 年），蒋瓛告发蓝玉谋反。下狱审问后，发现蓝玉联合景川侯、鹤庆侯、舳舻侯、定远侯及吏部尚书、户部侍郎等人谋反，打算趁朱元璋籍田（也就是象征性地去农田中劳作以示重视农耕）时发动叛乱。朱元璋遂族诛蓝玉等，并株连蔓引，自公侯伯以至文武官员，被杀者 1.5 万人。朱元璋还把蓝玉谋反的各种证据供词编写成《逆臣录》，昭告天下。

　　从《逆臣录》的记载来看，"蓝玉案"可以说是"胡惟庸案"的一个延续。蓝玉谋反的原因也跟胡惟庸一样：有很多违法乱纪行为，已经被朱元璋察觉且多次警告。由于他们都知道朱元璋对待此类行为的处罚极为严厉，而且对功勋权贵也毫不姑息，所以不惜铤而走险，试图发动叛变来"解决问题"。他们的计划都得到了许多文臣武将的支持，不少官员都希望推翻朱元璋的"残暴"统治，彻底过上没有后顾之忧的生活。

　　比如，蓝玉与一个叫陶文的亲信军官商量谋反事宜，对他说：

　　我请你来，要与你商量一件大事。我想如今大官人每都为胡党废了。我亲家靖宁侯一家儿都废了。久后我们也逃不出去。不如早寻个下手处。

那陶文就说：

我当初因为抗拒总兵，也无甚不是，罚我做了二十年千户。才还了我职，又着我边塞上受苦。既然官人提起来，我心里正是这等做。[1]

《逆臣录》记录了很多人参与"蓝玉案"，都有类似的对话：蓝玉抱怨说"胡惟庸案"牵涉太广，连他亲家也被杀了，大家要想过安稳日子，只能一起谋反。被拉下水的官员则因为以前受过朱元璋的处罚，心怀不满，也害怕未来会遭到更可怕的处罚，因此愿意参与。

普定侯陈桓以前经常与胡惟庸来往，非常害怕遭到"胡惟庸案"的牵连。蓝玉托人拉拢他谋反的时候，他就说："我想这几年间，虽做个公侯，为必先结交胡党。当今生怕被人指出，当时为这事不曾放心，如常在外不得回家快活。若凉国公要谋反时，你回去与他说，我愿意随他做一场。若事成了时，倒得安闲。"[2]

舳舻侯朱寿的儿子因为受"胡惟庸案"牵连，被罚去充军，随蓝玉出征。蓝玉却对他很好，朱寿也因此大力支持蓝玉谋反。

鹤庆侯张翼则是因为此前跟胡惟庸有勾结而害怕牵连："比先我与×××等众人结交胡丞相，商量反事，也不曾成得。倒杀了好些公侯……托赖祖宗福庇，不曾有人招出我们名字，不知久后下场如何？尽夜忧心，为这件事不曾下怀。如今只愿我得一场病死，倒免得累及一家老小。"[3]

---

[1] 参见《逆臣录》。王天有、张何清点校，北京大学出版社，1991 年版。

[2] 同上。

[3] 同上。

三、反腐疑云：诛杀功臣还是反腐倡廉？

《逆臣录》中的这些供词，是不是可信呢？

从表面上来看，这些供词涉及人数繁多、供词之间互相印证。供述人商议谋反的时间、地点、动机等都交代得很清楚，证明这份供词是可信的。而且朱元璋主动把它整理公开，昭告天下，很有点"司法公开"的味道，也间接说明朱元璋心里面不觉得它有多大问题。

但是，也有很多人质疑，这可能是锦衣卫屈打成招搞出来的。严刑拷打之下，想要什么供词便有什么供词。因此这些材料不可信。

这种质疑有一定道理。中国古代的刑讯逼供现象确实十分普遍，要说全部供词都十分可靠、"胡惟庸案"和"蓝玉案"里面没有人被冤杀，那一定是错误的。但是要说这些相互印证的供词全都是假的，或者大部分都是虚假的，恐怕也不符合事实。

第一，严刑拷打获得供词，并不一定就是假的。

根据现代人权法治观念，不应用刑讯取得供词。但刑讯并不一定导致冤案。古代物证技术落后，没有指纹、录音、血型、笔迹鉴定等技术，断案主要就是靠口供。很少有人会主动承认自己犯了杀头甚至灭族的重罪，这种情况下就只能用刑。从常理来说，无罪的人一般会比有罪的人更经得起刑讯的考验，因为他们从内心感到自己蒙受了冤屈。在古代技术条件下，如果审案者是抱着查清案情的目的，那么正确地使用刑讯有助于破案。

如果质疑者仅仅是认为审案时有刑讯逼供的行为，就认定所有或者大部分供词都不可信，这从逻辑上讲是不成立的。

我们举一个例子：朱元璋死后几十年，明英宗朱祁镇在"土木堡之变"中被瓦剌部落俘虏。大臣们拥立新的皇帝朱祁钰，尊朱祁镇为太上皇。后来朱祁镇又被瓦剌部落放了回来，但是朱祁钰很不爽这个太上皇，因为威胁到了他皇帝的位置，所以老想找办法收拾朱祁镇。于是，他就找了个借口让锦衣卫把朱祁镇身边的人抓起来严刑拷打，想让他们污蔑朱祁镇准备谋反。这些人如果承认谋反，就是死罪；不承认，就会被酷刑折磨致死。但所有人都拒绝承认朱祁镇有谋反行为，结果朱祁镇就什么事儿都没有。

所以，中国古代的司法制度虽然承认刑讯，但还是有一套基本的规矩和底线。屈打成招的冤案固然很多，但若是认为只要用刑就可以搞到当权者想要的任何供词，或者认为刑讯得到的供词就一定是假的，在逻辑上并不成立。

第二，从正面论证：我们根据其他史料进行推理，可以得出合乎逻辑的案情发展线索。这些线索与证词可以互相印证。比如我们前面分析的胡惟庸的谋反动机、得失计算等。

第三，从反面论证：如果朱元璋的目的是利用谋反冤案屠杀开国元勋，那么广泛地株连反而不利于政权稳定。

我们拿历史上比较公认的污蔑谋反案——武则天污蔑长孙无忌谋反案的处置方式来对比一下。武则天只是逼死长孙无忌，然后剪除了他少数几个直系亲属和核心党羽。制造这种争夺权力的政治冤狱，就是应该采用精确打击的方式。没必要把一大堆不相关的人扯进来，平白无故增加自己的政治反对派。

真正有可能威胁皇权的元勋，也就是开国敕封的 34 个公侯级别的人物。但 7 个公爵里面，只有李善长卷入"胡惟庸案"、冯胜卷入"蓝玉案"，另外 5 个——徐达、汤和[1]、李文忠[2]、常茂（常遇春之子）、邓愈都是善终。如果把范围扩大到

---

[1] 汤和在洪武三年（1370 年）的分封中是侯爵，洪武十一年（1378 年）晋封公爵。

[2] 也有野史说李文忠是被朱元璋毒死的，因为他生病的时候朱元璋去看他，让御医给他开了个药方。李文忠吃了之后，过了三四个月就死掉了。这个传言之所以是假的，原因跟前面刘伯温被胡惟庸毒死的传言一样，古代没有吃下去过几个月才致死的慢性毒药，近代化学知识还要再过几个世纪才会传入中国。

27 个侯爵，也有一半的人是善终。也就是说，朱元璋为了消灭开国元勋，杀了 6 万余人，偏偏威胁最大的 7 个人里面有 5 个人没事；或者说威胁最大的 34 个人里面有超过一半的人善终。还有长兴侯耿炳文、武定侯郭英活到了朱元璋去世[①]，这合理吗？

总之，关于明初三大案，摆在我们面前的有两种截然不同的观点。

第一个，是现在非常常见的"诛杀功臣论"。

这种论点的基本逻辑是：朱元璋是一个非常残暴无情的人，在争夺天下的时候假装仁义道德，欺骗了一大批优秀人才跟他一起造反。等到他得了天下当了皇帝，就翻脸不认人，反而担心这些优秀人才会在他死后威胁朱家子孙的皇帝宝座。

为了根除这种威胁，同时也为了巩固自己的专制皇权，朱元璋制造了胡惟庸和蓝玉两大冤案，以"污蔑谋反"的方式，酷刑逼供、伪造供词，将功臣们系统地株连进来全部杀掉。

光杀掉这些功臣还不够，朱元璋还是一个穷凶极恶的心理变态，以杀人为乐趣，顺带还杀了好几万对皇位和皇权根本不可能构成威胁的低级官员以及他们的亲戚朋友等。

第二个，就是"反腐倡廉论"。

这是本书前面讲述的逻辑：朱元璋出身于中国社会最底层，从小就目睹了底层官吏的贪污暴虐，17 岁的时候全家人都死了，被迫乞讨 3 年。后来因为参加起义军的老朋友汤和来信被人发现，朱元璋这才被迫参加农民起义军。他对官员腐败有一种发自内心的切齿痛恨，再加上胸怀宽广、治军严明，具有英雄气度和战略眼光，吸引了越来越多的人才来帮助他，因而在战场上不断取得胜利，

---

① 朱元璋 25 岁起兵，活到了 70 岁，当皇帝的时间超过 30 年。那个时代人均寿命只有 30 多岁。所以虽然大部分开国元勋都是善终，但最后活过朱元璋的只有耿炳文和郭英二人。这是自然规律，不是朱元璋滥杀功臣造成的。

最后夺取了天下。

当上皇帝以后，他仍然保持了艰苦朴素的本色，不大建宫殿工程，爱惜民力。他每天疯狂地工作，很少个人享乐，立志要建立一个人民安居乐业的太平盛世。

为此，他制定了中国历史上最低的农业税率和最严厉的反腐败法令。

由于税率很低，国家财政收入有限，给官员们定的俸禄水平也就远远低于宋朝，也低于历代王朝的平均水平 [1]。可官员们并不甘心拿着这点工资干活，贪腐之风在立国后很快就盛行起来。

朱元璋不愿意在反腐败问题上有任何妥协，因此一而再、再而三地严厉诛杀贪腐官员，而且不避功勋权贵，杀人无数。

文臣武将对此感到恐惧，认为他是"暴君"，这样做不过是为了诛杀功臣。至于允许农民捆绑官员进京的做法，更是闻所未闻。为了结束这种痛苦而危险的状态，把悬在头上的反腐之剑毁掉，官僚集团开始联合起来准备谋反，推翻朱元璋的"暴政"。

"胡惟庸案"暴露以后，朱元璋发现了问题所在，于是废除了丞相制度，消灭了这个可以统筹百官的职位，然后在禁卫军中设立锦衣卫，作为独立于官僚集团之外的监察机构。

通过这一系列的措施，官僚集团惊人的腐败（"郭桓案"）和对"反腐风暴"的一系列反攻（"胡惟庸案""蓝玉案"）被揭露出来了。

胡惟庸和蓝玉的谋反行动，不是个人的阴谋，而是整个贪腐集团的集体叛乱。能否坚决镇压这些贪官豪强造反，是反腐行动成败的关键。

朱元璋意志坚定、毫不妥协，将参与叛乱的贪腐分子全部诛杀。

以上这两个说法，哪一个更可信呢？

---

[1] 顾炎武《日知录·卷十六》："自古百官俸禄之薄，未有此者。"《明史·志·卷五十八》也引用了顾炎武这句话以表示赞同。

四、分权而治：亲王、文臣、武将的分工与制衡

显然，本书的作者更倾向于相信第二个说法。

不过，即使第二个说法成立，也不是说诛杀功臣的动机完全不存在。作为一个专制皇帝，朱元璋在搞"家天下"方面是有私心的，而且私心还不小。最能体现其私心的，就是他把儿子们全都封王。亲王的俸禄是每年 1 万石[1]，文武两大开国功臣李善长和徐达的俸禄分别为每年 4000 石和 5000 石[2]。

亲王们享有各种特权。朱元璋也会教育他们要勤俭节约、爱惜人民，但真的犯了错误，却并不会像对待大臣一样刑罚伺候。最关键的是，亲王们还掌握着兵权，负责守卫战略要地。可见朱元璋从制度设计上就对武将不太信任，只有把朱家的子孙都派到全国各地去镇守，把军队都掌握在亲儿子手里，他才放心。

从这个角度来看，朱元璋在厉行反腐败的过程中，有没有"搂草打兔子"一样顺便杀掉一些让他不放心的开国功臣呢？这是有可能的。

在朱元璋的统治下，各种贪污腐败和特权行为都可以被揭发，唯独他儿子们的特权无人敢言。洪武九年（1376 年）的时候，负责观测星象的官员禀报，星象有变，不利于国家。朱元璋就下诏请求大家上书提意见。大部分提意见的奏章都没事，五花八门什么意见都有。只有一个叫叶巨伯的人上书批评他："分封太侈""用刑太繁"。说诸王的分封："城郭宫室亚于天子之都，优之以甲兵卫士之盛。"而且警告说："分封逾制，祸患立生""此臣所以为太过者也"。

---

[1] 亲王俸禄明初原定 5 万石，后于洪武二十八年（1395 年）减为 1 万石。《明史·志第五十八》："二十八年，诏以官吏军士俸给弥广，量减诸王岁给，以资军国之用。乃更定亲王万石……"。

[2] 《明史·列传第十五》："乃授开国辅运推诚守正文臣、特进光禄大夫、左柱国、太师、中书左丞相、封韩国公，岁禄四千石……"；《明史·列传第十三》"授达开国辅运推诚宣力武臣，特进光禄大夫、左柱国、太傅、中书右丞相参军国事，改封魏国公，岁禄五千石……"

这就触动到了分封诸王的问题，朱元璋看完勃然大怒，说："这个家伙竟然敢离间我父子亲情，我要亲手用弓箭射死他！"后来叶巨伯被关进诏狱迫害致死[①]，分封问题也就成了洪武年间最大的政治禁忌。

所以，要说朱元璋的反腐败完全就是为国为民，丝毫没有利己的动机，肯定也不客观，超越了朱元璋作为专制皇帝的历史局限。我们不能因为他大力反腐败，就把他描写成高大全一般的人物。

但是，因为有这些问题，我们能否就可以认为：整个洪武三大案的主要目标就是诛杀功臣呢？我看也得不出这样的结论。

有的书里说：估计是朱元璋小时候吃苦太多，目睹兄弟姐妹饿死，所以特别心疼子女，生怕他们受苦。这个心理推测有一定道理：父母吃苦长大，过分宠爱小孩是常见的事。不过要是细说起来，朱元璋的分封也并不完全是自私溺爱。

皇帝的儿子封王是历朝历代都有的制度。按照分封的规则，爵位顺序是王（亲王、郡王）、公、侯、伯。刘伯温的诚意伯俸禄是每年240石[②]；汤和的中山侯俸禄是1500石，洪武十一年（1378年）晋封信国公，俸禄涨到了3000石[③]；而李善长的韩国公俸禄是每年4000石，徐达的魏国公俸禄是每年5000石，基本上爵位提高一个档次，俸禄至少翻一番，甚至更多。按照这个标准，郡王的俸禄就应该在6000石左右，亲王的俸禄则应该超过1万石。

至于亲王的特权，在帝国制度下也是符合传统的。"王子犯法，与庶民同罪"是中国古代法制的最高理想。而王犯法，是不能与庶民同罪的，必须特殊处理。《史记·商君列传》里面讲商鞅变法，坚持法制理想，对于太子犯法，他的处理

---

① 参见《明史·列传第二十七》。
② 《明太祖实录·卷五十八》："前御史中丞刘基挺身来归，委质事朕。累察乾象，多效谋猷。特加尔为开国翊运守正文臣，资善大夫、护军，诚意伯，食禄二百四十石。"
③ 《明史·列传第十四》："授开国辅运推诚宣力武臣、荣禄大夫、柱国，封中山侯，岁禄千五百石……"；"十一年春，进封信国公，岁禄三千石……"

方式是：把太子的师傅抓起来代替太子受刑。就这样，后世还把商鞅作为依法治国的典范。也就是说，按照今人的法治观念，朱元璋做得当然不对，但按照中国古代的法制标准，即便是最理想的标准，朱元璋的做法也没有问题。

这样算起来，朱元璋给他儿子们的待遇符合历朝历代的制度惯例，并未特别优待。只不过因为他对官员腐败和特权行为要求特别严，大大超过了历朝历代的标准，但对亲王的待遇却未加限制。这才显得他对儿子们额外厚待，没有一碗水端平。

至于兵权的问题，也不是只信任亲儿子那么简单。按照朱元璋的设计：亲王只掌握出征的兵权，而没有调兵和练兵之权，军队调令必须由中央兵部发出。同时，军队的日常训练由地方指挥使负责，指挥使由中央任命。只有朝廷下令出征打仗的时候，亲王才能接管军队。而且，亲王所在的城市，守卫工作由中央统一管理，亲王要离开所住城市必须由中央批准。此外，亲王也没有征收钱粮、管理地方的权力，这些权力由布政使行使。

也就是说，朱元璋设计了一套复杂的军事指挥规则：军队的训练、出征、钱粮后勤和治安守卫工作分别属于不同的机构，亲王只掌握其中一部分权力。这样既可以防止武将专权，也能够防止亲王造反。皇室宗亲与武将相互制衡，只有中央枢机才能统一安排调度。而汉朝"七国之乱"前的制度是封王掌握其封国内的一切军政权力，朱元璋的分封与汉朝的分封有着本质差异。

从这个角度来看，朱元璋不仅不信任功臣武将，对自己的亲儿子们也并不十分信任。

他真正相信的是制度。在军权上，出征、守备、训练、后勤分离；在政府权力上，则是行政权与监察权分离。

唐朝的时候，藩镇的军事行政和财政权力都集中到节度使，导致了藩镇割据；宋朝的时候，地方精锐全部收归中央管理，边防军战斗力极差，对外战争屡战屡败，最后亡于外族。朱元璋在努力避免这两个极端，既要让边防军有足够的战斗力，又不能让他们威胁中央的权威，所以才有了这样一番制度设计。

更高明的是，他不仅把这些权力分开，而且试图去隔绝掌握这些权力的官职之间的"旋转门"问题，也就是让不同出身背景的人掌握不同的权力，彼此之间难以交流。科举出身的文官负责行政、钱粮；武将掌握军队的训练和底层指挥；皇室宗亲负责镇守与出征；禁卫军负责监察。

这一套制度确实设计得不错，朱元璋自己也很满意，所以他颁布法令，让后世子孙千万不要更改他的制度。朱元璋声称，只要后世子孙严格遵守这一套制度，就能保证大明王朝江山永固、世代相传。

五、创立东厂：特务机构还是监察机构？

不过，事与愿违。

朱元璋刚一去世，他的这个制度设计就被儿子和孙子来了一个大改动。

新皇帝是朱元璋的孙子朱允炆，亲王们都是他的叔父。新皇帝害怕镇不住，就在大臣齐泰、黄子澄等人的劝说下开始削藩，结果引发了燕王朱棣造反，史称"靖难之役"。

这一次与汉朝的"七国之乱"不同，朱棣造反成功，赶走朱允炆自己当了皇帝。然后他继续削藩，把诸王的兵权全都取消了。

后来，朱棣还设了内阁帮助皇帝处理政务。内阁首席大臣，也就是"首辅"，再次扮演了类似于丞相的角色。丞相这个被朱元璋废除的百官领袖死灰复燃了。

这些能不能算是朱元璋"人亡政息"了呢？

我看还是不能算。因为，这些调整只能算是微调，并没有违背朱元璋确立的基本制度建设方向。在借重文官内阁的同时，朱棣又加强了独立监察机构的力量。

朱棣先是恢复了锦衣卫的审讯权。

洪武二十年（1387 年），也就是锦衣卫设立 5 年之后，朱元璋下令焚毁了锦衣卫的刑具，取消了锦衣卫的审讯权，只保留其监察和逮捕的权力。原因应该是锦衣卫在"胡惟庸案"和"郭桓案"中大量采取刑讯逼供，整出来了不少冤案。锦衣卫设立一段时间后，应该有不少证据比较确凿的冤案情况反映到了朱元璋那里。他发现锦衣卫的审讯特权虽然有利于破案，但同时也太容易制造冤狱了，所以才作出这个决定。

从这件事儿也可以看出来，朱元璋真不是存心想制造冤狱杀那么多人，而是他发明的锦衣卫这个制度本身会导致监察权力失控。他看到问题之后，立刻就从制度上进行了纠正。

朱棣是造反起家，把他父亲指定的皇位继承人干掉了，自己当皇帝，合法性就差一点。所以他一上台就恢复了锦衣卫的审讯权，作为镇压反对派的工具。

当了皇帝以后，朱棣还干了一件大事，就是把首都从南京迁到了北京。主要原因是北方蒙古残部总是来骚扰，首都设在南京很不利于抗击敌人入侵。如果国家的主要兵力都放在北方，而皇帝本人却在南京待着，也不利于皇位的安全。朱棣自己就是负责镇守北方的亲王，从北京起兵造反一路攻陷南京。他不能容许此类事件再次发生。

但南方是中国的经济中心，迁都以后他对南方的政治军事力量也很不放心，何况确实有很大的力量反对他迁都。为了镇压反对迁都的力量，并在迁都以后保持政治稳定，在正式迁都之前一年，也就是永乐十八年（1420 年），朱棣设立了东厂，直接由自己的亲信太监负责管理，并设立南京镇守太监一职，负责搜集南方地区的情报，随时向皇帝报告。

东厂是一个跟锦衣卫类似的监察机构，有情报搜集、逮捕和审讯的权力。跟锦衣卫最大的不同是，它的负责人是亲信太监，平时就住在皇宫内，可以随时向皇帝作口头汇报、听取皇帝的口头指示。而锦衣卫不是太监，不可能让他们住到皇帝身边，不然后宫就乱套了，所以他们的报告还是需要走行政程序，通过奏章的形式，指挥起来不如东厂方便。

东厂既负责监察百官，还负责监察锦衣卫，因此属于更高级别的监察机构。

对于宦官掌握监察权力，文官集团是深恶痛绝的。他们既有生理上鄙视宦官的理由，又嫉妒这些人不用通过辛苦的科举考试就能掌握权力。所以文官士大夫们编写的各种文字材料上，无不把东厂描写得无比黑暗，里面的人无一不是人渣。

没有经过科举、缺乏文化固然是太监的缺点，但有没有被阉割过，似乎与人的品行操守并无可靠的联系。我们不能因为这一点就片面地听信文官士大夫的一面之词，把东厂太监们都想象成无恶不作的大坏蛋。

实际上，正是因为不走科举道路，而且生理上有不可恢复的缺陷，宦官承担监督文官这个职责可以说非常适合。因为他们跟文官集团基本上不会有职位交换，也就难以建立起稳定可靠的利益联系。对东厂，我们要客观看待：它就是一个监察机构，是明王朝制度设计中的重要一环。在这一点上，它和御史台、大理寺、都察院、六部等普通政府部门没有什么本质区别，本身并不带有特别的罪恶。

现在的史书谈到锦衣卫、东厂的时候，大多数会称之为"特务机构"。"特务机构"这个词本身未必就是贬义的，不过现在一般都当作贬义来用，暗示这个机构主要干一些侵犯人权、侵犯隐私等见不得人的勾当。但在明朝，"特务"能刺探什么情报？针对蒙古部落、建州女真部落的间谍行动都是文官机关负责，剩下的"特务机构"还能刺探什么情报？实际上就只剩下两个事情可以向皇帝告密：一是武将或诸王谋反，二是官员腐败或者隐瞒过失。

谋反的事情非常罕见，除了朱元璋时代（那时候也没东厂）。这样，东厂这个所谓的"特务机构"，主要任务就是搜集对文官集团不利的情报：谁腐败、谁搞特权营私、谁制造了冤案、谁执行中央政策不力等。东厂也有逮捕审讯的权力，但主要针对官员，不负责镇压人民的反抗。这种机构按照现在我们对"特务"

的理解，不能称为特务机构，而更接近于监察机构或者反贪局。

200 多年后，大臣杨涟弹劾大太监魏忠贤的时候，在奏章中写道："东厂原以察奸细非常，不以扰平民也。自忠贤受事，鸡犬不宁。"[1] 也就是说，即使在杨涟这种极端反对宦官专权、豁出命去跟魏忠贤死磕到底的人眼里，东厂的日常工作，至少在魏忠贤当权以前，也是"察奸细非常"，而不扰"平民"。

东厂，是朱棣为了镇压政治反对派、加强监督文官集团而设立的合理合法的监察机构。这是对朱元璋政治设计的一个改进。

朱元璋的制度过分强调皇帝的作用，取消丞相以后皇帝成天没日没夜地干活，相当于把以前丞相和皇帝两个人干的活自己一个人干了。朱棣受不了这个，一般的皇帝也肯定受不了。更何况朱棣还比较喜欢亲征，出去打蒙古残部。所以他不得不更加倚重文官集团，设立内阁，给他们更多的决策权；对应地，就要恢复锦衣卫的权力，设立东厂，保证文官权力受到更严格的监督。相对于朱元璋的制度，朱棣的改革更为合理。帝国不需要一个神一样的皇帝，只需要一个具有普通才干的皇帝，就能驾驭整个系统。

六、"洪武之治"：朱元璋的反腐败失败了吗？

把前面这些事儿讲清楚以后，我们再来全面地评价一下朱元璋和他制定的政策。

首先讲朱元璋的缺点。就是叶巨伯那篇奏章里面总结的八个字："分封太侈""用刑太繁"。先说"分封太侈"。由于分封太多、亲王权力太大，最终导致了朱元璋死后，朱家内部很快就爆发了争夺皇位的战争。这说明他设计的分封制度有很大缺陷，能力不足的皇帝难以驾驭。还有就是，这显示了朱元璋并不

---

[1]　参考《明史纪事本末》。

是一个完全大公无私的人，对自己的儿子很有私心。这是他的局限性。

然后就是"用刑太繁"。反腐败当然是好的，但如此大规模的株连和杀戮并非完全必要，里面无疑有很多很多的冤案。贪污腐败在帝国制度下是不可能禁绝的。

官员贪污腐败的是非曲直太复杂，这里也不必细说。总之，在古代官场，贪污数额不大的官员应以教育、警告、处分为主。死刑应该只适用于性质比较恶劣的少数案例。

朱元璋对腐败官员的处罚力度很大。他过于急切地想要建立一个完全没有或者说几乎没有贪污腐败的政府，先是杀人太多，然后激起了官僚集团的激烈反抗，导致发生了胡惟庸谋反和蓝玉谋反这种大案，然后又杀了更多的人。这里面一定有大量的冤案，也有大量犯了错误但罪不至死的"准冤案"。结果，大量的精英人才被杀，或者不敢出来做事，其负面影响不可低估。

《明史》中记载了朱元璋在位时期的几个著名"清官"，如礼部尚书吴琳、弘文馆大学士罗复仁等。这些人是真清廉。吴琳退休回家自己下田种庄稼，罗复仁一直住在一个破房子里面，刷灰都要自己动手。朱元璋最喜欢这种人。有一次他亲自跑到罗复仁家里去看，发现连个平整一点儿的凳子都没得坐，回来就赐给罗复仁一座豪宅。罗复仁跟朱元璋说话，经常直言不讳地批评其各项政策，朱元璋从不介意，还像普通官员一样称呼罗的外号"老实罗"[1]。

但是，吴琳、罗复仁这些人在国家高官的位置上，也没有做出什么突出的贡献。按照朱元璋的风格，他们肯定不会偷懒，一定是勤勤恳恳、尽心尽力地完成本职工作，不能称为"庸官"。但作为中央六部以上的高官，我们除了要求他勤勤恳恳以外，确实还可以要求他做出突出的贡献。

到了最后，朱元璋留给皇位继承人朱允炆的人才班底，像黄子澄、方孝孺

---

① 参考《明史》中《列传第二十五》《列传第二十六》。

这些人，也都是类似于吴琳、罗复仁这样的"老实人"。这些人确实不贪污、不腐败，也绝对忠于皇帝，拼命工作，不怕苦、不怕累，后来宁死也不投降朱棣。从这个角度来看，朱元璋看人很准，选对了人。但问题是他们无能，丢掉了政权，没有完成朱元璋交给他们的核心任务。这就是他们再怎么清廉、再怎么忠君、再怎么肯干也无法弥补的错误。

所以，"分封太侈""用刑太繁"确实是朱元璋的两个大问题。分封太侈，则人心不平，反腐败的公信力大幅度下降，而且导致了地方军事势力坐大；用刑太繁，则人才凋零，有才干的人或者被株连杀掉，或者避祸不出，留下一些老实巴交的书呆子来治理国家。这两个原因共同导致了"靖难之役"，给人民带来了巨大的灾祸。

朱元璋的反腐败，力度之大，用刑之严，可以说是前无古人、后无来者。但显而易见，腐败并未根绝。他自己在晚年也感慨：我当皇帝以来，大力惩治贪官，但是怎么杀也杀不完：早上杀掉一批，晚上就又有人贪污；刚刚任命的官员都清廉正直，当官久了全都又奸又贪。

以上这些都是事实。但我们能不能因为这些，就说朱元璋的肃贪行动就是失败的，甚至错误的呢？

我们首先要想一想：治国反腐，怎样才算是成功了？

有很多人论及朱元璋反腐，总喜欢拿两条理由来说他失败了。第一条就是他没有彻底根除腐败，尽管杀了那么多人，还是没能杜绝腐败；第二条就是所谓的"人亡政息"，也就是朱元璋死后，他制定的严厉的反腐法律就再也没有被执行，贪污 80 贯不可能再被处死，贪污再多也不会被"剥皮实草"了。《大诰》也不再作为处理官员的法律依据。官场腐败很快就恢复到了跟以前朝代差不多的"常态"。所以，反腐行动失败了。

但是，我以为，仅凭这两点并不能得出朱元璋反腐失败的结论。

由于缺乏具体的统计数据，我们无法对朱元璋的反腐效果进行精准的评估。

但可以肯定的是，朱元璋的反腐行动极大地震慑了官僚集团，极大地降低了官员的腐败状况。

我们假设，有可能原本官员们收受贿赂的比例是 99%，经过朱元璋的整顿，降低到了 80%（可能绝大部分官员仍然是腐败的）。如果是这样，可不可以算取得了成功呢？我觉得可以算成功。

或者说，本来官员们都是明目张胆地收受贿赂，原来敢一次收 100 两银子，现在只敢偷偷摸摸地收，每次最多只敢收 50 两。算下来，整个官僚集团一年少收的贿赂可能有几百万两甚至上千万两银子。这算不算反腐败取得成功了呢？我觉得也可以算。

还有，有可能原来官员们胆子很大，人命官司都敢收受贿赂给摆平了；现在胆子变小了，普通的民事案件，比如强买强卖别人的土地，他仍然敢徇私枉法，但是涉及人命的案件，因为影响大，就不敢胡乱判决了，必须秉公办理。这样算不算反腐败取得成功了呢？我觉得也可以算。

封建时代的反腐成功不成功，并不是看有没有"根除"腐败，而是要看它在多大程度上减少了腐败现象，减轻了它带来的危害。

《儒林外史》里面有一段话很有意思，一个卖酒的店家说，"小老还是听见我死鬼父亲说："在洪武爷手里过日子，各样都好。二斗米做酒，足有二十斤酒娘子。后来永乐爷掌了江山，不知怎样的，事事都改变了，二斗米只做得出十五六斤酒来。'……怎得天可怜见，让他们孩子们再过几年洪武爷的日子就好了！"这个小说情节当然不能作为证据，但似乎也可以作为民间对洪武年间生活状态的一种记忆和评价。

"官场潜规则"这个词的发明者、历史学者吴思就说："血洗之下，洪武年间的官场乃是整个明朝最干净的官场。"[①] 后来又说："应该怎么评价洪武年间的贪

---

① 参考吴思《潜规则》。

污腐败程度？朱元璋自己的主观感觉是问题很严重，抱怨贪官污吏怎么就杀不光，但是后代百姓的主观评价却是：那会儿比现在好多了。"也就是说，朱元璋对治理腐败有点要求太高，虽然自己老觉得没有达到目标，其实对帝国时代的中国老百姓来说，他们已经非常满意了。朱元璋当皇帝的日子比百姓记忆中的任何时代都要好。

至于说"人亡政息"，也是一个过于理想化的标准。

是不是只要当权者死了之后，他制定的一些政策没有被后人继续遵守，我们就能说他"人亡政息"了呢？我看不能这样说。

朱元璋死后，主要的政治设计、制度安排都延续了下去。个别的政策制度被后人修改了，不管是改好了还是改坏了，都上升不到"人亡政息"的高度。即使像隋文帝杨坚那样选了一个暴君儿子当继承人，把隋朝搞垮了，我们也不能说他"人亡政息"了。他为中华帝国制定的一系列重要制度被唐王朝继承了，这才有了后来的大唐盛世，也可以算是成功的。更何况朱元璋建立的大明王朝延续了 200 多年才灭亡，给中国人带来了两个多世纪的和平稳定。这怎么能说"人亡政息"呢？明明是"人亡政兴"嘛！

除了反腐败，朱元璋还做了很多事情，每天批阅处理 400 多件事的奏章不是白干的。

第一，除豪强。跟汉武帝一样，他也无情地打击了地主豪强的利益。朱元璋利用行政手段搞强制迁徙，使豪族地主离开原有土地，集中到濠州、京师、山东、山西等处，把他们的一部分土地入官，一部分分给农民。在明初三大案中，跟官员勾结的豪强家族被诛杀殆尽。

这件事儿在任何一个时代都是了不得的大事。但在朱元璋手里，因为他反腐败太厉害，收拾豪强竟然成了"搂草打兔子"一样顺手就搞定的小事。

第二，建军屯。他下令让边防军在本地屯田，平时一边进行军事训练一边耕田，这样就可以生产大量的粮食供应军队，避免了从内地运输粮食的麻烦，也减轻了农民的负担。

第三，丈田亩。朱元璋用 20 年时间，任用大量监生举行了大规模的土地清查丈量和人口普查，为农业决策提供了真实可靠的第一手材料。这是一件很了不起的、具有划时代意义的事情。在中国历史上，由于豪强贵族经常采用隐瞒土地的方式来逃税，所以真实的田亩和人口数量长期以来都是一笔糊涂账。只有把田亩测量清楚，才能保证国家税收公平，不然征税就只征到平头老百姓身上，拥有万亩良田的大地主却不用缴税。

自东汉豪强地主称雄以来的 1000 多年，无数政治家梦寐以求却没能做到的事情，朱元璋做到了，而且很成功①。

第四，兴教育。洪武八年（1375 年），朱元璋诏令天下立社学，府、州、县每 50 家要设社学②，用于招收 8 ～ 15 岁的民间儿童入学。儿童入学后先学习《三字经》《百家姓》《千字文》等启蒙知识，然后学习儒经、历史、历法、算术等知识，同时必须兼读《大诰》、明朝律令。社学制度极大地提高了全国人民的受教育水平，特别是普及了数学和法律常识，这对国家的兴盛至关重要。

第五，修水利。1356 年，郭子兴去世以后，朱元璋刚刚当上主公。军队上的事儿还没有顾得过来，他就下令设营田司，专门负责兴修农田水利。后来又定了一条规矩：凡是关于农田水利的奏章，第一时间呈报，表示中央对农业最重视。经过多年的努力，到洪武二十八年（1395 年）十二月末，统计"开天下郡县塘堰凡四万九百八十七处，河四千一百六十二处，陂渠堤岸五千四十八处"③。

---

① 参见吴晗《朱元璋传》。

② 《松江府志》记载："国朝洪武八年（1375 年）三月，奉礼部符，仰府州县每五十家设社学一所。延有学行秀才教训军民子弟……于是本府两县城市乡村皆设社学。"《姑苏志》亦记载，"洪武八年（1375 年），府州县每五十家设社学一所"。转引自张羽琼：《论明代贵州社学的兴起》，载《贵州文史丛刊》，2004 年第 1 期。

③ 蔡小平：《明代洪武永乐时期的荒政概述》，载《防灾科技学院学报》，2013 年第 3 期。

此外，还大规模地组织赈灾。古代农业基本靠天吃饭。我们前面说了，中国是世界上自然灾害最多发的国家之一，那么大的疆域，每年总有几个省不是发生旱灾就是水灾，随之而来的就是大面积的饥荒。所以朱元璋每年都会根据灾害情况，组织跨省调运粮食救灾。

以上这些工作很重要的一个基础，就是要有一个相对廉洁高效的官僚体系去运作。如果官员腐败，不管是修水利还是救灾，都会从善政变成暴政。像元朝治理黄河，统治者也是好心，结果治理出了红巾军大起义，把元朝给推翻了，其实这就是官僚集团腐败造成的。朱元璋的大规模反腐行动为这些工作的顺利实施奠定了最重要的组织基础。

比如测量天下田亩。朱元璋派了国子监的监生下去执行。这个制度很有新意。测量是技术活，负责的人不需要很有经验，关键是不能被豪强收买。所以朱元璋不让地方官去量，而是让初出茅庐的书生去干，这样就不太容易跟地方豪强勾结。但这些人也可能收受贿赂，那怎么办？《大诰》里面就有处理方法，我们在前面讲过了：有一次朱元璋派了几百个监生出去考察黄河灾情，最后查出来有 141 人接受宴请收受贿赂，朱元璋立刻将罪行严重者杀掉。所以，历朝历代都丈量不清楚的田亩数量，到了朱元璋这里就轻松搞定了。以前老是量不清楚，不是技术问题，而是腐败问题；腐败问题一解决，马上就量清楚了。

朱元璋的做法虽然粗暴，但确实有效。而且他也不是只会杀人，还会辅以各种制度设计来系统地解决问题。严刑峻法与制度设计，两手抓，两手都要硬，这才是他的高明之处。

到了洪武二十六年（1393 年），全国耕地达到 800 万顷，比北宋巅峰时期的 500 万顷还多出了 300 万顷；人口达到 6600 万人，比元朝巅峰时期的 5900 万人增加了近 700 万[1]。考虑到历代的数据统计由于疏漏可能会低于实际数字，而朱

① 陈梧桐、彭勇：《明史十讲》，上海古籍出版社，2007 年版。

元璋清查土地和人口比较彻底，因此明朝的耕地数和人口数相比于之前的朝代可能未必增长了这么多。但这个数据至少可以说明：朱元璋只用了 26 年，就把国民经济从战乱后百废待兴的局面，治理得接近甚至超过北宋和元朝的鼎盛时期。这是了不起的政绩。

洪武中期的一首民谣也反映了当时经济发展、社会安定的局面："山市晴、山鸟鸣，商旅行、农夫耕，老瓦盆中浊酒盈，呼嚣隳突不闻声。"[①]首都南京的人口开国时候只有 10 多万，到洪武后期已经达到了 80 万左右，甚至可能接近100 万[②]，且各种商业贸易和手工业都极为繁荣。这一段时期也因此被称为"洪武之治"。

不知道为什么，在搜索引擎上搜索"朱元璋 + 反腐败"，前面好多页全都是反思"朱元璋反腐败为什么失败"的文章。我左看右看，就是看不出来他哪里失败了！天下大治，民生幸福，国祚绵长。怎么就失败了呢？

一个出身于最贫困家庭的叫花子，立志要杀尽天下贪官，在天下大乱之中崛起，统一中国，当了皇帝。在位 31 年，杀掉贪官无数。然后，他和那些经历了反腐败考验的官员们一起建立了世界上最强大的帝国。帝国的辉煌延续了两个多世纪，为中国人带来了历史上最长的和平与繁荣时光。皇帝本人也活了 70岁，善终。如果这叫失败，那我很想知道什么叫成功。

一个政治家的执政成败，不能用绝对的、理想的标准去评价，而应该结合时代背景进行客观的评价。反腐败成功不成功，主要看最后有没有给人民带来好处。从提高政府效率、增加老百姓的安全感、公平感和生活质量的标准去看，我们可以说，朱元璋的反腐行动是成功的，而且是极大的成功。

① 朱彝尊：《明诗综·卷一百·南丰歌》。

② 邱俊峻：《明代南京城的人口变化试析》，载《卷宗》，2019 年第 3 期。该文引用韩大成《明代城市研究》的估算，结论为 60 多万，曹树基《中国人口史》的估算为在籍人口 70 万到 80 万，最终推算在籍人口加流动人口"保守估计在八十万左右，乐观估计可能接近百万人口"。

现在有很多人不惜忽视如此显而易见的事实，也要一口咬定朱元璋的反腐行动是失败的，主要原因可能是，他们认为朱元璋杀人太过分、太恐怖了。为了避免这种恐怖血腥的情况再度发生，一定要把整个反腐行动的成效否定掉。

这是一种掩耳盗铃的行为。朱元璋的反腐败，从最终的效果来看就是成功的，不管立场如何，我们首先要学会尊重事实，而不是通过否定事实来否定自己不喜欢的观点。后世在借鉴学习的时候，对待贪腐行为，该严刑峻法就是要严刑峻法；另一方面，这可能会造成很多冤案，而且会带来恐怖气氛，导致政府人才素质下降，这些教训也要充分吸取。我们不能因为肯定朱元璋的反腐成就就简单复制他的政策，而应该在他的基础上加以改进，学习好他"严刑峻法与制度设计两手抓"的成功经验，反思其简单粗暴、过度株连的行为，争取比朱元璋做得更好。这样，才是真正实事求是的态度。

前面我们也说过，曾有作家说他想穿越回宋朝。这一点很明智，高级知识分子要穿越回到古代，就是宋朝最舒服。但是普通老百姓要穿越呢？宋朝就很糟糕。对内，官员们待遇丰厚、贪污腐败、横行霸道；对外，不断地丧师失地、年年巨额纳贡，这些成本全都要从普通老百姓头上出。

所以，如果你不能去做官，也不能攀上官员豪强家族当靠山的话，就不要去宋朝了。去哪个时代最好呢？应该就是去朱元璋的时代最好。谋反案或者贪污案这些事情跟小老百姓是沾不上边的，不用担心杀头灭族之祸。相反，老百姓税负很低，农业税和商业税都是三十税一。此外，朱元璋还特别规定，对于农业生产工具和人民日常婚丧嫁娶需要使用的布料、舟车等物品，一律免税。因此对普通人来说，不管是种田还是做点小本生意都比较容易。

遇到灾年的时候，皇帝就会下令：今年这个地方不用交农业税了，停息一年，甚至还会运粮来救灾。

没有文字狱。相反，书籍的印刷和销售是国家鼓励发展的行业，跟农具、布料、舟车一样完全免税。江南地区的私人书商多如牛毛。

对外战争不太多，而且总是取得胜利。作为大明的子民，还是很有荣誉感的。

底层官员肯定还是有贪污行为的，但是跟历朝历代相比要收敛许多。小的委屈忍一忍也就算了，真有特别不公平的事情把你逼急了，拿着《大诰》，联合乡里乡亲们去县衙闹一闹，威胁要把官员绑到京城去治罪，应该多少是有点效果的。

对古代世界的底层老百姓来说，这已经是最理想的社会了，不是吗？所谓清明盛世，说的难道不就是这样的时代吗？

我们也就不难理解，《儒林外史》里面那个店家的父亲为什么会对孩子们说：再过几年洪武爷的日子就好了。

公元 1398 年 5 月，洪武三十一年，70 岁的皇帝突然生病，长期卧床不起，在病榻上留下遗嘱，一切丧事从简：

> 丧祭仪物，毋用金玉，孝陵山川因其故，毋改作。天下臣民，哭临三日，皆释服，毋妨嫁娶。诸王临国中，毋至京师。①

6 月 24 日，朱元璋去世。

七、远迈汉唐：郑和下西洋与明朝疆域的扩张

朱元璋死后，他的事业由朱棣继续推进。

我们知道，汉朝初年的时候，国家经济实力比较弱，人口和马匹都比较稀少，所以先搞了几十年的休养生息。到了汉武帝继位的时候，国库里面已经堆满了

---

① 参考《明史·太祖本纪》。意思是，祭奠物品不要用金银，选定的陵墓保留现有的山川形势，不要对山形河流进行改动。天下臣民哀悼三天就可以结束了，不要妨碍婚丧嫁娶。各个亲王在自己的封地哀悼，不要到南京来。

钱粮，马匹和盔甲的数量也已经有好几十万。这个时候，汉武帝才开始大规模地开疆拓土。

朱棣面临的情况与汉武帝相似。洪武后期，国家税收已经超过了每年 3000 万石①，是元朝时候的两倍，再一次出现大量的粮食堆在仓库里烂掉、穿铜钱的线直到朽坏都用不完的情况。

总之，人口、钱粮、马匹，这些发动战争的基本资源都已经非常充足。

不过，朱元璋的"洪武之治"比"文景之治"要厉害得多。文景时期只是内政休养，对外毫无建树。而朱元璋在统一了传统的中原地区以后，先是派邓愈出兵甘肃、青海攻下了西域地区，这是自唐朝以后，汉民族王朝再一次控制西域地区；然后宣布从元朝手里接管西藏，在拉萨设立乌斯藏卫，后来改为乌斯藏都指挥使司。

洪武四年（1371 年），朱元璋又派沐英出兵云南，取得胜利，把云南全境（还包括今天缅甸东北部的一部分）纳入中国版图。这样的战功超过了元朝，更超过了唐朝。洪武十三年（1380 年），又让蓝玉带兵翻过长城进攻北元，再次取得重大胜利，基本打掉了北元反攻中原的能力。

由于朱元璋实在过于生猛——三十年如一日，天天加班工作十几个小时，因此留给朱棣发挥的空间不是很大了。朱棣要想像汉武帝那样，开拓那么多北方疆土，几乎是不可能的。

但朱棣还是干出了很多超越汉武帝的成绩。

首先，朱棣亲自带兵出征蒙古残部，每次都是 20 万～ 50 万大军，军粮的供应源源不断。这种战争能力已经超过了鼎盛时期的汉朝和唐朝。特别是第二次远征，抵达了今天蒙古国的乌兰巴托附近，全歼蒙古瓦剌部 3 万余人，基本

---

① 参考《大明会典·卷二十四·会计一·税粮一》，洪武二十六年（1393 年），夏税米麦 4712900 石，绢 288487 匹，钱钞 39800 锭，秋粮米 24729450 石，绢 59 匹，钱钞 5730 锭。夏秋税粮合计约 2944 万石。加上绢和钱钞折算，已超过了 3000 万石。

解除了瓦剌对明朝的威胁。

朱棣也因此成为中国历史上第一个亲自带兵翻越长城北上、到塞外大漠与游牧民族决战的大一统皇帝。

在北方每次都派出数十万大军的同时，朱棣在南方仍然不断用兵。永乐五年（1407 年），大将军张辅率军征服安南，朱棣下令设立交趾布政使司，今天越南北部地区自汉朝以后又一次被正式纳入版图。

在南北两个方向同时开疆拓土的同时，朱棣又派亲信太监郑和率领巨大的船队出海，船只数量超过 200 艘，最大的宝船载重量可达 2500 吨 [1]，船队总人数超过 27000 人 [2]。这是当时世界上最强大的海上力量。郑和船队穿过中国南海，经马六甲海峡进入印度洋。这是中国军队第一次进入印度洋。这一次远征虽然没有直接扩张土地，但灭了很多海盗，大大增加了中国对印度洋贸易通道的控制能力，并在今天的印尼北部、靠近马六甲海峡的地方设立了旧港宣慰司，作为明朝的一个外派机构，负责处理南海周边国家的朝贡事务，把印度洋周边的一些小国也纳入朝贡国的范围。

明初有海禁政策，但这并不是闭关锁国，只是禁止私人商船出海，由政府垄断对外贸易。外国商人来华贸易必须由本国政府带领，以"朝贡"的名义来华，然后由市舶司检查货物，组织牙行（也就是贸易中介）来交换货物。设立旧港宣慰司的地方原来海盗横行，极大地威胁了马六甲海峡附近的来华船队。朱棣下令郑和带兵灭了海盗，这才设置了这么一个机构来管理"朝贡"事务。所谓

---

[1]　据唐志拔等估计，郑和 2000 料大船排水量超过千吨。而根据南京出土的洪保墓志铭，郑和乘坐的宝船为 5000 料，合排水量当在 2500 吨以上。参考祁海宁：《论洪保寿藏铭的出土与大号宝船研究的几个基本问题》，见于《航海——文明之迹》，上海古籍出版社，2011 年版；唐志拔、辛元欧、郑明：《2000 料 6 桅郑和木质宝船的初步考证与复原研究》，载《海交史研究》，2004 年第 2 期。

[2]　《明史·列传第一百九十二》："永乐三年（1405 年）六月，命和及其侪王景弘等通使西洋。将士卒二万七千八百余人。"《太仓州志·卷十四·兵防中》："永乐三年命太监郑和等，率师二万七千有奇……"（民国八年刊本，成文出版有限公司印行）

朝贡，核心就是贸易。一个朝贡团往往有数百人，真正的官方使者一般就几个，剩下的全是商人。朝贡的物资和贸易的货物价值相比也只占极少一部分。

"朝贡贸易"是朱元璋作为海禁政策的配套制度建立的。他实施海禁，原因是当时经常有日本流浪武士在沿海抢劫（倭寇的起源），还有就是张士诚、方国珍等敌对势力的残部在一些海岛上没有被清剿干净，禁止私人下海是为了断绝这些敌对势力的补给。现在有些人凭借这一点就认为朱元璋头脑僵化保守，是中国落后的根源云云，这是一个很大的偏见。

朱元璋在实施海禁的同时建立了朝贡贸易制度，这个制度的本质是搞"贸易资格认证"：只有被认证为"朝贡国"的国家才能带队来华贸易。而"朝贡国"资格认证的核心就是不能支援海外敌对分裂势力。像日本老是有倭寇，有时候明朝就不准它来朝贡，其实就是对日本搞经济制裁。

小国不远千里来朝贡，只要给中国很少一点礼品就能获得丰厚的赏赐，这看起来完全是为了满足统治者的虚荣心搞的劳民伤财的制度。其实古人也是很实际的，朝贡在历朝历代一直都跟贸易紧密结合。远邦小国不远万里来朝贡，图的不仅是赏赐，而是可以趁机带一个大商团过来搞贸易。这对中国人民和外国人民都有实实在在的好处。至于贡品和赏赐，相对于贸易额来说只占一个较小的比例。明朝的市舶司每次都会对朝贡货物估价，对属于国王、王妃及陪臣的货物征收高达50%的关税，而对于私人货物，只征收20%的关税[1]。这笔收入大大超过赏赐物品的价值。最有意思的是，当时南洋跑到中国来"朝贡"的使臣中，有很大一部分就是中国人，主要来源于福建潮汕一带。他们跑到南洋去经商，发财之后让当地的国王封他们一个官，一转身就变成了"贡使"，运着大

---

[1] 《粤海关志》转引《天下郡国利病书》："国王、王妃及陪臣等附至货物，抽其十分之五""其番商私赍货物……抽其十二，乃听贸易"（邓端本，《明代广东市舶司征税略考》）；又有《大明会典·一一三·给赐四》："弘治间定，凡番国进贡内，国王王妃及使臣人等附至货物，以十分为率，五分抽分入官。"

批货物到中国来贩卖。比如正统三年（1438 年），爪哇"朝贡团"的三个使者：马用良、殷南和文旦，都是福建龙溪人。

郑和下西洋跟近代西方的大航海一样，都是为了扩展贸易。根据《明史》里面的记载，郑和下西洋新增朝贡国 30 多个，其实背后的实际意义就是增加了 30 多个贸易伙伴。而且，郑和航海才是真正出于贸易目的的航行，打击消灭的都是海路上的强盗，没有掠夺沿线地区的资源，没有建立殖民地；反观西方的大航海，则一半是贸易，一半是掠夺和殖民。

中国近代的衰落跟明朝的海禁政策并没有直接关系。郑和下西洋是人类历史上一次伟大的贸易拓展活动。郑和第一次下西洋的起因，在郑和的随从马欢的《瀛涯胜览》里面记载得很清楚：广东人陈祖义等人在马六甲的旧港附近当海盗，"甚是豪横，凡有经过客人船只，辄便劫夺财物"[①]，阻碍了海外来的朝贡船队。朱棣接到报告，下令派兵剿灭，这才有了郑和第一次下西洋。第一次出海的首要任务就是把陈祖义抓住并送到北京斩首，并顺便消灭沿途的其他海盗。

据马欢记载："（在扫荡了旧港地区的海盗之后）则立排栅，如城垣，设四门更鼓楼，夜则提铃巡警。内又立重栅，如小城，盖造库藏仓廒，一应钱粮顿在其内，去各国船只回到此处取齐，打整番货，装载船内，等候南风正顺，于五月中旬开洋回还。"[②]简单来说，郑和在马六甲建立了一个贸易中转站，其中包括警卫设施、港口装卸设施、货物仓库、食宿供应点等。

此后郑和多次下西洋，军事任务大大减少，就改为运输大量的货物去沿线各地交易，实际上已经变成了以贸易为主、兼顾外交与航路治安巡逻的船队。当时船队主要往外输出瓷器、丝绸、茶叶、漆器、金属制品、铜钱等，为中国

---

① 参考马欢《瀛涯胜览》。
② 参考马欢《瀛涯胜览》。

换回的主要是珠宝、香料、药材、珍奇动物等。从海外进口 100 斤胡椒，在当地价值 1 两，回到国内出售 20 两，利润十分丰厚。除了胡椒外，其他进口商品的利润也都在 10 倍以上。[①]

郑和在 28 年间七次下西洋，平均每 4 年就去一次，每次往返就要一年多。之所以那么喜欢往西洋跑，肯定不是朱棣对他国的"朝贡"上瘾。如果只是为了满足虚荣心，跑一两趟就可以了。真正的原因是：这是一件赚大钱的买卖。"所奉献及互市采取未名之宝，以巨万计。"这是赚钱赚上瘾了，所以才每隔三五年就要跑出去一次，发一笔洋财。下西洋在朱棣时期成了一种定期的官方贸易活动，跟西方的大航海一样，主要是经济利益驱动的。[②]

除此以外，朱棣还完成了迁都，把首都从南京迁到北京，在北京修建了紫禁城。这也是中国大一统王朝中唯一的一次迁都。

为了迁都，除了修缮北京城，朱棣还把北京附近的长城修筑了一遍以保障安全，把大运河重新疏浚了一遍以保障粮食供应。此外又组织了大规模的图书编撰活动，编成了《永乐大典》，全书 22000 多卷（目录占 60 卷），11095 册，约 3.7 亿字。这是人类有史以来最庞大的百科全书。

明朝之前的任何一个朝代要想同时做这么多事，几乎一定会耗尽国力。但朱棣不仅把这些事都干成了，而且明朝依然保持着非常强盛的势头。民间依然非常富裕，没有爆发任何值得一提的农民起义。从中可以窥见，朱棣时期中华国力之强，完全可以与唐朝和汉朝的鼎盛时期比肩。

从疆域的广阔程度来看，朱棣时期的明朝超过了汉朝，跟鼎盛时期的唐朝相比，在东北部差不多，在西北地区则有所不如（这应该和唐朝首都在西安有关，唐朝对西域控制力更强），但是在西藏、云南等地则有了新的拓展，至于对南洋、

---

① 参考万明：《郑和下西洋终止相关史实考辨》，载《暨南学报（哲学社会科学版）》，2005 年第 6 期。

② 同上。

西洋的控制力和影响力更是远远超过了唐朝。

朱棣统治下的明朝，是中国古代历史上唯一一个无论在海洋上还是在陆地上都拥有无可争议的霸权的时代。这里面有很大的功劳应该归属于郑和下西洋。海洋贸易的拓展为帝国提供了巨大的财富，这笔收入是以前的朝代都没有的。明朝学者严从简在其《殊域周咨录》中曾记载："自永乐改元，遣使四出，招谕海番，贡献毕至。奇货重宝，前代所希，充溢库市。贫民承令博买，或多致富，而国用亦羡。"达到了明代经济学家邱浚所说的"不扰中国之民，而得外邦之助"来"足国用"的效果。[①]

这笔财富到底有多少，现在已无法具体估计，因为郑和下西洋的官方档案后来被人销毁了。有案可查的是：朱棣时期中央政府官员以及部分地方政府的俸禄从米变成了郑和贸易带回来的香料。比如以前每个月工资是 100 石米，现在则根据米价和胡椒的价格折算，改成发胡椒了。这些胡椒一直发到朱棣的曾孙朱祁镇上台，在国库里面还有大量库存。

胡椒在当时非常稀缺，拿到之后很容易高价卖出去，而且同等价值的胡椒在重量和体积上也比米要小得多，便于运输携带。这样，国家财政就可以节约下来大量的粮食用于战争（战士们的食物不能用香料代替）。而给官员发的米，因为大部分不是用来吃而是用于交换其他消费品，所以轻便稀缺的西洋香料更为合适。

不过，由于贸易量太大，胡椒等香料价格下降，而折算米价的比例一直保持不变。到了朱棣后期，差价已经很大，官员们的工资贬值严重，因此对这种发放办法越来越不满意，这也成为他们反对郑和下西洋的一大动因。而直到两个世纪之后，西方才出现了类似的现象。"到 17 世纪初英国东印度公司也把来自海外的大量胡椒配给股东，带来市场价格的低落。而英国皇家也曾因积存胡

---

① 参考万明：《郑和下西洋终止相关史实考辨》，载《暨南学报（哲学社会科学版）》，2005 年第 6 期。

椒太多而感到棘手。"①

所以，到了朱棣的时代，中华帝国突然变得比以前都要强盛许多，关键就是海洋贸易的拓展。这一点是朱棣对中国历史的突破性贡献。朱棣时代的中国已经不再只是一个农耕帝国，同时还是一个海权帝国。如果他开启的这种大规模官方远洋贸易活动不被中断，中国就不会在近代如此衰落。至于它为什么会中断，我会在后面详细分析。

除了西洋贸易以外，大明盛世还有很大一部分功劳应该归属于朱元璋。他像"文景之治"一样搞休养生息、轻徭薄赋，但他又不像"文景之治"那样留下严重的豪强问题给汉武帝收拾；他也不像"文景之治"那样崇尚无为而治，而是修建了遍布全国的农田水利工程，核查清楚了全国的田亩数量。

当然，最重要的是，朱元璋建立了中国古代历史上最清廉的官僚体系。

治国就是治吏。

朱元璋的成功就是对这句话的最好诠释。

我们前面说过，帝制时代的中国，不是"分封制"意义上的封建社会，是郡县社会、官僚社会。从中央、郡（省）、县，一直到乡、里。官僚体系决定着中国人的组织程度和资源调配的效率。一旦这个体系变得清廉而高效，中国农耕社会就会被有力地组织起来：一家一户辛勤耕织，一乡一里兴修水利；县城里制作农具和衣物，省城里发展工业与贸易……所有这些资源通过税收、兵役的形式，一点一滴地汇聚起来，就会化成一支浩浩荡荡的军队，横扫蒙古部落的骑兵，翻越西部的雪山，穿过热带的丛林，西渡流沙，南行巨浪，威震四海，所向披靡。

到了清朝的时候，康熙皇帝南巡，到达南京，惊叹于那里的兴盛繁华。他到朱元璋墓前祭拜，提笔写下了"治隆唐宋"四个大字。这说明，即使是不希

---

① 参考万明：《中国融入世界的步履》，北京社会科学文献出版社，2000 年版。

望人民怀念明朝的清朝统治者，也不得不折服于朱元璋的丰功伟绩。

后来编订《明史》之时，清朝的史官给了明成祖朱棣这样的评价："六师屡出，漠北尘清。""威德遐被，四方宾服。""幅员之广，远迈汉唐！"

所以，朱元璋和朱棣父子二人为中国所开创的盛世，并不是我们今天想象出来的。清朝初年的时候，上至皇帝下至百官，都对此非常清楚，说得也很明白：朱元璋休养生息、反腐倡廉，在经济上"治隆唐宋"；朱棣利用朱元璋打好的经济基础，南征北战，在疆域面积上"远迈汉唐"①。

八、天子戍边："土木堡之变"与定都北京的战略意义

明朝胜过唐朝的地方还有一点，就是它盛世持续的时间比唐朝要长得多。唐朝经过"安史之乱"后很快就衰落了，而且陷入了严重的藩镇割据，内战不断。它的繁荣时期只持续了大概 120 年。

而明朝一直都很繁荣。虽然到后期，贪污腐败、土地兼并、两极分化的弊政也越来越严重，但整体上的繁荣一直没有中断，从明朝建立到崇祯元年（1628年）农民起义爆发，繁荣持续了 240 年以上，几乎是唐朝的两倍。

明朝立国 200 年以后，遇到了处在鼎盛时期的日本。跟朱元璋一样出身社会最底层、当过和尚的丰臣秀吉，经过多年征战统一日本，然后试图侵略朝鲜。但两次侵略行动都被万历皇帝下令出兵荡平了，丰臣秀吉因此抑郁而终。这场胜利让日本人消停了 300 年。中国古代王朝，一般都是开国的时候比较能打仗，然后就会因为腐败问题越来越弱。立国 200 年之后还能在对外战争中取得如此

---

① "远迈汉唐"之说，颇有争议。因为古代国家的主权边界极不清楚，唐高宗时代波斯帝国都曾向唐朝称臣，最夸张的说法是把中东地区都算成是唐朝的疆域。因此很难说唐朝与明朝的疆域谁大谁小。不过，这个问题并非本书的关键，既然清朝编订的《明史》上敢这么写，史官们想必自有他们的计算标准。总之，我们知道明朝鼎盛时期疆域广大，可与唐朝相媲美就足够了。

辉煌的胜利，只有明朝一家。

朱棣之后的明朝皇帝基本都以守成为主，做事情中规中矩。虽然赶不上朱元璋、朱棣父子的雄才大略，但都能比较好地履行皇帝职责。虽然有个别皇帝平庸怠政，但特别坏、特别昏庸的一个都没有，这是非常难得的。

朱棣死后，他的儿子朱高炽继位，但他当皇帝不到一年就去世了。在这一年里面他做的主要工作是给"靖难之役"中很多忠于建文帝朱允炆而被朱棣杀害的大臣平反。他也因此被称为"明仁宗"。

然后，朱高炽的儿子朱瞻基继位，是为明宣宗。这是一个很勤政的皇帝。小时候，爷爷朱棣就带着他一块儿到长城以北体验战争，此外还经常带着他去农村地区体验农民的疾苦。这是朱元璋留下来的好作风，喜欢带着后代去农民家里参观。朱棣小时候也受过这样的教育。

朱棣知道朱高炽身体不好，恐怕活不了太久，可能跟朱标一样还没当上皇帝就去世了，所以特别用心培养这个皇太孙，免得他像朱允炆一样不争气。

朱瞻基当皇帝以后，果然十分勤政。在内政上，他延续了朱棣的改革思路，一方面加强文官内阁的权力，组成了著名的"三杨内阁"，也就是三个姓杨的贤臣来主持政府工作，算是明朝比较有名的好内阁；另一方面，专门开设了太监学校，让宦官接受文化教育，开始把宦官按照国家正式官员的标准来进行培养。这就大大地提高了宦官监察文官集团、协助皇帝处理政务的能力。

朱高炽、朱瞻基父子治理中国的 11 年间，国家经济继续繁荣。郑和七次下西洋的最后一次也是在朱瞻基的统治时期完成的。史学界把这段时间称为"仁宣之治"。

经过系统的文化教育，宦官很快就开始在与文官集团的竞争中取得优势。朱瞻基的儿子朱祁镇继位以后，出现了宦官王振专权的情况。而王振就是一个在太监学校里面当老师的宦官。随后，发生了一件很糟糕的事，就是王振撺掇朱祁镇带兵亲征瓦剌。

朱祁镇缺乏战争经验，但很有点效仿朱棣和朱瞻基建功立业的冲动。估计他是这样想的：父亲和太爷爷都出过长城，我当然也应该去啊！

由于准备仓促、指挥失误，朱祁镇带领的大军惨败于瓦剌，王振被杀。更要命的是，朱祁镇自己也被俘虏了。战败的地方在土木堡城外，史称"土木堡之变"。

大一统皇帝被少数民族俘虏的情况，只在北宋出现过。随之而来的结果就是北宋灭亡。

但这一次差别很大，因为朱祁镇是主动跑到大漠打仗之时被俘虏的，而北宋的两个皇帝是首都被攻破以后被俘虏的。所以"土木堡之变"主要是丢人丢得比较大，对明朝的实力并没有太大的伤害。

瓦剌军队本来有机会可以彻底歼灭20多万明朝大军，但是他们忙着抢粮食、武器、盔甲等战争物资，让朱祁镇大约一半的部队跑回了土木堡。这为瓦剌后来的惨败埋下了伏笔。[1]

土木堡的残军跑回北京以后，中央立即从南京的武备库里面调过来126万件盔甲和各种兵器；然后从通州粮仓运送了足够北京全城居民食用一年多的粮食；又从河南、山东、浙江等地调集军队。在不到3个月的时间内，北京就又有了一支20多万人的装备齐全的军队。

至于皇帝被俘，除了很没面子以外，其实不算什么大事。由于朱家子孙很多，找一个来坐上去就行。皇帝被俘的消息刚传到北京，朱祁镇的弟弟朱祁钰马上就被立为新皇帝，是为明代宗。朱祁镇被尊为太上皇。

---

[1]　李贤《天顺日录》："幸而胡人贪得利，不专于杀，二十余万人中伤居半，死者三之一，骡马亦二十余万，衣甲兵器尽为胡人所得，满载而还。"李贤是土木堡之变的幸存者和见证人，为宣德癸丑进士，景泰初由文选郎中超拜兵部右侍郎，转吏部，英宗复位，兼翰林学士，入直文渊阁，官至华盖殿大学士。关于土木堡之变的明军数字，有好几种说法，李贤为实际随军人员，战前战后长期在中央政府仕职，他提供的数据应该最为可靠。

瓦剌军队错误地判断了形势，以为明朝皇帝被俘、大军溃败，他们反攻中原时机已经成熟，于是大举进攻北京。但他们在北京城下被毫无悬念地击败了，而此时各地的勤王部队还有十几万正在路上。

入关的瓦剌军队损失惨重，不得不紧急撤退。明军大举追击，把在土木堡被抢走的装备物资抢回了一部分。后来经过谈判，瓦剌方面把朱祁镇无条件释放。

从"土木堡之变"到"北京保卫战"，在这一连串戏剧性的变化中，农耕帝国的战争潜力相对于游牧部落的优势展露无遗。

朱祁镇回来以后，继续当他的太上皇，朱祁钰继续当皇帝。

这些事情看起来很折腾，但对帝国的经济和社会状况几乎没有影响。

这就是朱棣迁都北京的战略效果。

北京位于中华文明核心区的最北边，而国家的经济发展带集中在黄河、淮河、长江、珠江流域。这些地方全部远离北京，远离北方主战场。沿着"北京—太原—西安"一线的是一条巨大的山脉绵延带，北京附近的是燕山山脉，太原附近的是太行山脉和吕梁山脉，并延伸到西安北部。这就形成了一个巨大的地理屏障，保卫着中原文明。

而从北京往南，基本上都是平原地带，一直到"武汉—杭州"一线，山脉丘陵才又多起来。也就是说，从北京出发，沿途的济南、洛阳，一直到武汉、南京，都是大平原，是无险可守的。

北京这个地方的气候环境相对于南京、杭州等地来说要恶劣得多。冬天非常冷，最低气温可以到零下十几摄氏度，冬天和春天都会刮大风，而且干燥缺水。经济繁华程度相对于南京、杭州来说也要差很多。皇帝自己跑到这个地方来住着，要论舒适程度，跟江南、西安都是没法比的。这样做的目的就是一个：为国家守住这个"北大门"，抵御北方异族入侵。后来的人们对此给出了这么一句概括，叫作"天子守国门"。

在朱祁镇被俘虏、瓦剌军队即将南下攻打北京的时刻，朝廷内部就存在是否要放弃北京、南迁首都的争论。皇帝朱祁钰和大臣于谦商量后，作出了坚守北京的决定。因为如果放弃北京，瓦剌骑兵一路南下时就没有屏障了。北宋就是因为一直无法收回燕云十六州，首都开封无险可守，最后只延续了100多年就灭亡了。放弃北京，就意味着选择跟北宋一样的命运。

　　所以，朱棣迁都北京是非常狠的一招。这个"狠"不仅是说它高明，还有一点，就是皇帝对自己也比较狠。皇帝把自己置身于抗击北方异族的最前线，直接指挥长城沿线的军事对抗，年年都要体验天寒地冻的生活。而且，长城防线一旦失守，首先就威胁北京、威胁皇帝的安全。

　　从这个角度来说，定都北京，体现了汉民族捍卫华夏文明的决心和意志，这是一种战略上的"破釜沉舟""背水一战"。朱家天子很有一点担当精神。这种担当精神，既避免了重蹈宋朝的覆辙，另一方面也避免了再次出现唐朝那种边境地区藩镇割据的局面，因为皇帝就住在边境。所以，这一招看起来危险，却又极为高明。由于信息传递和物资运输的距离很短，中央枢机对前线的指挥和支援能力大大提高。一直到明王朝灭亡，北京都没有被攻陷过。

　　只要北京没有陷落，北方民族的铁骑就算越过长城，也无法威胁中原地区的安全，因为北京城内的军队随时可能在背后切断他们的后勤补给线和退兵路线。如果越过长城以后围攻北京，也很困难，因为南方的勤王部队可以很快赶到，而翻过长城的北方部队很难获得充足的后勤补给。在明朝历史上，北京被蒙古军队围攻过两次、被清军围攻过一次，都没有陷落，就是这个原因。

　　这就好像一个天才的围棋手，在对方棋子密布的地方突然落下一子，跟周围己方的棋子有一定距离，但又遥相呼应。对方如果要突破这颗棋子，就可能被包围吃掉；如果不突破这颗棋子，就只能在很小的范围内打转。一子落下，便奠定了战略上的胜局。

第五章

"成化中兴"

帝国制度的
有效运行

一、烽烟四起：成化初年的国家乱局

朱祁钰的儿子早夭，因此无法解决继承人问题。1457 年，"北京保卫战"之后第 8 年，朱祁钰生了重病，长期卧床不起。几个政治投机分子趁机发动政变，重新拥立朱祁镇当皇帝，史称"夺门之变"。

朱祁镇继续当了 7 年皇帝以后死去，庙号明英宗。他的儿子朱见深继位，就是明宪宗，年号成化，是大明第 8 位皇帝。明朝总共 16 个皇帝，朱见深和他的儿子明孝宗朱祐樘位于正中间。

接下来的章节里，我们要以朱见深和朱祐樘在位的 40 多年作为一个样本，细致地观察帝国的具体运作方式，包括军事镇压、内部治理、对外战争以及皇帝、宦官、文官集团之间的博弈和斗争关系等。

在父亲朱祁镇回来成为太上皇之后的 1452 年，5 岁的朱见深被废掉太子身份，朱祁钰的儿子被另立为太子。直到 1457 年发生"夺门之变"，朱见深才重新当上太子。在他的人生经历大起大落的这段时间，一个比他大 17 岁、名叫万贞儿的宫女始终一心一意地照顾他，结果朱见深就和万贞儿产生了忘年恋。

朱见深当了皇帝以后就把这个宫女封为妃子，一直很宠爱她。虽然没有被封为皇后，但因为得到了皇帝的特别宠爱，万贵妃始终是毫无疑问的后宫之首，二人感情一直很好。

这本来应该是一段美谈，说明皇帝是个有良心的人，"患难之交不可忘，糟糠之妻不下堂"嘛，对不对？不过因为二人年龄相距太大，传来传去传成了一个心理变态的故事，说朱见深有恋母情结，缺乏安全感，是一个容易欺负的老实人云云。

这些看法完全错误。朱见深是一代雄主。在位 23 年，他不断发动战争，对内残酷镇压农民起义，对外严厉打击瓦剌和女真部落；一方面大封爵位，奖励武将，一方面设立西厂、整顿吏治，其功绩与作风都与汉武帝相似，完全不是人们印象中的老实皇帝。

他上位的第一件大事，就是把甘肃总兵、辽东总兵、宣府总兵、延绥总兵、蓟州总兵、大同副总兵、辽东右佥都御史、延绥右佥都御史、宣府左佥都御史等 9 人召回北京。因为这 9 人在边境镇守多年，却没有立下什么军功，于是被尽数撤换。

换上的人，基本都是在"北京保卫战"前后立下战功、在"夺门之变"后被朱祁镇打压的将领。

比如定襄伯郭登。"土木堡之变"发生时，郭登作为参将，协助镇守大同。当时人心惶惶，郭登激励将士，吊死问伤，亲自为士卒裹创敷药，说："吾誓与此城共存亡，不令诸君独死也。"在最危险的时刻守住了大同。

后来，瓦剌部带着被俘的朱祁镇到大同城下要挟守将开门。郭登坚决拒绝开门，被朱祁镇记恨。朱祁镇复辟以后，将郭登判处死刑，在群臣的劝阻下，改为将他贬到甘肃充军。朱见深一上台就恢复了郭登的爵位，让他直接代替被撤掉的甘肃总兵王琮。

朱见深如此大规模地撤换边防要塞的军事主将，是要冒很大风险的，但他就这么干了，而且没有引起任何问题。

第二件事，就是以贪赃枉法的罪名，把他父亲最信任的锦衣卫首领斩首、抄家。

第三件事，就是为"北京保卫战"的首席功臣于谦平反（于谦在"夺门之变"后被以反对朱祁镇复辟的虚假罪名冤杀）。朱见深承认了他在"北京保卫战"中的功绩，恢复了他太子少保的头衔。数年后，又为朱祁钰恢复帝号（朱祁镇第二次当上皇帝以后，宣布废除朱祁钰的皇帝地位，就像明成祖朱棣废除朱允炆的帝号一样）。然后，他又重新起用了大批受朱祁钰和于谦牵连的官员。

按照儒家思想的要求："三年无改于父之道，可谓孝矣。"17 岁的朱见深刚刚当上皇帝，就撤换他父亲信任的将领，杀掉他父亲的亲信，重新起用他父亲的仇敌，平反他父亲制造的冤案，其魄力可见一斑。

东宫太监王纶辛苦服侍朱见深好多年，眼看朱见深当皇帝了，收了几个投机政客的钱，想在朝臣里面培养几个人形成自己的势力，结果被内阁首辅李贤弹劾。朱见深立刻就把王纶贬到南京的朱元璋墓园里面去种菜。他对万贵妃讲良心，但那跟国家大事无关。关系到政治是非的问题，朱见深处理起来一点儿都不留情面。

把这些事情干完之后，朱见深这才开始认真关心起一件事——如何收拾他父亲留下的烂摊子。

明英宗朱祁镇留下的摊子，确实是个烂摊子。

明朝前期的权力结构，主要由几个部分组成：文官士大夫集团负责行政，武将勋贵集团主管军事，宦官集团以及锦衣卫负责监察。

其中，武将勋贵集团的来源主要是开国元勋的后代，以及士兵中通过打仗升官升上来的武将。有的武将以军功封爵，这些爵位也可以传给子孙。这些人专门负责打仗。文官集团基本不能插手军权。

"土木堡之变"时，朱祁镇带出去的都是武将勋贵中的精英，这部分基本被瓦剌人一网打尽了。王振作为宦官集团的首领，对"土木堡之变"负主要责任，变得臭名昭著，其党羽被诛杀殆尽。宦官集团的势力也遭到严重打击。以于谦为首的文官集团在"北京保卫战"中立下大功。新皇帝朱祁钰以亲王的身份入继大统，对宫中的宦官不熟悉，因而重用于谦等文臣。于是，朝廷就出现了文官集团一家独大的局面。

受到排挤的宦官集团和武将集团对此非常不满。司礼监太监曹吉祥、武将石亨，联络因为主张迁都放弃北京而受到打压的文官徐有贞，拥立朱祁镇复辟。

所以这个"夺门之变"，本质上是宦官集团和武将集团从文官手中夺回权力的一次政变，有很深的政治背景。

朱祁镇再次登基之后的第一件事就是把于谦杀了。这样做其实毫无必要。于谦是儒家士大夫的典范，清正廉洁、一心为公。他拥立朱祁钰，并且跟新皇帝一起保卫北京，然后又尽心尽力辅佐，都是出于公心，而不是向朱祁钰个人效忠。对于谦来说，谁当皇帝都一样，关键是要把国家治理好。

但宦官集团和武将集团坚持要杀掉他，给他安了一个"准备迎立外地藩王继承皇位"的虚假罪名。朱祁镇为了证明"夺门之变"的必要性也表示同意。此后几年，他们又系统性地对"北京保卫战"中立下大功的文臣进行迫害。这些文臣都是经过危难考验的栋梁之材。国家政治于是陷入一片混乱。

但是，政治投机的成功只能带来短暂的胜利，实力才是决定胜负的关键。武将勋贵和宦官集团的精英在土木堡被大量消灭。曹吉祥和石亨都是缺乏政治头脑的庸才，朱祁镇手下也没什么得力干将，唯一有点本事的徐有贞还是文官集团的一员。"夺门之变"的这三大巨头，分属三个利益集团，同盟关系也并不稳固。

文官集团中有头脑的人物很快就发现了问题所在，通过巧妙的政治谋略，他们重新获得朱祁镇的信任，先后把石亨和徐有贞搞掉。曹吉祥一看势头不对，"夺门三巨头"就剩他一个还没事，就知道下一个肯定轮到自己倒霉了。情急之下，曹吉祥干脆让他的侄子曹钦起兵谋反，妄图带兵冲进皇宫，杀掉朱祁镇另立一个新皇帝。这个事情也可以旁证胡惟庸和蓝玉的谋反并不算违反常理。跟朱祁镇相比，朱元璋严酷得多；而跟曹吉祥相比，胡惟庸和蓝玉所掌握的力量又要强大得多。曹吉祥都敢谋反，胡惟庸和蓝玉为啥不能谋反？

曹钦的叛乱只用了一个晚上就被扑灭。文官集团的地位更加不可动摇。由此衍生出了一个新的制度：文官统兵。

在朱元璋的时代，练兵和管兵之权归武将，统兵权归亲王，文官只负责钱粮后勤。朱棣登基以后，废除了亲王的统兵权。这样，练兵和统兵权就都落到武将勋贵手里。朱棣对此不是十分放心，就搞了一个"宦官监军"制度，也就是在军事要地或者出征打仗的过程中，都要派一个宦官去当"监军"，监督武将的行为，随时向皇帝汇报。

"土木堡之变"后一直到朱祁镇去世这一段时间，武将勋贵集团人才凋零，文官就获得了领军出征的权力，逐渐成为定制。这就形成了明朝很有特点的军事制度：文官为总指挥，负责制定战略；武将当总兵，负责军队的训练和日常管理，相当于副总指挥；太监当监军，负责向皇帝汇报军情，相当于督察员。"三驾马车"互相配合、互相监督。每个重要的军事据点，每次重要的军队出征，都要配齐这"三驾马车"。

经过这一系列巨大的政治变故，帝国管理体制出现了严重的松动。政治斗争太厉害，皇帝也变得疑神疑鬼，地方上的局面很快就开始失控。广西出现了瑶民起义，四川爆发了以赵铎为首的农民起义，荆襄地区爆发了流民起义，宁夏、陕西一带爆发了多个少数民族的联合起义。此外，北方的蒙古部落不断到河套地区抢掠，东北地区的建州女真发生战乱……

农民起义是帝国的常态，都是可大可小的。由于朱祁镇后期朝政混乱，朝臣们忙着搞政治斗争，没人管这些事儿，小规模的起义就越来越大。

等到朱祁镇去世，各方面的报告像火山喷发一样一下都报上来了，一时间看起来非常吓人：广西起义已经变成了两广起义，而且义军已经进入湖南；荆襄流民起义军正在攻打襄阳；四川、宁夏也有好几万人起义，连破数个城池；对蒙古部落和建州女真的作战连连失利，连经济最发达的江浙地区都出现了小规模的暴动……

刚刚登基的朱见深，面对的几乎就是一个快要亡国的王朝：内忧外患、战乱四起，比100多年后崇祯皇帝登基时面临的局面还要严峻。

朱见深首先要处理的是最紧急的两广起义。这个地方其实已经闹了几十年，每次中央派军征讨，义军和变民就躲进大藤峡里面。这个大藤峡方圆数千平方公里，里面河流纵横、高峡林立，平乱大军无法进入，只能在周围烧杀抢掠一番之后退兵，然后义军又会重新跑出来活动。

朱见深得到的最新汇报是：广西几乎全境失守，广东和湖南受到波及，两广首府梧州也快要被攻陷。两广镇守太监、巡抚、总兵全部待在梧州城内，起义军仅仅 700 人，竟能大摇大摆入城劫掠一夜而去，城中重兵无人敢与其对抗 ①。明朝政府随时可能失去对广西的控制。

面对这种最紧急的军情，首先要找到合适的统帅。朱见深让首辅李贤推荐人选，李贤说兵部尚书王竑比较懂军事，可以让他推荐。朱见深就去问王竑，王竑说："要想平定两广乱局，非韩雍不可。"

这个名字一提出来，朝堂一片哗然。为什么呢？因为这个韩雍刚刚卷入东宫太监王纶的案子。当时传说，王纶打算任命某人取代李贤任内阁首辅、任命韩雍取代王竑任兵部尚书。李贤在弹劾王纶的奏章里面，把韩雍也列为王纶一党。朱见深就把韩雍一块儿给贬到浙江去了。

刚刚贬走的官员，马上就重新起用，而且委以重任，皇帝和首辅大人岂不是都很没有面子？

朱见深经过反复考虑，决定同意王竑的意见，任命韩雍为总指挥，另外任命武将赵辅为总兵，太监卢永为监军。"三驾马车"组合完成，带着 16 万军队就到广西镇压起义军去了 ②。

---

① 《明史·列传第二百五·广西土司一》："七年，大藤峡贼夜入梧州城。时总兵官泰宁侯陈泾驻兵城中，会太监朱祥、巡按吴璘、副使周璘、金事董应轸、参议陆祯、都指挥杜衡、土官都指挥岑瑛等议调兵。夜半，贼驾梯上城，泾等不觉，遂入府治，劫库放囚，杀死军民无算，大掠城中……泾等乃遣人与贼讲解，晡时，纵之出城。贼既出，乃纵璘还。时官军数千，贼仅七百而已。"

② 《明史·列传第六十六·韩雍》："乃督兵十六万人，分五道，先破修仁贼，穷追至力山。擒千二百余人，斩首七千三百级。荔浦亦定。十月至浔州，延问父老，皆曰：峡，天险，不可攻，宜以计困。雍曰：峡延广六百余里，安能使困？兵分则力弱，师老则财匮，贼何时得平？吾计决矣。遂长驱至峰门。"

此时翰林院编修邱浚上书内阁首辅李贤，说大藤峡那个地方非常险峻，大军无法进入。正确的方略应该是先逐步剿灭外围的义军据点，然后把大藤峡的几个出口堵住，将其封闭起来，围上一两年，让里面的义军缺乏粮食供应。这样既安全，又能保证胜利。

李贤看了觉得很有道理，就转呈给朱见深。朱见深看了也觉得很有道理，下令转发给还在路上的韩雍，建议他按照这个思路来镇压起义军。

韩雍一接到折子就回复了："邱浚的那个方案不行。大藤峡绵延600多里，有很多河流贯穿其中，地形非常复杂，要想把所有出口都封住，需要耗费很多兵力，而且还未必真能封得住。这么多兵力耗在广西一两年，会耽误国家其他地方用兵。我建议直接冲进大藤峡，把里面的叛军全部消灭。没有这个据点以后，其他地方的小股叛军就很容易扑灭了。"

奏章到了北京以后，朝廷又是一片哗然，马上分成两派开始大辩论。大部分人支持邱浚的方案，认为韩雍的方案过于冒险。大藤峡里面有些什么都不知道，几百里长的山谷、河流，十几万大军开进去，万一中了机关埋伏，很有可能就会全军覆灭。现在天下战乱四起，国家承担不起这样的损失。要知道"土木堡之变"，明朝军队死亡人数就是十几万。

也有一部分人认为，韩雍说的有道理，把中央精锐部队耗在广西一两年，对其他地区的平乱和北方的防守非常不利。速战速决才是最佳选择。

那么，到底应该选择哪一个方案呢？

最后，一切的一切，还是要由不满18岁、相当于高中还没毕业就当上皇帝的朱见深来拍板。

十几万人的生死，甚至整个帝国的兴衰，就捏在了这个从未见识过战争的年轻人手里。

朱见深日夜阅读各种分析战局利弊的奏章，陷入了沉思。

二、荆襄平乱：少年皇帝的铁血政策

经过反复思考，朱见深最后决定：支持在第一线作战的韩雍，大军直奔大藤峡平乱。

决定发下去之后，剩下的事儿就靠韩雍的指挥了。过几个月就会有消息传来，全军覆没还是大获全胜都有可能。

但现在，朱见深还顾不得为大藤峡的战况提心吊胆，因为荆襄流民起义的阵势也越闹越大了。荆襄地区不像两广，非常靠近中原，义军一旦突破长江北上，那全国局势就会一片混乱了。

荆州、襄阳这些地方，自古以来就是国家的战略要地。三国时期的刘备就是从荆州起家，后来关羽从荆州发兵北上，攻克襄阳，在这里上演了水淹七军的好戏，中原震动。襄阳和荆州西边的十堰、神农架地区，崇山峻岭、山野茫茫。直到今天，神农架原始森林还充满着神秘色彩。朱元璋征服这一片地方后就觉得管理起来难度很大，干脆下令把这一片大荒山列为禁区，禁止人民进入居住。

但这种做法很快就被证明是行不通的。荆襄地区面积很大，山川纵横，怎么可能封锁得住？[①] 开国的时候人民都还有土地耕种，很少有人愿意往大山里跑，问题暂时不大。随着时间的推移，土地兼并问题越来越严重，农村地区出现了大量的破产农民。这些人流离失所，无处居住，形成明朝 200 多年始终无法根治的流民问题。很多人就选择跑到这一片没人管的禁区里面来生活。这里

---

① 明政府在荆襄平叛以后设立了以郧阳府为中心的湖广行都司，作为荆襄地区战后治理的最高地方行政机构。根据《郧阳抚治两百年》的"郧阳抚治辖区图"来看，湖广行都司辖区形状类似于一个东宽西窄、北宽南窄的直角三角形。经作者在百度地图上简单测量，其东西从河南舞阳到汉中阳平关约 700 公里，南北从湖北荆州府到陕西商县约 400 公里，面积大约 14 万平方公里。（冷小平、冷遇春，《郧阳抚治两百年》湖北人民出版社，2014 年版）

没有官府，不用交税，虽然是崇山峻岭，但里面小块的谷地和平原其实很多，开垦一块土地，种点东西来养活一家人是没有问题的。其间还夹杂着很多亡命之徒，想造反的、躲避仇家的，还有逃犯等等，各种人都往这里面跑。就这样聚集了几十年，竟然有上百万人[1]。不少人占山为王，聚众为乱，动不动就跑到平原地区来闹事。

到了朱祁镇的时候，这里就已经有很大的势力在作乱，地方无法镇压了。情况上报到中央，地方请求派兵镇压。朱祁镇却说："这些都是吃不饱饭的农民，怎么能用军队来镇压呢？"只是派人去稍稍安抚了一下，估计是给那些头目封个虚职官衔，给点钱让他们消停消停，就不管了。后来锦衣卫特派员下去巡视，又上报说："这个地方聚集流民极多，一旦发生饥荒，就会有大的暴乱。建议朝廷想办法慢慢把流民疏散，以免造成大乱。"汇报上去之后，朝廷竟然没人理这个事儿。湖南、四川、陕西、河南四个省的领导都认为此地不归自己管，互相推诿，于是情况越来越糟糕。

这期间，就有一个叫刘通的豪杰，联合一个叫石龙的和尚，开始在荆襄一带秘密发展势力。到了朱见深上台的时候，刘通认为时机已经成熟，就宣布独立，自称汉王，定年号为顺德，聚集了4万人马[2]，连续攻击襄阳、邓州，队伍迅速壮大到了十几万人，很有当年关羽北伐的气势。

朱见深刚刚定下大藤峡的战略，就得马上来处理荆襄事务。此时，一半的中央精锐在两广，还剩一半在北京。对付这个刘通，该怎么办？

朝廷有人上书警告：北方边境有蒙古部落屡屡入寇，边防压力很大。如果再抽调精锐去征讨荆襄地区，北方空虚，可能会危及北京的安全。最好的办法是

---

[1] 《明宪宗实录·卷九十九》："荆襄等处流民连年被逐，死者无虑千万，甚伤和气。况所奏招出一百五十余万已皆无家可归。"

[2] 《明宪宗实录·卷三十一》："通令男聪约子龙等举事，乃于地名大木厂立黄旗聚众，移住梅溪寺伪称王，建伪号为汉，称德胜年，立伪国师总兵等官，聚徒至四万人，大肆劫掠攻陷城池。"

派遣少量部队镇守关键据点，与义军周旋。这些义军过一段时间就会自行散去。或者等韩雍平乱结束以后，再来处理刘通的事情。

然而朱见深不听。

不仅不听，他还把提出警告的人下狱论罪。

朱见深下令调集剩下的中央精锐，由工部尚书白圭提督军务，抚宁伯朱永为总兵，太监唐慎、林贵为监军，和湖广总兵李震一起讨伐刘通，要求速战速决。

与此同时，朱见深下令长城沿线各地，加强警戒，确保北方边镇不出问题。如果有蒙古部落跑到河套地区来捣乱，暂时不要出战（河套地区在长城以外，但属于明朝疆域，在那里汉人和少数民族杂居生活）。蒙古部落冬天经常跑到这一带来躲避严寒，顺便抢劫一通，天气暖和之后又跑回草原去。朱见深认为蒙古部落还处在分裂之中，暂时不具备大举进攻的条件，应该抓紧时机先平定内部乱局，再整顿边防，因此冒险将精锐全数调往南方，而在北方采取全面防守的态势。

朱见深当皇帝的第一年——成化元年（1465 年），就在这样紧张的决策中度过了。到年底，两支大军的命运如何还不得而知。

刚过完年，成化二年（1466 年）的元月，后宫传来喜讯：36 岁的万妃给朱见深生下了第一个儿子。儿子的降生让 19 岁的朱见深非常开心，在百忙之中还主持大礼祭祀宗庙，感谢上天赐给他儿子，并趁机把万妃封为万贵妃。

几乎就在同时，广西的韩雍已经布置完毕，扫平了大藤峡周边的几个据点，水陆并进，16 万大军兵分五路开进大藤峡。

大藤峡义军在山中设下四十多个山寨，密布滚石、圆木、镖枪、毒箭，准备严防死守。

韩雍先是虚张声势，只派少数人马去放火放箭，后面一大堆人敲锣打鼓，让对方以为进攻已经开始，不停地放下滚石、圆木。这样折腾了多次，韩雍估计对方储备的战争物资已经消耗得差不多了，再悄悄地率领大军从绝壁攀岩而上，把山寨从四面围住，集中优势兵力将义军消灭。

韩雍也亲自攀岩爬藤，参与进攻。就这样一个山寨一个山寨地攻打，打完之后就放火焚烧所有物资。经过几个月的攻打，韩雍累计攻破大小山寨324个，斩首3207人，生擒782人，俘获妇女、小孩2718人。[1]另外，还有烧死、坠崖或者坠江而死的不计其数。大藤峡被彻底清空，韩雍把山峡间最大的几根藤条砍断，下令在此立碑记功，将大藤峡改名为"断藤峡"。

大藤峡攻破以后，其他地区的问题就好解决多了。这次征剿，累计斩首23217人[2]——这是战后清点人头用来统计功劳时得到的数据，所以非常精确，有零有整。大藤峡间，横尸遍野，连江水都被染红。

收到这个战报以后，朱见深才算松了一口气，下令把主力部队调到宁夏，去平定那里的满俊起事。又把总兵赵辅召回，派到东北去打建州女真（明朝这时候真是四面受敌，不停地拆了东墙补西墙）。韩雍留下少数兵马在两广继续平乱。

收到韩雍的捷报后不久，荆襄地区的报告也递了上来：

经过3个月的奋战，明军最终擒获首领刘通等3500余人以及妇女、小孩1000余人，斩杀义军万余人。

朱见深立即下令班师回京。同时，把刘通等主要首领40余人全部处以凌迟的酷刑，10岁以上的男子尽数处决。

但一次残酷的镇压并不能解决问题，白圭刚回到北京，刘通的副手石龙又纠集了数千人起事，进入四川后连克巫山、大昌等县，杀夔州通判王祯。白圭只得回去收拾残局。不过还好这次起事的规模不大，只需要出动少量人马镇压

---

[1] 《明宪宗实录·卷二十七》："逾月之间破贼大小巢寨三百二十四所，斩首三千二百七级，生擒七百八十二人，获贼属妇二千七百一十八人。余贼战伤溺死者不可胜数。"

[2] 《明宪宗实录·卷二百一十》："武靖侯赵辅上疏，自叙初征两广，叛贼凡斩首二万三千二百十有七级。"

即可，不用调动京城精锐了。

随即，后宫传来噩耗：万贵妃给朱见深生的儿子不满周岁就夭折了。此事对朱见深打击甚大，不仅因为这是他第一个儿子，还因为万贵妃已经36岁，属于高龄，以后可能很难再生育了。

紧接着，宁夏平乱的消息传来：征讨行动遇挫，头两仗都被打败。乱军进入石头城，大军围攻未果。伏羌伯毛忠战死。到目前为止，朝廷为了平定宁夏，已经战死了一个伯爵、三个巡抚了。这是"土木堡之变"以来从来没有遇到过的情况。

战局失利让廷臣惊恐万分，据内阁首辅彭时（李贤已经去世）回忆，"京师士夫闻失副将，益危惧，以为安史复出"。也就是说，大家都担心会重演唐朝安史之乱的结局：长安失守、关中混乱。而且，满俊属于归附的蒙古人，如果他们联络漠北蒙古本部，里应外合，问题将会更加严重。大家一致认为，应该把刚从荆襄调回来的京城主力再派到石头城去打满俊。

前敌主帅项忠反对这项提议，口头上说自己有信心。但也有人认为，项忠刚打完败仗，如果再增派大军，可能就会换上一个级别更高的主帅。如果这样，后面不管打赢还是打输了，项忠都要承担前面出师不利的责任，所以他必须咬牙把这一仗打完。

项忠的意见传到北京，朝廷又是一片哗然（已经三回了）。一边是内阁首辅彭时，认为不该继续派兵，项忠肯定能打下石头城；一边是兵部尚书白圭（当时他已经平定了石龙的第二次起事，再次回到北京），认为一定要派兵，而且准备毛遂自荐。

嘴仗打完之后，照例请皇帝拍板。彭时是纯文官，没打过仗，白圭则刚刚取得两次重大胜利。朱见深等两边吵完之后说："我支持彭时，不派。"

我们今天并不知道，为什么朱见深面对荆襄之乱坚持要冒险派出京城精锐，而面对看起来更难打的满俊起事却拒绝增兵。反正他就是这么决定了。

3 个月后，项忠果然打下了石头城，斩首 7000 余人，俘虏 2500 余人[1]，彻底毁掉石头城后班师。

满俊等数百人被押解到北京，朱见深下令将其中 268 人凌迟处死，剩下的斩首[2]——如此残忍好杀的君主，不知后世为什么会把他说成是只求安稳的老实皇帝。

朱见深对项忠这个人的态度也很奇怪。这家伙之前打仗战绩并不好，"土木堡之变"时就被俘虏过，当然这不能怪他。成化元年（1465 年），蒙古军队入侵河套，朝廷派项忠去清剿，但效果不佳，蒙古军队连续攻陷开城，深入静宁、隆德 6 个州县，大肆抢掠一番而去。项忠根本没有找到合适的机会跟蒙古军队开打。兵部弹劾他作战不力，朱见深给压了下来，还把项忠调回北京掌管都察院。现在又派他到宁夏平乱，虽然出师不利，折了一个伯爵、三个巡抚，但朱见深仍然坚持信任他。

神奇的是，项忠真的没有辜负朱见深的支持，攻克石头城立下大功。此时朝廷一片狂欢，认为这是拯救国家于危难的关键一战。朱见深反而没怎么奖赏，只给项忠升了半级。

朱见深好像一直在等着项忠完成一件大事业。

这件大事在两年后来临：荆襄地区又开始暴乱。

这一次暴乱是因为连续两年发生自然灾害。那地方本来土地就很贫瘠，一遇到天灾就会大规模地饿死人。农民吃不饱饭就要造反。这次造反由一个叫李原的人牵头，在山里闹了一年多没人管，地方镇压不住。后来造反队伍越搞越大，把襄阳、邓州都攻陷了，聚众号称超过百万[3]。李原于是自称"太平王"，宣布独立。

---

[1] 《明史纪事本末·卷四十一·平固原盗》："斩首七千余级，俘获二千余……因发兵分捕，复斩首数千级……诸营搜山，又获贼五百余人……"

[2] 《明宪宗实录·卷六十三》："逆贼满俊等……二百六十八人坐凌迟处死，余九十一人坐斩。"

[3] 《明史·列传第六十六·项忠》："李胡子者名原，伪称平王，与小王洪、王彪等掠南漳、房、内乡、渭南诸县。流民附贼者至百万。"

在帝国腹地发生百万人规模的大暴动，这种情况十分骇人听闻。朝廷为之震动。朱见深令项忠为主帅，带领25万精锐大军立即前往平乱[①]。这几乎是明帝国除了北方边防军以外能够调动的最大军事力量。

项忠采用的办法是软硬兼施，一边以大军镇压，一边不停地派人到处宣传，只要脱离李原军队，一律不予追究。李原的军队虽然号称百万，实际上毫无组织，大部分是普通老百姓。这些人一时吃不饱饭才参与起事，一旦有饭吃了，并不想提着脑袋再干，很快就有40万人走出大山。李原的副将王彪带队巡查，禁止他们出山，结果运气不好，还让明军给抓住了。

经过半年左右的征讨，项忠终于活捉李原。大仗其实打得不太多，大部分义军都自愿接受招抚，或者自行解散。

这是一场接近完美的平乱，原本是值得举国欢腾的，但等待项忠的不是满朝称赞，而是雪片一般的弹劾奏章，弹劾的内容也差不多：项忠违背了招抚百姓时候的承诺。平乱后，项忠先是下令参与起事的家庭每家出一个青壮年男子去戍边，也就是到边境充军；更严重的是，下令所有外地流民必须回到原籍，拒绝回籍的就地诛杀。

这是一个可怕的决策。这些流民的祖上在朱元璋时代就搬到这里居住，原籍在哪里都说不清楚了，不少人拒绝搬家，于是便遭屠杀。这些被迫返乡和遣往边境充军的人，由于数量巨大而且缺乏管理，大批死于半途，死亡数量无法统计。《明实录》记载："驱迫不前，即草薙之，死者枕藉山谷。其解去湖贵充军者，舟行多疫死，弃尸江浒，臭不可闻，怨毒之气，上冲于天。"而且还提到了项忠这是"奉敕行事"，也就是说这些都是按朱见深的旨意行事。

弹劾的数量实在太多，连平定过荆襄起事的兵部尚书白圭都上书弹劾项忠。

---

① 《明史·列传第六十六·项忠》："忠疏争，且劾绶罪，帝为召绶还，而听调土兵如故。合二十五万，分八道逼之。"

还有人上书说，最近天上出现彗星，是不祥之兆，就是项忠杀人太多造成的。项忠也很有个性，上了一个折子就开骂（明朝官员上书都是公开的，皇帝能看到，内阁也会抄一份，文武百官都能看到），所以大家就以给皇帝上书的形式对骂，这也是常事。

项忠骂得尤其过瘾：

> 臣先后招抚了93万流民复业，贼党逃入深山，又招谕解散了50万人（大家看看，这是何等功劳）。俘获的百人全部都是首恶。现在又说他们全是好人，那之前屡次上奏说猖獗难以抵御的，都是什么人啊？就是因为不忍心滥杀，才让丁壮去边境充军。那些居住很久的人，有的占山四十多里，招揽无赖上千人，彼此争斗劫杀。像这样的，不遣走能行吗？我之前张榜说杀了数千人，那是在吓唬叛军残党，哪儿真有那么多？这个白圭，自己又不是没来过荆襄，今日之事本来就是因为白圭之前没剿干净留下的祸害！之前朝廷内外都说，不知道荆襄何年何月才能平定。现在我平定了，却流言沸腾，抓我的小毛病。我就是那东汉的马援、魏国的邓艾，因为功劳太高被人嫉妒，不仅功劳不被承认，连身家都不保。皇上您要是圣明，就把我罢黜了吧，别让我步了马援、邓艾的后尘！①

朱见深看了这份奏章哭笑不得，回复道："荆襄平乱很成功。骂你的人再多，我也没说你不对呀。你平白无故地说什么功高震主？还要辞职？我不批准。"后

---

① 原文见《明史·列传第六十六·项忠》："臣先后招抚流民复业者九十三万余人，贼党遁入深山，又招谕解散自归者五十万人。俘获百人，皆首恶耳。今言皆良家子，则前此屡奏猖獗难御者，伊谁也？贼党罪固当死，正因不忍滥诛，故令丁壮谪发遣戍。其久附籍者，或乃占山四十余里，招聚无赖千人，争斗劫杀。若此者，可以久居故不遣乎？臣揭榜晓贼，谓已杀数千，盖张虚势怵之，非实事也。且圭固尝身任其事，今日之事又圭所遗。先时，中外议者谓荆、襄之患何日得宁。今幸平靖，而流言沸腾，以臣为口实。昔马援薏苡蒙谤，邓艾槛车被征。功不见录，身更不保。臣幸际圣明，愿赐骸骨，勿使臣为马、邓之续。"

来对于骂项忠的奏章，朱见深一律驳回。而项忠上报的功劳，不管多少，甚至包括一些数字前后对不上的，也不经审查一律核准；有关荆襄善后工作的申请也全部同意。这充分展示了朱见深偏听偏信的"昏君"风采。

从这段事情来看，朱见深跟项忠两个人是心往一处想、劲往一处使的：就是要充分吸取之前荆襄平乱的教训，不能只擒斩乱军首领，剩下的人招抚一下让他们自己回家种田了。如果只这样做，这个地方将永无宁日。要彻底解决问题，迁徙流民回土安置是必须采取的措施。上百万人的迁徙，在当时的交通医疗条件下，必然导致数以万计的死亡。关键是决策者能不能狠得下这个心，朱见深就属于能狠下心来的那种。

经过一年的迁徙，荆襄地区的流民数量从 150 多万降低到了大概四五十万，整整少了 100 万。朱见深这才把项忠召回北京，大加封赏。两年后，白圭在兵部尚书的任上去世，朱见深又让项忠接任。

对项忠来说，荆襄平乱的任务就算完成了。而对朱见深来说，其实这才刚刚开始。作为皇帝，不能只考虑武力征讨，还必须关心社会治理。朱见深雄心勃勃，并不满足于平定乱局，而是要彻底改变朱元璋以来的荆襄治理模式，从根源上解决荆襄地区的乱局问题。

在这场治国安邦的大戏中，项忠退场，原杰出场。

三、编户齐民：军事镇压之后的社会治理

原杰这个人堪称"治乱专家"。先在江西管理治安工作，效果很好；又到山东升任巡抚，遇到荒年，负责赈灾救济，让百姓免于流离失所。后来到户部当副职，又负责治理黄河泛滥的遗留问题。基本上就是"哪里有火哪里就有我"。

成化十二年（1476 年），国子监祭酒周洪谟写了一篇《流民图说》的文章，文章里面说：

我之前在参与修编《地理志》的时候，读到东晋时候治理荆襄地区的故事。当时江西的流民聚集到荆州，政府就在荆江的南面设置了松滋县来安顿这些人；后来陕西雍州的流民又聚集于襄阳，政府于是在襄阳边上设立了南雍州来安置。松滋县归荆州管辖，南雍州归襄阳管辖。松滋县和南雍州这两个地方，到现在已设置了上千年，还是比较稳定。今天如果像东晋一样，允许流民在附近的州县落户口，对于那些偏远的地区，则设立新的州县来安置他们，任命官吏、编制户口，建立里甲制度①、轻徭薄赋，让他们可以安身立命，这些流民就可以变成齐民了。②

这篇文章被左都御史李宾看到了，觉得写得不错，就呈给朱见深。朱见深也觉得说得很好，想到原杰好像很擅长干这个，就把这篇文章给原杰看，叫他去荆州照此办理。原杰这个时候已经快60岁了，而且刚娶了一个年轻的小妾，已经没有进取心，只想在北京安享晚年。听说皇帝要派他到荆襄去处理流民问题，那是相当不爽。一打听，这个《流民图说》是李宾进献的，正好他跟李宾的一个学生薛为学有过节儿，就认定是这个家伙撺掇李宾上书派他去荆襄受苦。所以原杰就跟皇帝说：让我去也可以，不过让这个姓薛的家伙跟我一起去吧。③

朱见深一看，这还有啥问题？这人我都不认识，你想带就带吧，马上批准。

---

① 里甲，明代社会基层组织。每里人户为110户，一里之中多推丁粮较多的10户为里长，其余百户分为10甲，甲设甲首。里长对上级官府负责，管束所属人户，统计本里人户丁产的消长变化，监督人户生产事宜，调理里内民刑纠纷，并以丁粮和财产多寡为序，按赋役黄册排年应役。
② 原文见《明史纪事本末·第三十八卷·平郧阳盗》："昔因修天下地理志，见东晋时庐、松之民，流至荆州，乃侨置松滋县于荆江之南；陕西雍州之民，流聚襄阳，乃侨置南雍州于襄西之侧。其后松滋遂隶于荆州，南雍遂并于襄阳，垂今千载，宁谧如故。此前代处置荆、襄流民者，甚得其道。若今听其近诸县者附籍，远诸县者设州县以抚之，置官吏，编里甲，宽徭役，使安生业，则流民皆齐民矣。"
③ 《明宪宗实录·卷二百六十六》："众谓都御史原杰为宜，杰时年暮，且新续弦，不欲行，及命下，知御史薛为学为宾所任用，意为学陷己，遂奏带为学同行。"

姓薛的这个人就很郁闷地被自己的死对头带到荆襄蛮荒之地干活去了。原杰成了他直接领导，估计没少给他穿小鞋。但是后来因为荆襄治理成功，朱见深以为这是原杰推荐的人才，不停地给他升官，以至于立碑传世、名垂青史，成了荆襄治理的大功臣，简直就是"塞翁失马，焉知非福"的现实版。

两个月以后，一个叫文会的低级军官上书，谈了自己对荆襄治理的看法，提了三条建议："首先，开垦山区土地，安置流民；第二，建立行政和军事机构，实现荆襄治理常态化；第三，荆襄地区位于三省交界处，实际上是一个交通要道，是发展商业贸易的好地方。建议修建道路，在关隘险要的地方设立卫所，并且建立学校传播文化，这样就能把当地的治安搞好，等商业贸易发达起来之后，当地人自然就不会作乱了。"

这篇上书极有见识。前面两条与周洪谟的观点差不多，第三条则立足于荆襄特殊的交通区位条件，针对性地提出了发展商贸的意见，而且给出了具体的推进措施，已经有了现代区域经济规划的理念雏形。朱见深非常赞同，转发给原杰参考，让他照此施行。

离开了繁华的京城之后，原杰又慢慢找回当年治国平天下的气概，一路走一路看朱见深不断给他转发过来的各方面意见和建议。到了荆襄后，就带着姓薛的遍历各郡县，"深山穷谷，无不亲至"，"问民疾苦"。又召开会议，召集四川、陕西、湖北、河南四地的各级地方官员讨论问题，搜集档案资料。经过艰苦的核查，取得流民信息 113317 户，合计 438644 人；其中近年逃过来的、在原籍还有房子土地的，有 16663 户，合计 45892 人。原杰先把他们遣返回原籍，剩下的就编入邻近州县的户籍，正常纳粮当差。①

把这些前期工作做完以后，原杰又亲自观察地形、调查关隘，按照文会上

①《明宪宗实录·卷一百六十》："都御史原杰奏流民之数，户凡一十一万三千三百一十七，口四十三万八千六百四十四……遣还者凡一万六千六百六十三户。"

书中所说的，在许多关键地方设立了驿站和军事卫所。然后，又开始着手地方政权建设和城市发展规划。经过调研和通盘考虑之后，他向朝廷上书说：

郧县（今天的郧阳区，在十堰市区北面大概25公里）这个地方，周围平原面积比较广阔，又靠近汉江，可以连通竹山、房县、上津、旬阳、淅川等五县，四通八达。但是一直以来这里都盗贼猖獗。可以在这里修建城池，建立军事卫所，控制地方，安抚居民。[①]

郧县地处荆襄的中心地带，又是交通要道，但是距离最近的州府也有500多里地，方便盗贼、土匪活动，不利于官府抓捕。原杰对山川地理形势经过一番考察分析后，认为这里适合建立一个新的郧阳府，用来统管荆襄地区。把郧县、房县、竹山县、竹溪县、上津县和郧西县6个县纳入郧阳府管理。同时，在陕西西安府、河南南阳府的辖地内，再新设一两个县，对偏远地区进行管理。对一些已经有了政府管理的地区，如固始、信阳，还对政府机构的职能进行调整，加强对山区地方的管理。

郧阳府设立以后，原杰推荐由原邓州知府吴远任郧阳知府。然后，又推荐河南巡抚吴道宏接替自己。朱见深立即下令升吴道宏为大理寺少卿，命令他负责巡抚郧阳、襄阳、荆州、南阳、西安、汉中六府。基本上就算是设立了一个"荆襄省"，由这6个州府组成，巡抚坐镇郧阳。郧阳也就相当于成了荆襄地区的省会。同时，原杰又在郧阳设立行都指挥司，统管地方治安部队。这样，荆襄地区的军政管理体系基本建设完毕。

[①] 《明宪宗实录·卷一百六十》："臣又与各官相视襄阳府所辖郧县，地接河陕，路通水陆，居竹房、上津、商洛诸县之中，为四通八达要地。且去府五百余里，山林深阻、官司罕到、盗贼猝发、缓急无制，合拓县置府，拟名郧阳。即其地设湖广行都司，附城立郧阳卫，卫为前左右三所，其左右二所于湖广都司，并南阳卫新收编发流民……"

　　原杰把这些事搞完以后，马上就想走人，回北京去享受生活了。但是运气不好，因为他功劳大，朝廷决定给他升官。但是暂时没有合适的官位，只好再给他提半级，任兵部尚书，但任职地在南京。其实这算是一种照顾，因为他年龄大了，南京比北京繁华，气候也更适合养老。而且，南京兵部尚书位居南京六部之首。因为南京是留都，朱棣迁都以后，在这里留下了一套完整的中央政府班子，但没有实权，相当于养老院。只有兵部尚书能管理一下江南地区的防务，算是实权职位。江南地区的军事事务，主要就是南京兵部尚书、南京镇守和南京守备三大长官共同决策。南京守备是武将，南京镇守是太监，兵部尚书作为文官首领，地位在二者之上，实际上是整个江南地区的最高军事长官。但原杰还是很不爽，就想回北京，来回讨价还价了很久，最后无奈只得启程。很不幸，原杰刚走到南阳，还没有走出荆襄地区，就因病去世了，享年 61 岁。

　　原杰死时，史书记载"荆襄人闻讣，为巷哭罢市"；"荆襄之民闻之，无不流涕者"。

　　对原杰治理荆襄地区的功劳，历代史学家都给出了极高的评价：

　　"区画流民一事，尤为卓伟，使国家百年意外之变，一旦潜销默定。"——《明实录》

　　"郧阳之有抚治，自此始也。"——《明史》

　　"一介之吏，贤于十万之师。"——《明史纪事本末》

　　"项忠之荡定者，一时之功；而原杰之经略者，百世之利也。"——《国榷》

　　这样高的评价，原杰当之无愧。荆襄地区已经闹了几十年，朝廷不停地安抚、镇压，再安抚、再镇压，反复循环，都不能取得很好的效果。一旦遇到天灾，这个地方马上就变成了火药桶，爆发个十几万、几十万人的起义是常事，动不动就攻陷州府县城，又是独立又是称帝，搞得不亦乐乎。光成化年间就派了白圭、杨璇、王恕、项忠至少四拨人去处理了，其中两次还派出守卫北京的中央精锐，劳师动众、耗费极大。但经过原杰这么一整顿，情况立即好转。

郧阳城本来是一个非常普通的小县城，一朝成了知府衙门、巡抚衙门和行都指挥司驻地，大规模扩建城池，修浚水道，拓宽街道。城市面貌焕然一新，小城一跃成了"雄藩巨镇"。很快，郧阳城成为汉江上最大的商埠，经堵河可达巴蜀，由丹江可入商洛，由汉江则上可直达汉中、下可直达荆襄及武昌以至南京，商业极为发达（文会的预言成真了），到处是商铺、会馆、酒肆、学宫、校场……

以郧阳府的建立为标志，荆襄流民问题基本得到解决。到了十余年后的弘治年间，就出现了"流离之民，俱为土著，生有产业，死有坟墓，男婚女配，各遂所愿，安土重迁，绝无他慕"的局面。"即今抚民等官，俱在闲散，故间阎小民有'天上仙人，地下抚民'之嘲"，也就是说，地方官员政务不多，每天上班喝喝茶聊聊天，地区社会经济仍然一切正常。此后一直到明朝灭亡，此地再也没有爆发过大规模的农民起义。荆襄之地，从帝国的心腹大患，变成了一根定海神针。郧阳府在清朝继续存在，到了新中国成立改为郧阳专署，一直到1994年才被撤销。原杰的这个规划足足延续了518年。

明朝能够存在接近3个世纪，荆襄治理成功是一个重要因素。此后的各种战乱，除了最后的大起义以外，都在边疆地区发生，心腹之地一直保持稳定和繁荣。原杰之功，不可谓不大。

四、政通人和：古代专制政府存在的价值

成化年间荆襄治理的这场大戏基本落幕。我们来对前面讲的这些故事作一卜回顾和总结。

第一个问题，从朱见深登基的第一年开始，帝国军队就不停地四处征战。

大的战争有两广大藤峡平乱、两征荆襄、宁夏平乱，小的还有四川、湖南、建州女真，等等。北边对蒙古部落的防卫作战也从未停止过。看起来烽烟四起、内忧外患。但与此同时，关中平原、黄河中下游平原、长江中下游平原这些粮食主产区和经济核心区却享受着连续 100 多年的和平与繁荣。特别是江浙一带，可谓歌舞升平。江浙地区都不怎么种植粮食作物了，因为经济效益比较低，改为大规模种植棉花等经济作物。粮食主产区逐步转移到了长江中游的洞庭湖、鄱阳湖一带，所以有"两湖熟、天下足"的说法，而江浙则被称为"衣被天下"，棉花种植和纺织业占据了统治地位。

此外，各种商业贸易、手工业也极为发达。成化时期是我国瓷器发展的鼎盛时期，"成化瓷"在收藏界是一个专有名词。成化瓷有两个主要品种，一个是青花，一个是斗彩。青花就不说了，大家都知道。"斗彩"是成化年间才烧制成功的，颜色比青花更为丰富，一般是以青花为底色，间以其他五种色彩，大有青花与五彩争奇斗艳之势，故称之为"斗彩"。2014 年 4 月，"成化斗彩鸡缸杯"在香港苏富比拍卖会上，以 2.81 亿港元的天价成交，刷新了中国瓷器价格的世界纪录。

这种一边歌舞升平、一边狼烟滚滚的局面，彼此之间是有关系的：边远地区的战争，就是为了保护核心地区的和平与繁荣，千百万将士的牺牲，换来的是中原人民的安居乐业；同时，核心地区的和平与繁荣，可以有力地促进生产，为军队提供充足的粮食和物资。二者互为表里。

在这样的局面下，中央集权和君主专制制度的作用就很明显了。战争一个接着一个——两广、四川、东北、荆襄、宁夏……必须根据军情的紧急程度和重要性，在上千公里的跨度上，来回调动成建制的军队，让他们翻山越岭、南征北战，同时还要不断地任命或撤换将领，大规模地调度和运输后勤物资。在交通和通信条件如此落后的年代，要完成这样的任务，没有一个可以统筹全局的中央政府来组织协调，没有一个享有绝对权威的独裁君主来拍板定案，没有一个执行力很强的地方官僚体系来征兵调粮，是不可想象的。

第二个问题，我们来思考一下，在荆襄地区，之前处于无政府状态，流民们自己耕种自己吃，不需要向官府缴税纳粮，也不用承担劳役兵役，没有专制政府压迫他们，为什么还会不断地发生乱事？可让他们纳粮当差，多养活一个很庞大的官僚集团（新设的县、知府、巡抚、行都指挥司）之后，反而社会稳定、民生幸福了？

这个问题，得从两条线来思考。一个是正面的，一个是负面的。

从正面来说，帝国政府不是光拿钱不干活的，而是要干很多很多的事，提供一些很有价值的公共服务。荆襄这个地区，虽然全是崇山峻岭，但同时又是四省交会之处，具有很好的商贸发展条件，政府就来组织内河运输、修建道路。

商旅往来，必须要有良好的治安环境，政府就来修建驿站和卫所，保护治安、打击盗贼，商业经济才能真正繁荣。

荆襄地区土壤肥沃，但环境恶劣，好年景容易大丰收，坏年景就民不聊生。这里气候潮湿，粮食保质期不超过两年，一旦连续两年受灾就必然出现大规模的饥荒。政府就负责从全国范围内调运粮食，灾年从外地调入粮食赈灾，丰年把粮食调往外地，把荆襄地区纳入整个大明王朝的生态系统里面来综合平衡，问题就容易解决得多。这也是只有大一统的中央政府才能具备的好处。

从反面来说，人性总是有好有坏，无政府状态不可能产生世外桃源。人一多了之后，就一定会有坏人欺负老实人，发生强取豪夺、不劳而获的事情。在有人群的地方，政府不去收税，强盗就会去"收税"。西汉时期的"文景之治"，政府除了治安基本啥都不管，结果就是地主豪强横行州县；荆襄地区连个管治安的政府都没有，结果就是出现了比西汉的豪强政治更坏的情况。政府不管，自然有人来管。这些人可不喜欢什么"鸡犬之声相闻、老死不相往来"的田园世界，而是想要"大块吃肉、大秤分金"的自在生活。没有野心的，就打家劫舍、呼啸山林；有点野心的，就占山为王、称孤道寡。无政府状态的荆襄地区是一个弱肉强食、盗贼云集的"世外桃源"。这才是真实的世外桃源，陶渊明所描写的那种世外桃源，在现实社会是无法存在的。

无政府绝不代表人民拥有自由，而是代表强盗们拥有自由。封建政府，就是把必要的暴力集合起来加以理性管理和使用的这么一个机构。没有政府，就意味着暴力行为的泛滥和非理性地使用。荆襄地区在政府建立之前，人民并非真的是自己种粮自己吃，而是必须向其他暴力机构缴纳更沉重的赋税。这种赋税可以体现为被抢劫、被迫入伙当土匪或者参与起事，等等。

所以，在荆襄地区建立政府，不是平白地新增一群官老爷们来让老百姓养着，而是用一群更能干的、组织得更好的、负有促进地区经济发展和民生幸福责任的人来取代原来的那一批山大王、土皇帝。这就是为什么荆襄地区新增好几套军政组织，不仅没有增加人民负担，反而大大促进了这里稳定和繁荣的原因。

五、专家治国：科举考试和人才历练制度

第三个问题，就是荆襄地区的成功治理，是偶然的还是必然的？是个别天才人物（比如朱见深和原杰）一拍脑袋就搞好的，还是背后有一套系统而复杂的制度？

我们来回顾一下荆襄治理的历程。项忠平乱以及之前的事情先不说。治理行动的起点，是国子监祭酒周洪谟的《流民图说》。国子监就是国家培养干部的最高学府，"国子监祭酒"就相当于这个最高学府的校长。周洪谟平时喜欢与人讨论时事政治。荆襄问题是当时的热点，周洪谟也是比较有名的"荆襄问题研究专家"。《流民图说》就是他研究历史地理、结合当时荆襄地区的实际情况搞出来的研究成果，背后还有国子监的一大帮人在为他提供研究支持。

这个研究成果通过左都御史李宾递给皇帝。其过程十分类似于今天的政府智库影响国家决策的形式。皇帝认为讲得很好，就找来原杰去负责执行。

　　既然把原杰派下去，就说明"荆襄治理"要从研究层面转入实践层面了，已经成为国家的重要战略。于是，各个方面的人员都开始研究这个国家战略，写成奏章递上来出谋划策。这些建议通过官僚体系的筛选，好的再提交给皇帝。朱见深收到的奏章中，就有文会的那一篇，朱见深对这篇奏章特别重视。这些材料又被转发给原杰，由他来负责最终的实践。

　　原杰能够取得成功，很重要的一点，就是四川、陕西、湖北、河南四个省的地方官员为他提供了大量的流民户籍与水文地理资料。这些资料，又是经过很多年，由很多人调查积累下来的。如果没有这些基础，60岁的原杰累到死也搞不清楚荆襄地区到底有多少流民，以及这些流民分布在哪些地方。

　　有了这些制度还不够。元朝也有类似的制度，但是一个黄河治理就把自己搞死了。关键还要看什么样的人参与这一套制度的运行。我们来看看参与荆襄治理的这些人，他们是如何被选拔和培养成为这场变革的主角的。

　　不管是白圭、项忠，还是周洪谟、李宾、原杰，这些人都有一个共同的身份——进士，也就是说，他们都是通过科举考试选拔出来的人才。其中，白圭和周洪谟是"进士及第"，也即科举考试全国前三甲，比今天的省高考状元厉害多了。

　　科举考试主要考儒家经典，考试形式在明朝就是著名的"八股文"。八股文格式要求非常严格，能够用八股文的形式写一篇意思通顺、道理明白的文章难度极高。在八股文考试中获得高分，说明这个人智商很高，思路清楚，学习能力分析能力强，可以熟练地阅读政治经济文献、写作政府公文。而且，还要有上进心，有自制力，从小就懂得刻苦读书学习而不是游手好闲。在一个大部分人都是文盲的古代帝国，这些人就是人才中的人才。让他们来治理国家，政府的效率才有保证。

　　但即使经过了严格选拔，士子考中进士，也只是刚刚取得做官的资格，必须要从较低级别的职位做起，做出成绩了才会被提拔到高位。像原杰中了进士之后，先是到南京当御史，然后再提拔到北京来参与实际政务，过了两年又派到江西去负责抓捕江洋大盗。因为成绩显著，才被升官，到山东赈灾。后来又负责黄河治理。30 多年的各种考验和锻炼，让原杰从饱读诗书的进士变成了处理灾害问题和治安问题的专家，之后他才被选中派到荆襄地区去主持工作。

项忠也是一样，中了进士之后，先从刑部的主事做起，干得好了再提拔为员外郎。在"土木堡之变"中被俘虏后，自己找机会偷了一匹马逃了回来。后来被派到广东去当按察司副使，参与镇压瑶民起义，开始进入统兵文官的序列。此后他又到陕西当按察使，带地方军成功镇压了羌族反抗。又被提拔到中央大理寺工作，被朱见深看中，开始指挥大兵团作战，在平定宁夏满俊起事中立下大功。经过 26 年的历练，从"刑部—广东—陕西—宁夏—大理寺"一路提拔上来，这才获得了统兵 25 万征讨荆襄的机会。

周洪谟走的则是另外一条道路：进士及第以后，因为文笔好、博闻强识，所以他被安排在国子监工作，长期从事修编历史经典、研究时事政治、给皇帝讲课等事务，远离一线行政，重点负责研究，最后一步一步被提拔到国子监祭酒的位置上。周洪谟能够提出荆襄治理的策略，就是因为他负责修编《地理志》，梳理了历朝历代的地方人文地理沿革，从中发现了汉朝和东晋治理荆襄的历史经验。

六、储君之路：明朝的太子培养制度

除了这些人，还有一个非常非常关键的人物，就是皇帝朱见深。他既不是科举考试考出来的，也不是经过基层锻炼一级一级提拔成皇帝的。他的出现又是出于偶然还是必然呢？

中国帝制时代，皇位虽然是世袭的，但并不是说大家就只能碰运气，指望坐上皇帝位置的人天生具有雄才大略。储君，也就是太子，有一套非常成熟的培养体系。

在明朝，太子要每天参加早朝，观摩皇帝如何跟大臣们讨论和处理政务。早朝从凌晨5时就开始，一般开一个时辰，也就是两个小时。这是政务观摩。就跟现在很多公司的董事长会让自己的孩子从小就参加董事会一样。如果今天让一个小孩从6岁开始就旁听高级别政治会议，听上10年，政治能力估计也不会太差。

退朝以后，内侍就要负责监督太子读书。先读四书五经或者《帝范》等讲道理的书，然后读史书。每天读什么、读多少，都有一套文官班子专门给列定计划，还要经过皇帝批准。到了吃午饭的时候，太子就休息，练习一下骑射作为锻炼放松。下午开始，就有专门的讲师，一般都是翰林院或国子监的高级官员，比如周洪谟这种，来给太子讲课，讲的内容就是上午看的部分。讲完课之后，内侍会再监督着太子把讲课的内容温习一遍。

每隔3天，就是一个"温书日"。这一天，老师不来讲课，太子也不用看新的内容，而是把前3天的内容复习一遍。

然后，太子还要练习书法，春夏秋三季每天写100个字，冬季每天写50个字。遇到重要节日、天气太冷或太热的时候，可以暂停。皇帝会不时地来考察太子的学习情况，让他回答问题，或者出一些题目让他写"命题作文"。

这一套学习程序看起来非常科学：讲究先预习，再学习，当天复习，然后每隔3天再整体复习一遍，很符合我们现在所说的"艾宾浩斯遗忘曲线"的规律，针对这个遗忘曲线进行学习记忆，可以保证学习效果。

从学习的内容来看，首先是四书五经这种讲大道理的书，然后就是宋代著名理学家、朱熹的弟子真德秀写的《大学衍义》一书，目录包括"格物致知""诚意正心""修身""齐家"四纲。

《格物致知》包括《明道术》《辨人材》《审治体》《察民情》四目。

《诚意正心》包括《崇敬畏》《戒逸欲》二目。

《修身》则包括《谨言行》和《正威仪》二目。

《齐家》则包括《重正妃（挑选和管理好后妃）》《严内治（管理好太监）》《定国本（管理好太子和其他儿子）》《教戚属（管理好外戚和亲属）》四目。

这一套东西，把治理国家的基本注意事项都讲清楚了。

学习这些大道理的同时，太子还要读历朝历代的史书，包括《左传》、《史记》、后代的断代史和《资治通鉴》。

除了这种标准的经书和史书外，太子还要学习之前的皇帝专门为教育储君而写的一些资料。比如唐太宗李世民写给儿子李治的《帝范》，明太祖朱元璋编写的《储君昭鉴录》，明成祖朱棣编写的《文华宝鉴》及《圣学心法》，还有明宣宗朱瞻基编写的《帝训》四书等。此外如《贞观政要》等优秀政治经典也是必读书目。

这些都是朱见深当太子期间被要求反复学习的材料。多年太子当下来，朱见深对中国历朝历代的治乱得失已经相当清楚了。可以说，一个当过几年太子的人，对中国历史的了解程度可以达到博士的平均水平。朱见深刚一当上皇帝，就为《贞观政要》写了一篇序言，大谈自己学习唐太宗治理好天下的理想。这篇序言现在已经成为《贞观政要》的一部分，在不少版本上都可以找到。读了之后就知道，朱见深的古文功底和政治学功底已是相当了得，和今天十七八岁的高中毕业生完全不是同样的水平。

除了让太子跟着上朝学习和读书写字以外，皇帝还会随时派遣太子去处理一些政务，或者辅助大臣处理政务。比如朱棣到漠北去打蒙古部落，期间就由太子朱高炽代为处理政务。后来朱高炽当了皇帝，则把儿子朱瞻基派到南京那个"留守中央政府"去锻炼。此外明朝还有个特殊传统，就是皇帝本人要带着太子去拜访农家，了解农民的生活疾苦，这是朱元璋传下的惯例。

所以，当太子是很辛苦的，早上 5 点跟着上朝，然后不停地读书学习一直到天黑，要全面学习治理国家的各种必备知识，要参与处理很多政务，出席诸多礼仪大典。此外还很有危机感。虽然废掉太子的情况很少发生，但只要发生了，这个太子基本上都会死得很惨。因此太子必须谨小慎微、认真学习，不能让皇帝对自己的能力和态度产生太大的怀疑。

经过这样的培养，太子坐到皇帝的位置上，才能具备治理国家的能力。

朱见深基本上就是完整地按照这一套训练程序教育出来的皇帝。他当太子的时间很长，从"土木堡之变"前被立为太子，在朱祁钰当皇帝之后3年被废掉，在朱祁镇"夺门之变"后又接着当了7年的太子，累计当了10年太子。这个时间足够让他把太子必读的各种经典文献很认真地读上好几遍，思考如何才能治理好国家。废太子的经历也让他有足够的危机感，在观摩朝政、学习经史和实习政务的时候不敢有丝毫懈怠。所以在他17岁当上皇帝以后，一上台就大刀阔斧地处理了一批不堪重用的文臣武将，然后不断地调兵遣将来平定国内的各种乱局，并主持完成荆襄地区的治理变革。他的治国能力并不是天生的，而是通过一套完整的程序培养出来的。①

---

① 太子的这一套培养制度虽然也很有章法，但跟科举制度和文官选拔制度比起来，可靠性要差得多。因为皇帝首先靠血缘关系来继承，皇帝去世的时候经常发生太子年幼、根本没来得及接受培养就登上皇帝位的情况；或者太子培养得好好的，突然生病死了——朱元璋的太子朱标就是这种情况，因此也有临时立一个新太子、没来得及培养好就登基的情况；还有皇帝死后没有儿子或者儿子被俘了，只能从皇室宗亲中挑选合适的人来继位，这个人之前没有接受过任何当皇帝的培训（提前接受那是谋反）的情况，明朝就有三位这样的皇帝——景泰帝朱祁钰、嘉靖皇帝朱厚熜和崇祯皇帝朱由检。太子培养制度只能算是皇位继承制度的辅助，不是皇帝选拔的核心制度。皇帝继承的核心，是在古代的生产力水平和人民文化素质很低的条件下，用明确的规则（嫡长子继承制）来认定皇帝人选，杜绝为了争夺最高权力而发生大规模内乱，并以"君权神授"的理论来确保皇权的绝对权威，高效调动帝国军事经济资源组织战争或对抗自然灾害。也就是说，即使皇帝素质平均比较低，给帝国造成的损害也要小于为了争夺皇位而造成的破坏，所以不得不选择这种制度。皇帝素质能培训高一点最好，实在培训不好也勉强可以接受。帝国养一个昏君的成本总比打内战要小。只有出现杨广那样的暴君，皇帝继承制度才应该中断。太子培养制度只能弥补皇帝制度的某些不足，不可能从根本上解决问题，也就无法保证每位皇帝的素质都足够高。

七、鸟尽弓藏：韩雍致仕与两广治理

在处理荆襄问题的同时，扑灭大藤峡起义的韩雍还在两广坚守。

朱见深似乎有一个特点，就是用人之时，倾向于支持第一线的军事总指挥，对于朝廷的议论不太理睬。韩雍想进大藤峡就让他进，项忠不想让朝廷增兵宁夏就不增兵，韩雍在荆襄地区制造大规模的死亡也不管。总之，就是把决策权留给第一线。

韩雍平定大藤峡之后，由于精锐兵力被调往宁夏，两广的形势很快又出现波折。义军再次在大藤峡聚集，其他势力也跟着反攻，攻略州县。朝廷的言官们马上就一拥而上准备痛扁韩雍，弹劾奏章像雪片一般地涌到朱见深面前，内容无非就是韩雍、赵辅等人虚报军功、隐匿军情等。对这些弹劾，朱见深回复道："深入大藤峡平乱大功已成，少数余党作乱是很正常的。韩雍这不是又带兵平定去了吗，言官还胡乱弹劾什么？"对那些弹劾，朱见深一概不听。

相反，对于韩雍的各种奏议，朱见深一律批准，并且在成化六年（1470 年）设立两广总督府，任命韩雍为两广总督，全面负责两广军政事务。这是中国历史上第一个开府的总督。以前的总督就是临时协调跨省军事事务的中央特派员。开府之后，总督就成为有稳定编制的地方军政一把手。后来很多有名的大臣都在两广总督的位置上干过，其中最有名的就是李鸿章了。

韩雍这个两广总督当得很爽很过瘾。因为朱见深总是毫无保留地批准他的一切奏议，包括庞大的军费开支和各种人事任免。韩雍威仪极大，出行时总是一整套军事仪仗队跟着，两广地方官员跟他汇报事务时必须跪着说话，所有政务军务他一概独断专行，俨然就是两广的皇帝。军事化销也如流水一般。面对朝廷言官没完没了的弹劾，韩雍也曾经上书辩解过：两广地方的人不服教化，只认两样东西：银子和拳头，所以需要恩威并施。对听话的人就大把地撒银子；对不听话的人就血腥镇压。地方长官要时刻显示自己的威风和严厉，那些地方的首领不仅不会觉得过分，反而心悦诚服。

朱见深完全支持这样的见解。两广地区在韩雍的统治下，局势日趋平稳。两广地区的民众把韩雍敬若神明，不敢再有反抗。

到了成化九年（1473 年），广西镇守太监黄沁弹劾韩雍贪欲纵酒，滥加奖赏，胡乱开支花费。这些事儿其实已经有言官弹劾过很多次，对韩雍来说都已经是"虱子多了不痒了"。但这一次，朱见深的反应很迅速：先是派人去调查，调查完了之后认为情况属实，立即下令韩雍致仕（也就是退休回家），相当于彻底罢官。

接替韩雍的新总督不到两年就在任上去世。成化十一年（1475 年，也就是派原杰去治理荆襄的前一年），经朝臣推荐，朱见深任命甘肃巡抚朱英为两广总督。这个朱英在朱祁镇时期就参与镇压两广起事，后来又调到甘肃去处理民族问题。他的特点是比较善于治理，但军功并不突出。从朱见深先是完全信任韩雍，然后突然将他撤职，再派朱英上任的过程来看，他的思路其实跟处理荆襄问题时是一样的：先派项忠镇压，迁徙流民，把流民迁徙得差不多之后，再派治乱专家原杰去筹划地区的常态化治理。韩雍的作用，就跟项忠一样。等两广基本平定以后，朱见深就不再容忍他在两广作威作福、胡乱花钱，而是派出一个抚民专家去完善地方治理结构。

朱英任两广总督以后，首先就是把韩雍的仪仗队取消了，出行只带少数的几个护卫。然后他约束告诫手下的将领，不得夸大反抗者的声势，不得随便请求出兵以邀战功。

除此之外，朱英的政策跟原杰非常相似，主要就是"编户齐民"：招抚瑶族、壮族这些少数民族，把他们纳入地方户籍，按照里甲制度进行管理。愿意编户的人可以免除 3 年徭役。马平、阳朔、苍梧诸县的少数民族全都望风归附。有一个叫"李公土"的义军首领长期凭恃地势险固与政府对抗，也派儿子归顺。朱英将他们安置在永安州居住，并承诺他们的子孙可以世代在官府里面担任官职。此后归附的人就一天比一天多，总共 43000 多户、15 万余少数民族转化为户籍人口。[1] 两广地区的治理情况得到了极大改观。

韩雍在的时候因为花销太多太滥，两广财政已经非常困难。朱见深看起来对韩雍很"够意思"，其实纯粹是对事不对人，看中的就是他能够强力镇压的能力。等到镇压的事儿基本结束，马上就让他回家养老去了。相反，朱英是个理财能手，为官清廉，注意节约，巡抚甘肃的时候，多年下来节约了 30 万两军费。到了两广，"改剿为抚"，节省了大量军费开支，把少数民族纳入户口编制以后又有了新增的赋税来源，两广地区的财政局面迅速改观。两广从依赖中央拨款转变为可以自给自足，等朱英辞任的时候还留下了 40 万两的财政盈余[2]。

从荆襄和两广的治理来看，朱见深在用人和治国方面思路清楚，方法得当，其战略才能与政治手腕对挽救陷入危局的明帝国起了重要作用。

---

[1] 《明史·列传第六十六》："自是归附日众，凡为户四万三千有奇，口十五万有奇。帝甚嘉之。"

[2] 《明史·列传第六十六》："在甘肃积军储三十万两，广四十余万，皆不以闻。"

第六章

太监汪直①

盛世的危机
初露端倪

---

① 明朝另有一海盗也名汪直（？—1559年），民间史料称之为"王直"，主要活动于明嘉靖年间，与本章所讨论的太监汪直并非同一个人。

一、贪腐黑幕：死在西厂大牢里的建宁卫指挥使

如果朱见深在成化十三年（1477年）去世，那么他的功绩一定会在正史上被大力歌颂，他也会被誉为一代明君。

除了两广、荆襄和宁夏的战事外，赵辅于成化三年（1467年）在东北血洗建州女真部落，王越于成化九年（1473年）在河套大破蒙古部落。四面八方的征讨均获得重大胜利，荆襄、两广地区纳入常态化治理，一扫"土木堡之变"以来的危局、乱局，重拾天下升平之势。

但是，从成化十三年（1477年）起，朱见深的形象就迅速黯淡了下来，在文官们记录的历史中变成了标准的昏君形象，以至于这样一位雄主竟然逐渐被人淡忘。

因为这一年，他授权太监汪直建立了西厂。

汪直，广西瑶族人。成化三年（1467年），韩雍平定大藤峡以后，挑选了一批幼童和女子作为战利品进献到朝廷。汪直是其中之一，进宫之前就被阉割了。

当时皇宫并不缺宦官。宦官在明朝政治地位很高，宫内有一整套为皇帝服务的宦官机构，不仅服务生活，主要还协助处理政务，权力很大。此外，出兵打仗需要监军、战略要地需要镇守太监。太监是宦官的高级职位，下面还有少监、监臣、奉御、长随、典簿等，所以宦官跟文官机构一样分为很多等级，可以从底层做起一级一级往上爬，有固定的工资收入不说，还有不小的机会混到一个小有权势的职位。一些贫苦家庭如果孩子比较多，又不能供养他们念书考取功名，就会自行阉割一个争取送进宫，有机会将来做官。这样一来，不仅这个孩子自己的生计不愁，还能扶持整个家族。因此，明朝自行阉割的人太多，

朝廷根本招不完，都成了 个社会问题，为此朝廷专门下过禁令：不准民间自行阉割。

　　韩雍进献的这一批幼童必然是经过精挑细选的"宝贝"，不是送进宫来充数的。在这一批幼童和女子中间，还有一个姓纪的女子被分配去管理后宫的仓库，因为偶然的机会被朱见深看见，马上就给"临幸"了，为朱见深生下了一个儿子，这个孩子就是后来的明孝宗朱祐樘。从这个事情也可以看出，韩雍挑的这批人至少都是相貌很不错、颜值很高的。汪直应该也是那种皮肤白嫩、眼睛大大的、一看就招人喜欢的小孩儿，才有资格从广西那么远的地方被送到皇宫来①。

　　汪直进宫的年龄，史书上没有记载，但必然极小，以至于他完全记不得大藤峡惨祸。不然这种义军的后代，父母亲戚都被明军屠杀殆尽，把他放到皇宫里面，万一心存怨恨，哪一天对皇帝动手，韩雍就得吃不了兜着走。

　　10 年之后，也就是成化十三年（1477 年），内阁首辅商辂弹劾汪直，奏章里面说："今汪直年幼，未谙世事，只凭韦瑛等主使。"②《明宪宗实录》在记录汪直开西厂的时候，也用的是"年幼最得宠"。"年幼"这个词不可能用到 14 岁以上的人身上。又过了两年，汪直出外领兵打仗的时候，《明宪宗实录》才说他"年少喜功"，可见记录者的态度很严谨，把"年幼"和"年少"区分得很细。据此可以推测，在成化十三年（1477 年）汪直建立西厂的时候，年龄应该不超过 14 岁。成化三年（1467 年）进宫的时候，他最多只有 4 岁。

---

① 20 世纪，北京门头沟出土过一块墓碑，上面记录了一个叫李质的太监的生平。他是跟汪直同一时期由韩雍从广西进献进宫的，其经历可以与汪直作一个对比："朝廷命将出师讨断藤峡。兵踰化州路，公方髫髻，不知趋避，为过兵执去。主将见公容止与众迥异，报捷后乃进于朝。宪宗纯皇帝见而悦之，乃付御用监太监廖公寿名下。"（齐之鸾：《明故神宫监太监李公墓志铭》，参考北京图书馆金石组编：《北京图书馆藏中国历代石刻拓本汇编・第 54 册》，中州古籍出版社，1990 年版。）里面明确提到"髫髻"，也就是年幼的意思；进献的原因是"容止与众迥异"。进宫后，朱见深亲自挑选，觉得不错，就让御用监太监负责抚养。据此推测，也可能是朱见深见了汪直后，觉得他乖巧可爱，或者很像自己和万贵妃所生的孩子，才把他派给了万贵妃。

② 参考《明宪宗实录・卷一百六十六》。

刚进宫，汪直就被分配去伺候万贵妃。万贵妃这种皇帝独宠的后宫显贵，肯定有很多人争抢着要去伺候她。这么一个从广西送过来的、没有任何背景的年幼小孩能够获得这个机会，只可能是一个原因：长得好看、聪明伶俐。要么是万贵妃亲自挑选的时候看上了，要么是朱见深或者手下人想送给她讨她开心。不管哪一种，都要汪直长得足够好看才行。

前面我们说了，成化二年（1466年）的时候，已经36岁的万贵妃刚生了一个小男孩，到了年底还没满一岁就去世了。因此，可以想象万贵妃心里的那种悲痛。没过几个月，有人送来一个年幼的小男孩，天真烂漫、聪明可爱，天天陪在身边。万贵妃肯定是当亲儿子养着。朱见深那个时候也是一样，既有丧子之痛，又为万贵妃伤心，见有这么一个可爱的小男孩在万贵妃身边，必然也极为宠爱，可能会在感情上把他视为自己和万贵妃的孩子。

没过几年，汪直就被朱见深封为御马监掌印太监。

太监，就跟今天的"总监"一样，是一个大部门的负责人。御马监是宦官机构中权势仅次于司礼监的部门，跟兵部一起，共同掌管天下兵马调动。御马监掌印太监与兵部尚书权力相当。根据史书记载，汪直被封为御马监太监的时间不会晚于成化十年（1474年），那时候汪直也就十来岁[①]。朱见深直接把一个十来岁的小孩封为高官，不可能是昏了头想让他干什么大事，应该就是纯粹的宠爱，赏个大官哄他开心。注意，是朱见深哄汪直开心，而不是相反。至于御马监

---

① 跟汪直同时进宫的李质，按照其墓志铭记载："成化丙申，自长随升奉御。癸卯，升尚衣监右监丞，给乾清宫事。弘治庚戌，转升惜薪司右司副金押署事。癸丑，升司丞。乙卯，升御用监右少监。戊午，升太监。"（齐之鸾：《明故神宫监太监李公墓志铭》，参考北京图书馆金石组编：《北京图书馆藏中国历代石刻拓本汇编·第54册》，中州古籍出版社，1990年版。）也就是说，这个人在成化三年（1467年）进宫，成化十二年（1476年）才从长随升为奉御，成化十九年（1483年）升为监丞；弘治九年（1493年）升为司丞；弘治十一年（1495年）升为少监，弘治十四年（1498年）升为太监。从进宫到升为太监，李质的官阶经过了6个职级，用了31年。对照汪直10岁左右就直接当上御马监太监，可见汪直的提升之快。

的事务，还有其他非掌印太监管理（兵部尚书也经常不止一个，各自分管一块）。

到了成化十二年（1476 年），京城里面发生了一系列怪事，主要是闹妖怪，搞得人心惶惶，其中还有妖人跟宫内的太监勾结混入皇宫，被发现之后杀掉了。这一系列事情引起了朱见深的警觉。就跟朱元璋发现占城贡使到南京来没有人跟他报告一样，朱见深怀疑官僚机构给他汇报情报的时候有所隐瞒。于是，他就派十二三岁的汪直带着两个校尉（低级武官，应该是给汪直当保镖的），化装成普通市民，骑着毛驴或者骡子出宫去打听消息。"大政小事，方言巷语，悉采以闻"。汪直足够聪明伶俐，打听到了很多有价值的消息，又没有暴露身份。朱见深非常高兴，觉得可以好好任用一下汪直。

这样过了半年多，朱见深觉得时机成熟，正式下令成立西厂，任命不到 14 岁的汪直担任西厂提督，派韦瑛等人给他做助手，再从锦衣卫等机构调一批人员来负责具体的侦查、抓捕、审讯等工作。之所以不直接任命汪直当东厂太监，而是另开一个西厂，主要原因应该是汪直"年幼"，而东厂是司礼监管着的老牌监察机构，任命升迁都有一套程序，比较麻烦，所以朱见深干脆新设一个西厂，让汪直放手去干。

西厂成立后，办的最轰动的一件案子就是"杨晔案"。杨晔是杨荣的曾孙，在福建担任建宁卫指挥使。杨荣就是朱瞻基在位的时候著名的"三杨内阁"之一，被视为文官的楷模。杨晔的父亲杨泰当过指挥同知，已经退休。这家人在当地横行霸道、侵占田产，还参与东南沿海的走私活动，积累了巨万家资。接连闹出了好几起人命官司，地方官员不敢管，但终究这些官司还是被个别实在看不下去的官员透露给了御史，杨晔因此被御史弹劾。朝廷派了刑部主事王应奎和锦衣卫百户高崇去福建调查。

汪直本来不知道这件事儿，但是杨晔携带巨赀到北京行贿，借助杨荣的老关系把高级官员基本都打点到了，想要摆平此事。汪直是皇帝最宠信的太监，也被列入行贿名单。钱送到了韦瑛那里，韦瑛就向汪直汇报了此事。汪直一听，这还了得？立即下令派人去把杨晔抓起来审问，很快牵连到了其叔父兵部主事杨仕伟和姐夫礼部主事董序。

这样的案子，老到的办案者会知道适可而止，否则牵连度太大，会一发不可收拾。可不到14岁的汪直哪里懂这些？连番审问下来，朝中重臣几乎全被牵扯在内（这事儿要是犯在朱元璋手里，估计又要杀得血流成河了）。

西厂没有审判权，只能把审讯结果提交朱见深。朱见深下令移交法司审判，杨泰被判斩罪。杨晔则已经死在了西厂大牢。朱见深命太监钱喜和韦瑛去抄了杨晔的家，财产全部充公，但是宽宥了杨泰的死刑。杨仕伟、董序被贬官。派去福建调查的王应奎和高崇也收了杨泰的贿赂，被汪直派人在返京的路上当场搜了出来，下狱论罪。高崇病死在狱中，王应奎发配边疆充军。

从这个案子，我们可以看出明朝中期官场的腐败情况：高官子弟在地方上横行霸道，无法无天，出了人命后，先是摆平地方官，被告到京城后又先后贿赂调查人员和中央高级官员。这跟曹雪芹《红楼梦》里面的"薛蟠杀人案"一样，是帝国官场的常态。如果不是年幼无知的汪直坚持追查到底，这个事情一定会不了了之。

按照常理，贪污受贿好歹是件见不得光的事情，朱见深没有杀掉杨泰，也没有进一步追究其他受贿官员的责任，可以算是网开一面了。

但实际情况正好相反，文官集团认为，收点钱摆平人命官司并不算什么，但一个小太监竟然敢逮捕和审讯"文官楷模"杨荣的子孙，实在令人愤怒。经过商议，先由首辅商辂起草弹劾文章，以内阁名义联名上书。然后由兵部尚书项忠起草弹劾文章，六部九卿联名上书，弹劾汪直，要求裁撤西厂。

二、弹劾西厂：内阁与六部九卿的强烈抗议

内阁的弹劾文章把西厂的各种"罪恶"都列了一遍，但大部分都说得比较虚，

主要说西厂到处抓人捕人，闹得各级官吏惶恐不安，严重干扰了政府和军队的正常运转等。但被抓的人到底是不是有问题，他们往往避而不谈。

比如，文章里面说了这么一件事："西厂官校分布沿河一带，遇有船到即加盘问。间有公差官员被其搜检，以致往来客商军民人等闻风惊疑。"

这句话的意思是说：西厂办事人员在连接北京和南京的运河要道上盘查来往船只，甚至连有公干的官员的船都敢查，吓得商人军民等人都惊疑不定。

在文官集团看来，宦官竟敢检查官员的船只，简直就是大逆不道的行为。

但西厂为什么要查这些船呢？奏章里面没说，不过别的史料里面有记载。《明宪宗实录》里面抄录了一份奏章，是汪直把盘查船只的情况奏报朱见深以后，朱见深又下令都察院长官、左都御史李宾（就是替周洪谟上奏《流民图说》的那个李宾）等人去复查，李宾等人复查后回复的奏章。奏章里面说：

> 汪直派遣韦瑛等缉访事件的实情，发现有很多官员坐船经过运河的时候倚仗权势，向沿途州县的驿站索取力夫拉船、装卸货物，情况十分严重。御史郭瑞巡按北京周边地区的时候，不仅不能制止这种情况，自己反而也这么干。而且，那些办理公差的官员们所乘的快船往往超过实际需要，用一索十，甚至多至百余艘，里面往往夹带私盐或者其他贵重货物。所过之处扰民严重……大臣们经过讨论，认为汪直所奏事项切中时弊，应该及时下诏禁止，御史郭瑞应依法治罪。①

汪直其实是在大力纠正明朝官场的一大恶习——滥用驿站、假公济私。我

---

① 《明宪宗实录·卷一百六十六》："都察院左都御史李宾等奏：有旨命臣等看详太监汪直所遣官校韦瑛等缉访事情。瑛等访得官员人等舟经运河，倚恃势豪，于滨河州县多索人夫、皂隶，为害甚酷。御史郭瑞巡按北直隶，在其境内不能禁约，反令官府事承，宜加之罪。且公差人所驾马船、快船，用一索十，多至百余艘，往往夹带私盐、重货。所经之处，尤被扰害。至于势豪，违法中盐，侵夺民利。其京官又多不顾名节、交通府县。若收粮者，卖法取利、克减官粮，其弊多端，并宜禁约。臣等议直所奏深切时弊，请揭榜晓谕。御史郭瑞合依律问罪。"

们前面讲胡惟庸谋反的时候讲过：吉安侯陆仲亨从陕西返回北京，滥用驿站的车马，被朱元璋罚去山西捕盗。这种滥用特权的现象一直都有。到了明朝中期，问题已经十分严重，如李宾所奏：官员们以出差公干为名，用十艘甚至百余艘官船运输私盐、货物来回贩卖，运输成本、人员吃喝全都算到驿站或沿途州县的接待经费上，赚的钱归自己。

这个事情对明帝国来说是非常要命的。到了100多年后的崇祯时期，官员们滥用驿站的情况越来越严重，国家财政难以支持庞大的驿站支出。为了保住辽东的军费开支，朝廷不得不裁撤了一些驿站，结果一个叫李自成的驿站工作人员因此下岗，然后他就参加农民起义把明朝推翻了。

西厂盘查官船的行动是利国利民的好事，目标就是查处官僚集团的腐败行为。这种事情也就西厂敢查。大臣们自己也承认这一点，但还是把它列为西厂的一大罪状。他们在弹劾汪直的奏章里理直气壮地说："（西厂的很多做法）固有一二似为禁革奸弊，奈非祖宗旧制。所革未多，其失人心则已甚矣。若不早为除革，一旦祸兴，卒难消弭。"

这句话的意思就是说：文官集团再腐败，也不能让宦官来监督。因为这不符合祖宗旧制（"祖宗"至少包括太祖和太宗，但宦官监察文官是明太宗朱棣开创的制度，不晓得他们说的祖宗旧制是哪个朝代的祖宗旧制）。如果不马上革除，就会失去人心、祸国殃民。

列举了这么一通罪名以后，内阁的弹劾文章最后还加了一条："去岁七月以后，有妖物伤人，当时人言必有应验。及立西厂，惊动人心，一如妖物伤人之时。以此观之天道，预先示儆，不可不虑。"

这些饱读儒家经典的士大夫肯定都知道孔子有一句很有名的教诲："敬鬼神而远之。"为了弹劾太监，文官也顾不得那么多，直接把妖魔鬼怪都扯上了，说前段时间京城闹妖怪就是应验到西厂身上，西厂就是妖怪。

内阁的弹劾文章里面也指出了一些西厂办案时的真实弊病，主要就是用刑过重，而且刑及妇女，还有就是有时候半夜抓人，或者堵在官署门口把人就带走了等等。

作为一个新设立的监察机构，这些问题应该都是确实存在的。但没有道理认为，西厂干得比朱元璋时代的锦衣卫或者朱棣时代的东厂更过分。西厂之所以如此令人恐慌，真实的原因应该是，锦衣卫和东厂属于老牌监察机构，经过与文官集团近百年的"互动"，各种"潜规则"已经建立得很"规范"了，早就跟文官集团同流合污了，出了什么样的案子用多少钱、走谁的关系摆平，这些情况都很清楚。突然蹦出来一个不收钱、不按规矩出牌的小太监，别人给他送钱还要把人家抓起来审问，大家才感到非常震惊，如同发现妖怪一样，必须马上将其消灭。

内阁重臣、六部九卿联名弹劾的分量是非常重的，里面还有不少威胁皇帝的话："往者曹钦之反，皆由逯杲生事，有以激之。人所共知，可为明鉴。"

这句话的意思是说：朱祁镇"夺门之变"后，司礼太监曹吉祥的侄子曹钦造反，就是因为锦衣卫逯杲想要查他。皇帝陛下可要三思。

问题是：曹吉祥、曹钦本来就干了很多为非作歹的事情，锦衣卫依法行使监察权是正确的。商辂等人竟然说曹钦造反就是锦衣卫逼出来的，那意思就是说应该放任曹吉祥和曹钦乱搞，来避免他们造反？

言下之意，朱见深你竟然让汪直反腐败，就不怕贪官们造反吗？我们内阁忠心耿耿、清正廉洁，当然不会造反，但是还有很多手握重兵的边镇武将，甚至皇亲国戚也被西厂查了（奏章里面提到过），他们会不会造反，我们就不敢保证了。

这个逻辑其实还比较符合事实，胡惟庸造反不就是朱元璋反腐败搞出来的吗？朱元璋要看到商辂等人敢这么威胁皇帝，估计会非常生气。

还有："（让西厂）随意盘查来往船只，以此货物不通，将来京师公私费用何以仰给？"

这句话的威胁是比较实在的。文官集团掌管着天下钱粮运输，要是借口西厂查船导致运输出现问题，让北京粮食供应不足，引起内乱，实在逼急了，他们是有可能这么干的。

这个奏章还有一个蹊跷之处，就是连汪直出门带的随从太多这种事都要当作罪状来弹劾，却绝口不提杨晔死在西厂大牢的事情。

西厂自建立以后逮问过不少人，但真正死在西厂大牢里的人只有一个，就是杨晔。

这可是西厂用刑太重最主要的证据：活活打死朝廷命官，简直骇人听闻。即便杨晔犯了死罪，也不能未经法司审判就给打死了啊？

全天下都知道这次弹劾行动的导火索就是"杨晔案"，而杨案中最不利于西厂的就是杨晔死在西厂，但奏章里就是不提。

不仅奏章里面不提，《明宪宗实录》里面也只说杨晔死在西厂，没说他是被刑讯逼供致死的。至于他遭受什么所谓"弹琵琶"之类的酷刑，都是100多年后的野史里面说的。所以就有人怀疑杨晔有可能不是被刑讯致死的，而是某些人为了避免他供出太多的高级官员，牵连太广，想办法把他秘密干掉的。

如果奏章只谈问题不举例，那么回避"杨晔案"还可以理解。但里面提到了一个案子，说西厂不经过合法程序擅自抓捕三品大员浙江左布政使刘福。"刘福系正三品官，擅拿擅放，恣意所为，紊乱朝政莫大于此"。此人进京办事，有人想陷害他，向西厂诬告。汪直就派人去把刘福抓起来审问，查了几天发现没这回事，就给放出来了。

这事情其实可以说明汪直办案公道。如果换成别人，就算没证据，可能为了面子也要编出点罪名，或者严刑拷打整出来点罪名。刘福从西厂出来，也没说被严刑拷打。大臣们连这个事情都要说，偏不说杨晔之死，尤其显得奇怪，应该主要还是心虚。

朱见深看到这份奏章，勃然大怒，派司礼监掌印太监怀恩到内阁质问诸大臣："用一个小太监查案就会天下大乱吗？这个奏章是谁主使？"

第一个问题问得很有道理：高官子弟在地方上打死人可以花钱摆平不会天下大乱，各级官吏滥用国家经费贩卖私盐不会天下大乱，用一个小太监来查一下就要天下大乱，哪有这种道理？

内阁早就预料到了朱见深的反应，四个阁臣：商辂、万安、刘珝、刘吉异口同声地说：太监干政就是会导致天下大乱，这是祖传真理，毋庸置疑。至于弹劾行动，则是内阁和诸大臣出于公愤的联合自发行为，没有人主使。

怀恩其实也对汪直不满，因为西厂抢了东厂的权势，而东厂是归司礼监管的。于是他就变了口气，说："那我就这样回禀皇帝了。但回头皇上追究起来，你们可不要改口啊！"四人保证绝不改口，怀恩这才回去禀报朱见深。

第二天，六部九卿联合署名弹劾西厂的奏章也递了上来。朱见深这次没有发火，因为他知道，不用问，此事肯定是有预谋有组织的行动，而且文官集团态度坚决。

内阁和六部九卿一起闹事可不是开玩笑的。朱见深毕竟没有朱元璋的威望和魄力，想了想，还是退一步算了。于是下令关闭西厂，汪直仍回御马监，韦瑛被贬谪戍边。

三、反戈一击：被妖言击落的帝国首辅

汪直感到非常委屈，就跑来跟朱见深哭诉，说："这个事儿不是内阁的意思，司礼监太监黄赐、陈祖生是福建人，收过杨晔的钱，我怀疑是他们在背后唆使的。"朱见深随即就下令把这两个倒霉的家伙贬到南京去了。

朱见深根本就没有去调查黄、陈二人是否参与此事，完全是为了哄汪直开心才把他们贬走的。这个旨意甚至比撤西厂的命令发出得还早。怀恩再次跑到内阁去传达皇帝表示妥协意思的时候，商辂很高兴，连声说："谢谢太监帮忙。"怀恩说："先生别高兴得太早，西厂还没关门呢，我方已经损失两员大将了（吾

辈数人已折其二)。"

怀恩的警告是有道理的，朱见深关闭西厂不过是以退为进。文官集团的进攻来势太猛，他不宜硬顶回去，需要观察一下形势。

官员们的态度很快就出现了分化。六部九卿的弹劾奏章找大臣们一起签字的时候，其实就发生了问题。项忠是兵部尚书，奏章就是他主持起草的，但签字的时候他却说，吏部是六部之首，应该先让吏部尚书尹旻签头一个。项忠的手下就去找尹旻，尹旻说这是项忠倡议的，为什么他不签第一个？那人就把项忠的理由说了。尹旻大怒："今日才认得六卿之长吗？"意思就是说，你们平时不把吏部当回事，现在需要人去跟汪直火拼了，才想起来把我推到第一线挡枪啊？

究其原因，还是因为项忠为人骄傲，当了兵部尚书以后一直没把其他部门的领导放在眼里。从他荆襄平乱时写的那封与群臣对骂的奏章就能看出来，这是个喜欢得罪人的主儿。

项忠跟汪直闹僵也是一样的原因：有一次汪直坐着轿子，带着一大队人马从大街上经过，正好跟项忠的轿子迎面而过。汪直不知道是项忠，就这么过去了，过了之后才发现（可能是手下人告诉他的），于是连忙带着队伍追回去，跟项忠打招呼并道歉。

这应该已经很给面子了，但项忠既不下轿，也不理会，给汪直难堪。估计项忠是这样想的：你一个小太监见了尚书大人竟敢不下轿请安，现在追回来也是失礼。汪直当然也生气了：你以为本太监怕你？以后再在路上碰到别说打招呼了，直接就跟项忠抢道。二人关系很快就势同水火。

尹旻虽然最后还是在奏章上签了字，但随后就派人告诉韦瑛，说这个奏章是项忠写的，他是被迫签字。这表明文官集团内部对于撤销西厂一事也有不同意见，并非铁板一块。

西厂撤销的第二天，都察院的长官、左都御史王越，找到内阁大臣刘珝和刘吉质问："汪直行事公道，像黄赐这种人专权纳贿，如果不是汪直，谁能把他赶走？商辂和万安在内阁任职时间长，是非很多，所以对汪直有所忌惮。二位刚刚入阁，为什么也要掺和这里面的是非？"①

刘珝就不说话。刘吉反驳道："我们弹劾西厂，是为了朝廷，不是为了个人。你说汪直行事很公道，那朝廷还要公卿大臣做什么？"②

这番话听起来正义凛然，但逻辑很有问题：汪直做的事是在抢大臣们的饭碗，不管他做事公道不公道，都必须要弹劾。

话讲到这个份儿上，王越也就无言以对了。

经过这么几个事情，朱见深看到，内阁和六部九卿其实并不团结。尹旻摆明了不支持项忠；都察院的两位长官——王越和另外一个左都御史李宾，明显意见冲突；刘珝面对王越的质问默不作声，说明他心里面未必十分支持商辂的奏章，很有可能也是被迫签字。

只要文官集团不团结，就比较好办了。被贬到南京的黄赐应该确实是收了杨晔的贿赂，汪直这么说，王越也这么说，阁臣也不否认。朱见深决定把黄赐作为突破口，授意东厂重新抓起来审问，他很快就把项忠给供了出来。御史的弹劾奏章也恰逢其时地出现，把项忠各种大小过失一股脑儿翻出来。朱见深下令将项忠交法司审判。项忠坚决不认罪，但法司仍然判他罪名成立。至于具体是什么罪名，正史里面没有记载。从黄赐的这条线索来看，应该还是"杨晔案"的延伸。

由于韦瑛被贬去戍边，汪直手下一时没有得力的助手，非常不爽。朱见深就跟他说：韦瑛是个粗人，那些大臣跟他没法沟通，所以才一定要把他赶走。我

---

① 《明史·列传第五十九·王越》："汪直行事亦甚公。如黄赐专权纳赂，非直不能去。商、万在事久，是非多，有所忌惮。二公入阁几日，何亦为此？"

② 《明宪宗实录·卷一百六十六》："不然，某等言事，为朝廷，非为身谋也。设使汪直行事皆公道，朝廷置公卿大夫欲何为？"

建议你去找个文字好又能干的人来给你帮忙。

　　汪直就去找，有人跟他推荐说锦衣卫吴绶不错。汪直把吴绶找来，让他写了两篇文章，看了之后非常满意，跑去跟朱见深说：找到了。朱见深随即下令把吴绶破格提拔为锦衣卫指挥使，主管镇抚司。镇抚司是锦衣卫里面负责抓人和审讯的部门，是锦衣卫的核心部门。朱见深这么干其实就是把锦衣卫交给了汪直管理。

　　这两件事释放出了很明显的信号：汪直没有失宠，皇帝仍然打算继续重用他。

　　御史戴缙和王亿看到了这个苗头，就上疏为汪直辩护："太监汪直厘奸剔弊，允合公论。""汪直所行，不独可为今日法，且可为万世法。"

　　更绝的是，戴缙的奏章还针对商辂所说的北京闹妖怪是应到西厂身上，反驳说："自古人臣，一遇灾变，辄自修省，以回天意。乞令两京大臣自陈。"[①] 也就是说，闹妖怪这种不祥之兆不是你们说要应到西厂就应到西厂的，古代大臣遇到这种情况是要反躬自省的。我们建议让各位大臣自己上奏反思自己的过错，说明自己该留任还是辞职。

　　戴缙和王亿在此之前跟汪直都没有交往的记录，而且他俩都是级别比较低的御史，平时都是到外地巡视，很少回京，跟汪直也没有直接沟通的渠道。从当时的形势来看，这次上奏有一定的投机性质。上了这篇奏章之后没多久，这两个人就都被升了官。但也可能是他们本来就觉得西厂的反腐败干得好，原本不敢说话，受到项忠被逐、吴绶升官的鼓舞，才决定出头为汪直申冤。

　　戴缙和王亿具体怎么想的，我们不知道，反正朱见深看了之后大喜过望，

---

① 《明宪宗实录·卷一百六十七》："庚戌监察御史戴缙言：近年以来，灾变荐臻，伏蒙皇上谕两京人臣同加修省，夫何训诰彰彰而听之藐藐？未闻大臣进何贤才、退何不肖以固邦本，亦未闻群臣革何宿弊、进何谋犹以匡治理。唯太监汪直，缉捕杨晔吴荣等之奸恶，高崇王应奎等之赃贪，又如奏释冯徽等冤抑之军囚，禁里河害人之宿弊，是皆允合公论，足以服人而警众者也……自古人臣，一遇灾变，辄自修省，以回天意。乞令两京大臣自陈。"

马上下令重开西厂，汪直任西厂提督。而且，朱见深表示同意奏章所言，让大臣们上奏"自陈去留"。

闹妖怪这种事情，本来就不宜在政治斗争时讨论，商辂非要扯进来扣到西厂头上，这下被反戈一击，哑巴吃黄连，有苦说不出。既然皇帝都说了京城闹妖怪，大臣也有责任，让大家自陈去留，作为内阁首辅总不能说自己表现良好、没有责任吧？商辂只能上奏请求辞职。朱见深立即批准。跟着被赶走的，还有左都御史李宾等十几位在弹劾西厂时表现积极的大臣。

四、狠心治国：不换思路就换人的成化皇帝

汪直复出，火力更猛。

第一个拿来开刀的，就是南京守备太监覃包。

南京守备太监是代表皇帝镇守南京的人员，在太监里面排名仅次于司礼监掌印太监和御马监太监，一定是皇帝非常信任的人物。这个覃包也是在朱见深当皇太子期间就伺候过他的。正因为这一点，他才能负责镇守南京。

本来汪直没去查他，而是派亲信韦瓒（韦瑛的弟弟）去福建继续查"杨晔案"涉及的地方官员。韦瓒走到南京附近就听说了覃包的不少劣迹，顺便记录了下来。因为韦瓒四处打听覃包的事迹，引起了驿站官吏注意，秘密向覃包报告。覃包立即派人去把韦瓒抓了起来，搜出了韦瓒的记录。刑讯之下，韦瓒承认自己是"假冒"西厂办事人员来调查的。覃包于是把韦瓒押送北京，交付西厂处置。汪直立即向朱见深报告此事。朱见深下令调查，经过核查事情属实，于是将覃包革职，罚往孝陵司香（负责每天给朱元璋的坟烧香，是低级太监的工作，跟前东宫太监王纶被贬往孝陵种菜是类似的处罚，司香比种菜能轻松一点）。

第二个开刀的，是南京内官监太监覃力鹏。内官监太监比守备太监低一级，也是极有权势的人物。这家伙用上百艘官船往北京运送私盐，行至山东河北交

界处的武城县甲马营（今甲马营镇）时，巡查人员向武城县令报告。县令派典史率人盘查，覃力鹏拒绝检查，让手下殴打典史，打死一人，打伤多人。

汪直接到报告后立即展开调查，然后将覃力鹏逮捕，并强烈要求判处死刑。朱见深刚开始表示同意，但后来经不住覃力鹏不断托人说情，还是宽宥了他，改为跟覃包差不多的处罚。

接下来，就是驸马樊凯指使手下打人，致伤人命。汪直接到报告，让吴绶把樊凯下锦衣卫大牢，审问属实后奏请朱见深法办。朱见深说：樊凯不守法度，恣意非为，看在公主的分儿上，姑且从轻发落。判革去驸马冠带，穿着普通监生的衣服去国子监读书习礼，每年减少 500 石的俸禄。[①]

从上面汪直处理的几个案子来看，他收拾的都是一般人得罪不起的皇亲国戚、权势太监、高官子弟等。汪直谁的面子也不给，把帝国最大的几个利益集团全部得罪了一遍。几个大案办下来，对这些无法无天的权贵应该是有所震慑的。而对这些人如何处置，又都要上报朱见深批示。汪直只有侦查、逮捕、审讯之权，审判和定罪则必须经过文官掌握的"三法司"（刑部、大理寺和都察院）[②]，而最终如何处理还是皇帝拍板。实际上，这才是明朝所谓"宦官专权"中比较有代表性的情况：宦官只是皇帝监察百官的工具，而不能架空皇帝的权力。

成化十三年（1477 年）十一月，西厂复开之后不久，汪直上奏：

最近捕获大量盗贼，多是各地军户逃跑后潜住在京师的人。这些人没有户籍，难以管理。如果大规模缉拿，难免会惊疑扰民。

[①] 《明宪宗实录·卷一百九十卷》："驸马都尉樊凯私淫使婢，纵暴致伤人命为太监汪直发其事，下锦衣卫鞠治，得实情，置于法。上以凯不守法度，恣意非为，姑宥其罪，令戴平巾送国子监读书习礼，仍革去禄米五百石。"

[②] 刑事审判权在刑部，"交付法司"一般是指交到刑部审理。大理寺负责复核刑部的审判结论，为冤假错案平反等。都察院负责监督审判过程。重大案件则需由这三个部门会审，称为"三司会审"。

请求诏命都察院发文：限其一个月内到官府登记。首次自首的仍发回原卫所服役，免究其罪。如果隐匿不报，被查出来后要发配到边疆，并且罪连其投奔的主家。如果真是因贫困难以返乡的，审查其来历没有问题，可以编到北京附近的卫所，发给粮食。[1]

这份看似普通的奏章包含了大量的信息，与西厂的建立有重大关联，需要详细分析一下。

首先，汪直在奏章里面提到了大量军户逃亡。这个军户是朱元璋建立"军屯"制度的产物。这些人的户口种类是"军户"，世代以当兵为业。国家在驻军地附近发给他们土地，他们需要自己耕种，上交粮食充作军粮，还要定期参加军事训练和出征。他们可以娶妻生子，生活在当地，子孙后代也必须有固定的参军名额，保证兵源供应。这样国家就可以减少从内地招兵和运粮的麻烦。

随着军队的腐败，军官们大量侵占普通士兵的土地、克扣士兵粮饷。但是，这些"军户"该交的粮食和应该承担的参军义务还是得承担，他们就很难依靠军屯制度生存了，因此被迫大批逃亡。

这些人逃离其户口所在地以后就成了无业游民。其中有些人跑到荆襄地区聚集，还有些人跑到东南沿海进城务工。还有一部分人则跑到了北京，到某些大官人的府里当个杂役，这样生活下去比较容易。

明朝中期的流民问题并不是农业生产率提高的结果，而是整个官僚体系腐败、土地兼并加剧的结果。军屯的破坏只是其中一种情形，还有很多普通农民也面临着同样的窘境：土地没有了，但税负和徭役还要继续承担，这些人只好逃

---

[1] 《明宪宗实录·卷一百七十二》："太监汪直言：近日累获盗贼，多四方逃军民，潜住京师者，诈冒投托，游荡为非，无所不至。因无籍贯，难以查考。欲令校官访执，未免惊骇扰众。乞敕都察院移文该管官司，听其一月之内赴官。首告者仍发原卫所州县者役，免究其罪。若隐匿不报，缉访得出，迁发极边，罪连所主之家。果有贫难不能还乡者，审其来历无碍，编注京卫军食粮，使其得所。"

离户籍所在地。于是才有了大量流民出现，北京也成了重灾区。

从这份奏章透露的信息来看，前面所谓的北京地区不断闹妖怪，还有妖人勾结宦官进入皇宫被发现，并不是什么"不祥之兆"，应该是北京地区治安形势恶化的表现。各种非户籍人口都跑到北京待着，鱼龙混杂，肯定会不断闹各种幺蛾子出来。

朱见深居住在皇宫之中，对治安状况此类小事的详情应该不甚了解。文官们也不会向他汇报这种小事，只有出现像荆襄起事这种大事才会向皇帝报告。等到北京地区不断地发生各种诡异事件，连皇帝自己都听说了以后，朱见深才警觉起来，于是派汪直乔装出宫打听消息。

这种初步尝试的结果，一方面让朱见深对汪直的办事能力更为信任，另一方面也让他发现，社会问题原来比文官们报告的情况严重得多，必须想办法整顿。这才决定建立西厂。

西厂成立后，汪直上奏所谈的事情有两类最多：一类是权贵腐败的大案要案，另一类就是如何处理军户逃亡问题、如何完善边疆地区的军事制度。后面这一类问题一直都有，也是朱见深密切关注的问题。

从这个角度来说，西厂的设立并不只是朱见深宠爱汪直这么简单，而是明朝中期官场腐败和土地兼并加剧的必然产物。

开国之后，朱元璋当了 10 多年皇帝，慢慢发现文官集团太腐败，靠不住，于是建立了锦衣卫；等朱棣上台，发现锦衣卫也容易跟文官集团走得比较近，也不是很靠得住，又另外建立了东厂；到了朱见深时代，太监们也跟贪腐集团同流合污了，于是又不得不挑选最亲信的太监来另外成立西厂。这已经是皇帝与官僚集团较量的第三个回合了。实际上，这也是皇帝手里面的最后一张牌了。在反腐败这条道路上，皇帝真的快成孤家寡人了。

朱见深的治国思路到目前为止可以很清楚地分为三个阶段：

第一个阶段是成化九年（1473 年）之前，这个阶段的核心任务是"治乱"，也就是先把各种地方的乱局紧急镇压下去，恢复基本的和平局面，为后续治理打下基础。在两广、荆襄、宁夏、建州发生的一系列战争都是在这个阶段完成的。

第二个阶段是成化十年（1474 年）到成化十二年（1476 年），这个阶段的工作重点是"治民"。从韩庸致仕开始，国家政策从军事镇压向地方治理转变，其最高潮就是荆襄地区的治理。

第三个阶段是"治吏"。重点区域的治理形势全面好转以后，朱见深的注意力就转移到全国官吏的整体治理上来了。从成化十三年（1477 年）建立西厂开始，朱见深利用自己亲自培养的太监汪直，对严重腐化的权贵势力进行打击。

为了治理好这个国家，朱见深确实也是够累的，主要应该是心累。他在不同的阶段任用不同的官员，每到一个新阶段，都必须狠心跟前一个阶段并肩作战的战友们决裂，也就是现在说的"不换思路就换人"。

为了当个好皇帝，他必须把尽心伺候自己多年、最亲近的太监王纶狠心罚去做苦役，而重用李贤等文官大臣；为了从战争转向治理，必须强迫默契配合多年的韩雍退休养老；为了治吏，重用汪直，必须将自己冒天下之大不韪提拔起来的项忠下狱治罪（从史料记载来看，项忠案有可能是幕后黑手制造出来的一个冤案，而这个幕后黑手就是皇帝本人）。

还有就是商辂，这是明朝历史上官方认可的唯一一个"连中三元"的大才子（也就是在地方的科举考试中得了第一名"解元"，到中央科举考试中再得第一名"会元"，然后再在皇帝亲自主持的金銮殿殿试中获得第一名"状元"）。

商辂是朱祁镇点的状元。"土木堡之变"后朱祁镇被俘，商辂与于谦等人一起拥立了朱祁钰。然后，朱祁钰想要废掉朱见深另立自己的儿子为皇太子。在此过程中，商辂是支持朱祁钰的，并得到朱祁钰的重用。朱祁镇复辟后，把商辂贬为平民。

朱见深登基以后，认为商辂很有才能、做事公允，将他官复原职，并提拔进入内阁。凡是有人提到商辂当年参与废立太子之事，朱见深总是予以严厉谴责，说："唐太宗可以重用魏徵（李世民杀掉哥哥李建成当上皇帝，魏徵是李建成的旧臣），我重用商辂有何不可？"

商辂确实很能干，颇有政声，提了很多改革建议，都被朱见深采纳。李贤和彭时去世以后，朱见深就让他当上了内阁首辅。从"连中三元"到百官领袖，朱见深帮助商辂实现了读书人的最高理想。商辂成为中国科举制度只有在理论上才能出现的完美代表。

现在，为了一个14岁的小太监汪直，朱见深又要把商辂赶走。

朱见深守着一个比自己大17岁的万贞儿尚且终生不渝，想必他也不是无情的人，却在国家治理中一轮又一轮地翻脸不认人。每一次辞旧迎新，他心里应该不会很好受吧。

五、文官堕落：社会精英的利益集团化

尽管朱见深有心治吏，但作为一个在深宫中长大的皇帝，他对腐败的痛恨程度和反腐败的魄力跟朱元璋比起来还是差得很远。比起他"治乱"和"治民"的成绩来说，他"治吏"成绩也就要差一点。

对杨晔父子这种跟他没什么直接联系的官员，朱见深下手相对来说要重一些。虽然免除了杨泰的死刑，但抄了家，杨家基本就败落了。还有几个被判充军，也算比较重的。到了自己的亲信太监覃包这里，同样是腐败加人命案件，只作革职处理，没有抄家或者充军。最后轮到驸马爷，人命案件也就只是罚几百石米就算完事，已经轻得不能再轻了。

相比之下，汪直在反腐败方面比朱见深要激进得多，对涉嫌腐败的官员用刑很重，而且屡次要求死刑，但都被朱见深否决。从最终处罚结果来看，朱见深还是希望通过斥革一批腐败的官员、换上一批相对清廉的官员来实现吏治的清明，而对通过严刑峻法来震慑腐败兴趣不大。

至于汪直的态度，十四五岁的他对腐败和清官应该抱着一种比较单纯的看法，类似于清官是好人、贪官是坏蛋之类。他是万贵妃和朱见深共同培养出来的。朱见深本人就对圣君贤相那一套儒家理论非常重视，后来专门给皇太子朱祐樘写了很多大谈儒家理想的信进行教育，结果培养出来一个儒家理想色彩很浓的皇帝。

汪直受朱见深的影响，对文官集团中的精英分子实际上是很敬佩的，一直积极向文官集团靠拢，学着大臣们的样子，向皇帝上奏提出各种治国平天下的政策建议，而不仅仅满足于抓贪官。在路上遇到项忠，虽然错过了，汪直还要追回去打招呼并且道歉，看起来应该是一个有礼貌、有教养的好孩子。

《明史》里面说，嘉兴知府杨继宗以廉洁而出名。有一次进京朝觐，汪直想去拜访他，结果吃了个闭门羹。朱见深曾问汪直：在这批朝觐的官员中，有谁比较清廉？汪直说：这里面不爱钱的，只有杨继宗。

没过多久，杨继宗就被破格提拔为浙江按察使（分管一地的法律治安）。在浙江任上，他把镇守太监张庆得罪了。张庆的哥哥张敏是朱见深身边的亲信太监（就是《明史》里面说的把朱祐樘秘密抚养长大的那个张敏），就想让哥哥在朱见深面前说杨继宗的坏话。刚提到杨继宗的名字，朱见深就问："你说的就是那个不爱钱的杨继宗吗？"张敏听了吓得不轻，不敢再往下说了，之后赶紧给张庆写信说：不要惹杨继宗，皇帝知道这个人。

还有一次，汪直到外地巡视，各地官员见了都恨不得往死里巴结奉承，只有河南巡抚秦纮不怎么认真接待，摆出一副很瞧不起太监的样子。回到北京以后，朱见深问：地方上有没有什么贤能的官员？汪直说：我看只有秦纮是有真本事的，其他人都是溜须拍马之徒。朱见深听了就笑起来，拿出一份奏章给汪直看，竟然是秦纮弹劾汪直的，说他出巡阵势太大，随员数量和接待标准都严重超标。汪直见了就连忙请罪，说秦纮奏得对，并不改变对秦纮的评价。秦纮也很快被提拔。

从这些事情看得出来，汪直并没有让自己站到文官集团的对立面，像项忠这种作战英雄和杨继宗这种清官几乎就是这个 10 多岁的小孩子崇拜的偶像。但是他的偶像们却辜负了他。项忠的反应前面已经说了，杨继宗则做得更过分。

汪直多次想去拜见杨继宗，都被他以公务繁忙为由拒绝了。过了几年，杨继宗的父亲去世了，他回家服丧。这下该有空了吧？汪直就直接跑到杨继宗家里去了。见面之后，汪直很开心，用一种带点开玩笑的亲昵口吻跟他说："原来杨继宗就长这个样子啊？"

想不到，杨继宗冷冰冰地来了一句："我是长得不怎么样，但身上的东西一件不缺，没有辱没祖宗。"

跟一个太监说这种话实在是相当过分了啊。

汪直也没有说什么，就告退了。

后来汪直也没把杨继宗怎么样，朱见深又多次提拔杨继宗。杨继宗也确实在地方上做了一些事，包括在嘉兴大兴社学，下令凡是儿童年满 8 岁而不送去学习的，就处罚他的兄长。[①]

杨继宗辱骂完汪直之后，朱见深立即就给杨继宗升官，让他担任顺天巡抚，也就是北京地区的一把手。杨继宗果然对所有权贵一概不买账，把他们侵夺的民田通通夺了回来，归还原主；后来朱见深又派他去巡视北方的边防，杨继宗又弹劾了一批腐败军官。

从这些故事也可以看出，汪直到各地巡视，能够弹劾官场腐败，发现德才兼备的人才。他向朱见深推荐清廉能干的官员，对成化年间的吏治清明起了很重要的作用。毕竟朱见深和汪直再勤快，也不可能什么事情都管起来，国家最终是要让文官集团去管理的。一批像秦纮和杨继宗这样的官员得到重用，一批像杨晔、覃包这样的贪腐分子遭到严惩，国家治理状况很快就大为改观。

---

① 这是朱元璋洪武八年（1375 年）的规定，但后来逐渐废弛了。杨继宗又重新开始严格执行这个规定。

但是，反观文官集团自己的态度，以项忠和杨继宗为代表，他们始终秉持一种反宦官的非理性狂热：完全脱离事情本身的是非曲直，不惜违反基本的礼仪，都不能跟宦官沾上一点关系。然后就会被文官集团赞扬为刚直不阿，有古代的大臣之风。

这些事情说明，到了朱见深时代，文官精英的"利益集团化"倾向已经非常明显：一切以集团划线，而不以国家利益来区分善恶。凡是试图从文官集团手中拿一点权力出去的人，都是十恶不赦的坏人。

有些文官中的精英分子可能本人很清廉，比如杨继宗，也很支持反腐败等强国安民的措施，但如果把这些事情交给他们集团之外的人来做，那就绝不允许。这是因为，宦官与文官的斗争已经持续了 1000 多年，而历史一直是由文官来书写的。后代的儒家知识分子阅读这些被扭曲了的历史，即使完全出于正直公正的考虑，也会坚决站到反对太监干政的立场上来。他们一切以书上说的为准，即使现实情况与书本知识明显矛盾（比如太监汪直的所作所为本身明显是利国利民的），也拒绝反思。这种做法正是他们思想僵化的表现。

如果国家的精英分子如此思想僵化、党同伐异，那这个国家是很难治理好的。

类似的事情很多，像汪直这么聪明的人应该很快就会发现，不管他做的事情是好是坏，文官集团都不会接纳他。那些他以前钦佩的英雄、清官，其实大部分也不过尔尔，再加上朱见深在处理贪官的问题上总是毫无道理地一再从轻处罚，汪直费心侦破各种案件往往起不到期望的效果。这种"有心杀贼、无力回天"的局面，让年少的汪直感到越来越厌倦了。

正好在这个时候，边境传来消息：镇守辽东的陈钺和马文升起了冲突。陈钺想要严厉打击建川女真，而马文升则主张和平共处，以安抚为主，不准陈钺生事。两人互相弹劾，闹得不可开交。汪直就上奏请求去辽东看看。朱见深刚开始不同意，只让汪直派人去调查，但效果并不理想，最终还是同意汪直亲赴辽东。

六、成化犁庭：进剿建州女真

建州女真是消灭北宋的金人的后裔。他们居住在今天中国和朝鲜边境夹角的一块地方，大致在吉林省西部。建州女真是女真族中最靠近明朝边境的一部，也是文明程度最高的一部，已经进入了农耕社会。北边还有海西女真、野人女真等，那就是纯粹的游牧民族了。

明朝在朱棣的时候征服了这一地区，设立建州卫，任用女真人来管理。后来又采用"分而治之"的办法，分出来了建州右卫和建州左卫，与原来的建州卫并称"建州三卫"。到了朱祁镇时代，明朝国力衰落，建州卫的首领李满住联合起建州三卫，反叛明朝，开始不断入侵辽东地区。

他们一会儿要求参加朝贡贸易，一会儿又说明朝给的朝贡条件不够优惠，所以跑到边境来抢东西，强烈要求提高入贡的人数和货物数量，反复闹了很多次。

朝廷一直在争论这个问题的解决方案，主战派认为女真人不服管教，应该好好教训教训；主抚派认为女真叛乱都是激出来的，应该给予更多优惠，这样他们就不闹了。

两派观点各有各的道理。明朝的朝贡贸易制度确实比较僵化，每年来朝贡的次数，每次来的人员数量、货物数量都有限制。堵住了通过贸易赚钱的路子，人家就只能动手抢。这就是主抚派的理由。但是，主战派认为女真人确实不是很讲信用，之前给过不少优惠，但真的到了有机会抢点钱粮的时候又会忍不住干一票；抢完之后又表示道歉，说不好意思上次没忍住，以后我们一定好好入贡。

汪直到辽东调查一番之后，很快就成为坚定的主战派，弹劾马文升。

马文升倒也没什么过错，他跟陈钺的差别只是一个主战一个主抚而已。但朱见深见了汪直的奏章，立即把马文升下狱论罪。因为朱见深本人骨子里也是铁杆主战派。从对付荆襄流民的手腕就能看得出来，他不太相信和平主义，比较倾向于用暴力解决问题。成化三年（1467 年）下令进剿建州女真的时候，朱见深的命令是："捣其巢穴，绝其种类。"

成化三年（1467 年）那次已经杀得比较狠了。这次朱见深下狠心的原因是接到奏报，女真军队大举夺取民财、掳掠人口，"自开原以及辽阳六百余，数万余家率被残破"[①]，乃下定决心报复。大将赵辅率军 5 万，兵分五路进剿建州女真。[②] 同时，朱见深又命令朝鲜派出军队，全力配合明军进剿。经过一个月的围剿，明军斩首 730 余人[③]，俘虏 240 余人，救回了被女真掳走的辽民 1165 人[④]。李满住（后来建州女真改称"满洲"，可能就是从他的名字而来，即"李满住的建州女真部"之意）和他的儿子被朝鲜军队斩杀。另外一个首领董山（建州右卫首领，努尔哈赤的五世祖）也被明军设计抓获，在押送途中董山因试图逃脱被杀。

在这次征讨中，铁腕无情的朱见深杀掉了满族人最重要的两个祖先，难怪其功绩后来被《明史》大力抹杀。

十多年过去了，建州女真逐渐恢复实力，又开始以朝贡贸易受阻为由，不断侵犯明朝边境。

明成化十五年（1479 年）十月，朱见深批准了汪直的申请，再次下令进剿建州女真，由汪直监督军务，抚宁侯朱永为总兵，巡抚陈钺参赞军务，统帅大军，征剿建州。这次远征，汪直是实际上的统帅。传统规矩是文官统兵，但文官陈

---

① 参考《明宪宗实录·卷四十四》。

② 赵辅《平夷赋》："通得京营与辽东汉番官军五万余众，各秉忠赤，咸奋敌忾，俱以成化丁亥三年秋九月二十有四日兵分五路，深入虏地。"

③ 《明宪宗实录·卷二百一十》："武靖侯赵辅上疏，自叙初征两月叛贼，凡斩首二万三千二百一十有七级，次征建州叛贼，斩首七百三十五级。"

④ 根据《明宪宗实录·卷四十七》中赵辅的两次奏报数据汇总而成，其中俘虏包括"生擒"和"俘获男妇"的数量总和，救回人口为数次"夺回被掳男妇"人数之和。

钺只是"参赞军务"而不是"提督军务"，武将朱永与他平起平坐，汪直才是最后的仲裁者。

十二月，汪直等上奏报捷："建州贼巢在万山中，山林高峻，道路险狭。臣等分为五路，出抚顺关，半月抵其境。贼据险迎敌，官军四面夹攻，且发轻骑焚其巢穴。贼大败，擒斩六百九十五级，俘获四百八十六人，破四百五十余寨，获牛马千余，盔甲军器无算。"①

辽东地区的十二月是极为寒冷的，野外夜间温度可以到 -20℃ 以下，白天气温也在零度以下。在这个呵气成冰的季节，明军用半个月的时间翻越白雪皑皑的长白山山脉，然后对据守山寨的女真人发动进攻，必然是一场十分艰苦的战斗。这是从小在皇宫中长大的汪直从未体验过的。但初次出征，他就取得了明朝历史上对建州女真最大的一次胜利。

这场战争的很多具体细节后来在各种史料中被删除了。因为建州女真的后代最后取代明朝统一了中国，明朝的历史由他们来负责整理，所以汪直和朱见深在《明史》里面都被写得一塌糊涂。尤其是汪直，本来文官集团在记录历史的时候就很喜欢抹黑太监，加上他又把清朝皇帝祖宗的老巢给一把火烧了，清朝的史官们在抹黑汪直的时候非常肆无忌惮，功劳什么的能抹杀就抹杀，过错什么的能放大就放大，将他的任何行为都从最阴暗的角度去分析。

比如，陈钺看不惯某人，不断在汪直面前说此人的坏话，想让汪直去给皇帝告状，说了半年（是半年，不是半天）汪直都没理会。结果这个人生病退休了，《明史》里面竟然把这事儿也当成了汪直的污点来记载，说这个人运气好，还好退休了，不然肯定要被汪直陷害。这种逻辑也确实是荒唐至极。

正因为如此，这么一个文能治国、武能安邦的少年英雄，在史书上竟然成了无恶不作的所谓"权宦"。

---

① 参见《明宪宗实录·卷一百九十七》。

不管怎么写，1479 年这次远征的重要性是不言而喻的：此战之后，建州女真消停了 100 年，一直到努尔哈赤时代才重新崛起。从中华民族的发展史来看，这只是一场内战，跟镇压荆襄、两广的起义一样，这次战斗对维护国家整体和平，保障中华文明核心区的民生幸福具有重大意义。

这次进剿，以及上一年陈钺在反击女真入侵中取得的胜利，再加上成化三年（1467 年）赵辅的那一次胜利，这三次对女真的军事胜利合称为"成化犁庭"，也就是"在成化年间，明朝对女真部落进行了毁灭性打击，就好像对一片长满花草的庭院，用牛拉着犁翻过一遍一样"，清理得干干净净。汪直只是负责了其中一次，整个过程真正的主导者还是皇帝朱见深。

七、奇袭威宁海：直捣鞑靼王庭的奇功

朱见深对三位统兵将领大加封赏。回到北京后，朱见深又让汪直掌管十二团营，也就是京城卫戍部队。这支部队是明朝最重要的精锐，原来一直由亲信武将掌握，再派亲信太监监督，皇帝才能放心。但现在朱见深竟然直接让太监掌管，可见其对汪直信任之深。更何况此时的汪直还掌握着西厂和锦衣卫，朱见深简直就是把身家性命都交给了汪直保卫。

不过，对这样的荣耀和责任，汪直好像并不怎么放在心上。出去征战了一回之后，他就彻底迷上了边关战火，对内政事务不那么上心了。没过多久，他又请求朱见深派遣他和王越共同去防守大同。

王越就是汪直被弹劾后第二天跑去跟内阁争执的那个都察院长官。他跟韩雍、项忠是朱见深时代最能打仗的三员大将。这三个人都是进士出身，真想不到考八股文竟能选拔出来如此生猛的武将，而且一下就是三个。而在这三个人当中，最厉害、最生猛的，就是王越。

历朝历代，非军功不能封爵，明朝也是如此。而文官虽然有军功，一般也

不封爵。当然，实在功劳很大的也可以例外。整个明朝276年的历史上，科举出身的文官被封爵的只有三个人，都姓王。第一个是朱棣时期的王骥，第二个就是王越，第三个则是心学大师、正德时期平定宁王叛乱的王守仁。

王守仁是王越的忠实粉丝。他对人讲过一个故事，说他在考进士之前做了一个梦，梦见王越亲手赠给他宝剑，把他激动得不得了。后来，王越在家乡病逝，朝廷命王守仁去给王越修建坟墓。王守仁尽心竭力，很快就把墓修好了。王越的家人很感激他，要给他钱，王守仁坚决不收，他们就把王越生前用的剑送给他。王守仁想起之前做的那个梦，大吃一惊，不敢推辞，就收下了。后来他就跟王越一样被封爵，成了明朝最后一个被封爵的进士。

王越确实是个奇人，在满朝文武都敌视汪直的时候，唯独他跟汪直走得最近。此时王越已经五十多岁了，而汪直才十四五岁，论年龄他可以当汪直的爷爷。但二人经常一起聊天，谈得非常热络，而且应该聊得很深入。后来汪直跟王越闹矛盾，王越还威胁汪直：你再不给我面子，我就把当年你跟我讲的宫廷秘闻捅出去。汪直很快就服软了。

汪直被弹劾，第一个出头为他说话的就是王越。

在认识汪直之前，王越早就已经军功赫赫了。韩雍和项忠在南方平乱的时候，负责在北方防守蒙古部落的就是王越。虽然主力南下，北方的兵力相对空虚，但王越还是不断地取得胜利。

这些胜利基本都是小胜，因为当时蒙古部落已经开始恢复强大，而明朝军屯制度废弛，明军主力又在南方，防守已经非常费力。只是因为王越实在水平太高，每次遇到蒙古部落入侵，总能抓住机会出奇兵，所以看起来竟然对蒙古部落占据了优势。等到成化八年（1472年），项忠平定荆襄的战争基本结束，朝廷就开始不断地给王越施加压力，要求他把蒙古部落彻底赶出河套地区。

河套，就是阴山以南、长城以北的黄河中游平原。这个地方是明朝的传统势力范围，已经农耕化，是重要的粮食产地，但也有未经开垦的大片草原。汉民族和蒙古族等少数民族杂居于此。

阴山以北的蒙古草原冬天非常寒冷，所以蒙古部落就经常到这里来"过冬"，顺便抢劫一把（也可以说主要是来抢劫的，顺便过冬）。蒙古骑兵越过阴山并不容易。但明军也不好在长城以北进行防守，基本就是据守在"大同—榆林—银川—张掖"这一带的长城据点，建立了宣府、大同、太原、延绥（榆林）、固原、宁夏（银川）、甘肃（张掖）七大军事重镇，跟防守建州女真的蓟州和辽东两镇一起，并称为"九边重镇"①。蒙古军队来了，明军就出长城进行打击，打完了再回到边镇守着。所以，这里就成了蒙古部落和明帝国反复争夺的地区。

王越上书表示坚决反对"搜套"行动。因为他很了解明军边防废弛的情况，认为现有兵力不足以清空河套的蒙古部落，目前河套边镇总共才有 8 万军队，这是远远不够的，要"搜套"起码也要 15 万军队。但是朝廷议论的结果是，原来北边打建州女真和南边打荆襄的时候，河套边镇军队也就四五万，你王越都能不停地打胜仗，现在守军增加到 8 万了还不行？还想要 15 万？肯定是你畏战。于是弹劾的奏章也是一个接一个。

朱见深比较信任王越，把这些奏章都压下来了。但王越的压力也越来越大，如果不能尽快取得一个重大的胜利，可能真的要获罪了。

事实证明，对王越这种军事天才，只要给他施加点压力，他的潜能就是无限的。被逼急了的王越一咬牙，拼了。成化九年（1473 年）九月的时候，趁着蒙古（鞑靼部）可汗满都鲁大举入侵河套，王越探听到了满都鲁把后方驻地设在红盐池（河套地区的一个湖泊）附近，于是决定冒险绕过蒙古骑兵主力，突袭其大后方。王越亲自带领 4600 精锐，加上许宁、周玉等人共计 1 万部队，昼夜兼程，两天两夜急行 300 余里。探知敌营具体位置后，由许宁、周玉负责周

---

① 魏东洲《皇明九边考》："初设辽东、宣府、大同、延绥四镇，继设宁夏、甘肃、蓟州三镇。镇守皆武职大臣，提督皆文职大臣。又以山西镇巡统驭偏头三关，陕西镇巡统驭固原，亦称二镇，遂为九边。"括号内的名字为镇治所的所在地。

边布防，王越亲自带领数千骑兵奇袭红盐池。[①]

在距离驻地还有 20 里的时候，鞑靼部发现了王越，一方面紧急派人告知满都鲁，一方面集结余部出战。王越轻骑突击，很快突破了对方防线，斩首 350 余人，获驼马牛羊器械物资无数，把搬不走的各种物资如帐篷、房屋等一把火烧了个精光。

满都鲁接到后方被袭击的消息，急忙率军撤退。刘聚等明军将领早就按照王越的安排在路上设下了埋伏，一路不断追赶伏击，又斩杀 200 余人[②]。满都鲁等返回红盐池的时候，发现妻子、畜产已荡尽，全军"相顾痛哭"，急红了眼想要报仇，开始追击王越。

满都鲁也是气晕了头：从红盐池派人送信再到他返回红盐池用了很长的时间，突袭部队难道不是应该早就跑远了吗？眼看着王越的帅旗就在前方，当然要不顾一切地冲上去报仇。

结果是，满都鲁被王越带进了埋伏圈，大败。

这一仗打得鞑靼军队心惊胆战，数年内不敢再进入河套地区。王越冒着巨大的风险，以身诱敌，虽然没有全面地"搜套"，但前后只动用了约 2 万军队，就基本达到了让鞑靼骑兵远离河套地区的目的。

这是数十年来对蒙古部落取得的最大胜利，朱见深非常高兴。为了表彰王越的功绩，他专门设了一个"三边总制"的职位给王越，也就是甘肃、宁夏、

---

① 《明宪宗实录·卷一百二十一》："与总兵官许宁、游击将军周玉各率兵四千六百，从榆林红山儿出境，昼夜兼行百八十里，夕营于白咸滩北。又行一百五十里，探知虏贼老弱俱在红盐池，连营五十余里。乃取弱马分布阵后以张形势，精骑令许宁为左哨，周玉为右哨，又分兵千余伏于他所……擒斩共三百五十五，获其驼马牛羊器械不可胜计，烧其庐帐而还。"可知此战王越、许宁、周玉各带兵 4600，共计 1 万余人，两次昼夜急行军，一次 180 里，一次 150 里。

② 《明宪宗实录·卷一百二十二》："陕西参赞军务左都御史王越奏韦州之捷……宁夏大同宣府延绥总兵等官范瑾周贤岳嵩俱率兵至……虏散复聚，战十余合，大败而奔，弃辎重军器满野。至十四日，总兵官刘聚又邀败之于三岔，共斩首一百四十九。"由此可知，蒙古军在红盐池之败后余部多次遭遇明军伏击，明军获首 149 级，则实际累计击杀数当在 200 以上。

延绥三大军事重镇的总指挥，各镇的总兵、巡抚都要听其节制。

由于这一仗打完之后蒙古部落就基本不怎么来河套骚扰了，朱见深很快又打起了"鸟尽弓藏"的小心思。成化十三年（1477 年），也就是逼走韩雍之后的第三年、从荆襄召回项忠之后五年，朱见深也把王越从边关召回北京，让他当起了都察院的长官，取消了他的兵权，而派"工程专家"余子俊前往榆林地区大力修建长城。这说明朱见深对河套地区的安全状况已经比较满意了，希望从积极进攻向巩固防守转型。

这个时间正好赶上汪直开设西厂，于是王越就跟汪直一起卷入了西厂撤销和重开的一系列风波。对这种作战英雄，汪直一向十分崇拜；对王越来说，跟汪直结交，除了意气相投之外，应该也有利用一下汪直、重新带兵打仗的意思。因为汪直是皇帝最信任的人，而且他很容易就试探出这个小孩子对战争充满了向往。

陈钺和马文升在辽东闹矛盾的时候，王越就撺掇汪直带上他去辽东打仗。但陈钺也看中了汪直对皇帝的影响力，在汪直到辽东的时候，陈钺带兵出城 50 里相迎，一路巴结奉承，兼说马文升的坏话。二人一拍即合，决定共同征讨建州女真，就没带王越去。

等汪直从辽东回来的第二年，也就是成化十六年（1480 年），鞑靼骑兵又开始来骚扰了。因为一年前满都鲁去世，没有儿子，鞑靼部就拥立了新的大汗，5 岁的巴图孟克（明朝一直很萌地把他称为"小王子"）继位。满都鲁的皇后满都海根据当时蒙古人的风俗，又嫁给了巴图孟克继续当皇后，成为鞑靼部落的实际统治者。

这个叫满都海的女人非常强悍，经常亲自带兵冲锋。在蒙古语文献中被描写为神话般的女英雄，武艺高强，能征善战，统治军事才能出众。32 岁的她坚持立巴图孟克为大汗，一方面是因为巴图孟克是"黄金家族"的成员，也就是成吉思汗的直系后裔；另一方面是因为巴图孟克年龄较小，有利于她掌权。这两个动机都说明满都海是一个很有雄心的女人，后者是为自己，前者则是为整个部落的复兴，二者并不矛盾。

满都海带着年轻的巴图孟克南征北战，不断教育他如何才能承担起复兴部落的责任。经过两年的战争，基本上平息了因为满都鲁去世带来的汗位之争。鞑靼部落又重新团结起来，红盐池之战的伤痛逐渐被忘却。鞑靼军队再次南下，开始入侵河套地区。

王越瞅准了机会，让汪直去请朱见深派兵征讨。

朱见深一般来说总会在第一时间批准汪直的申请，这次也不例外。汪直被任命为监军、朱永为总兵，王越为"提督军务"，前去征剿鞑靼。

对于这次出征，王越和汪直应该是早有预谋的。一年之前，汪直就上过一道奏章，说大同在朱棣、朱瞻基时代，有军马 16000 匹，但是最近几十年没有清点过，现在不知道还剩多少，请边境守将清点，数量不足的话及时补齐。[①]

这一检查，果然发现大同军马数量严重不足。为了把马匹补齐，当地层层摊派，搞得很多军户卖儿卖女才能完成任务。这件事情被史官郑重地记录下来，作为汪直的一大罪状。

成化十六年（1480 年）五月，户部又上报：全国各地大量积压食盐、米粮，这是由于汪直之前曾上奏说边饷紧缺导致的。

从军马和米粮的事情来看，汪直和王越早就商量好要在边境打一场大仗了。现代战争，判断对方军事意图的一个方式，就是观察对方有没有大规模地进行后勤动员。如果只是调动军队，那么很可能就是虚张声势。

等到朱见深真的批准出征的时候，汪直和王越已经提前做好了一切准备。

王越非常清楚鞑靼军队和明军的实力对比，正面的硬碰硬作战，明军并不

---

① 《明宪宗实录·卷一百九十五》："太监汪直言，永乐宣德时，大同十五卫有孳牧马一万六千，其后相继死亡，经三十余年，乃令追补。"

占优势。这一次他打算故伎重演。

经过探听得知，巴图孟克的王庭在威宁海子附近。这个地方不属于河套地区，而是要北上翻越阴山山脉才能到达。这对骑兵偷袭是非常不利的。阴山以北是蒙古部落完全控制的地区，跟河套地区的红盐池不同。明军对那里的道路与环境皆不熟悉，后勤补给和接应部队也完全没有，万一路上碰到蒙古骑兵那就只能是自认倒霉。

对这些问题，王越肯定是经过了充分的考虑和估计，并且跟汪直反复商量过，不可能是纯粹想赌一把。这两个岁数差了 40 岁的人能够聊到一块儿，很大原因就是他们都有足够的冒险精神。二人应该是一拍即合，并对这个计划感到十分兴奋。

大将军朱永是一个非常谨慎的人，以治军严谨而著称。他们估计朱永不大可能同意这种冒险作战，所以找了个借口把他支开了：说要分兵两路攻击鞑靼部落，让朱永带了上万人，前往河套地区寻找鞑靼骑兵的踪迹；然后王越和汪直从宣府和大同抽调最精锐的两万部队，从大同奔赴威宁海子方向。①

这又是一个寒冷的冬天。两万大军白天隐藏、晚上行军，沿途不断布下伏兵准备接应，经过 27 天的秘密行动，大约有一万骑兵到达威宁海子附近。

在发动总攻的前夜，突然下起了漫天大雪。

王越和汪直各自统帅一路，分道向王庭发起攻击。由于天黑而且下雪，敌人对此完全没有察觉。上万明军从天而降，很多人从睡梦中惊醒，起来抓起衣服就跑。

---

① 《明宪宗实录·卷一百九十九》："丁酉，命太监汪直、监督军务兵部尚书王越、提督军务保国公朱永为平虏将军印充总兵官，率京兵万人赴延绥御虏。"《明史·卷一百七十一·列传第五十九》："诏拜保国公朱永为平虏将军，自监军，而越提督军务。越说直令永率人军出南跐，己与直轻骑循塞垣而西，俱会榆林。越至大同，闻敌帐在威宁海子，则尽选宣、大两镇兵二万……永所出道迂，不见敌，无功。"可知三人从北京带出去了上万人，绝大部分交给朱永带走南路，汪直和王越另外从宣、大调集了镇兵两万去打威宁海。

这次雪夜突袭彻底摧毁了王庭，斩首430余人[1]，俘获马驼牛羊6000多头[2]。"小王子"巴图孟克逃脱，但是皇后满都海被杀。[3]

自从朱棣去世以后，蒙古部落在对明朝的作战中完全处于进攻的一方，所有战斗都在明帝国境内的河套地区开打。不管打赢打输，蒙古部落抢完了就退回大本营休息。这一次明军竟然翻过阴山摧毁王庭、击杀皇后，对因为军队腐败而长期处于守势的明朝来说，不可不谓为奇功。

这次胜利还有一个特别的意义，就是朱祁镇被瓦剌俘虏期间就被关押在威

---

[1] 斩首数量和杀敌数量不是一个概念。斩首数量需要士兵自己把头割下来，战后交给专门的报功官清点才算数，而且老人和妇女儿童不算。但是战场混乱，再加上放火烧掉不少尸首，斩首数量一般会远远少于实际杀敌数量。特别是这种奇袭作战，取胜后需要尽快撤退，没有足够的时间打扫战场。可对比万历年间明朝对战日本的战斗。明军先是攻克了平壤，然后又在城外设伏兵大败日军，战后是明军控制战场。后来明军报功在平壤斩首1250颗，后来的伏击又斩首360颗，一共是1610颗。防守平壤的小西行长兵力大约有15000人，战役结束后小西全军只剩6500人左右（桑田悦《简明日本战史》），减少8500人，死亡数量应该不会低于6500人。在明军有充裕的时间打扫战场的情况下，取得首级和杀敌的比例也就1∶4左右。

[2] 《明宪宗实录·卷二百一》："丙戌，监督军务太监汪直、提督军务太子太保兵部尚书兼都察院左都御史王越奏威宁海子之捷，云自二月二十二日，选调京营大同宣府官军二万一千，出自孤店关，夜行昼伏，二十七日至猫儿庄，分为数道，值大风雨雪，天地昏暗，急趋前进，黎明去威宁海子不数里，虏犹不觉。因纵兵掩杀，生擒幼男妇女一百七十一，斩级四百三十七，获旗纛十二，马一千八十五，驼三十一，牛一百七十六，羊五千一百，盔甲弓箭皮袄之类一万有奇。"

[3] 满都海是蒙古历史上的传奇女英雄，说她死于威宁海之战，并无史料直接记录。但有两个间接证据。第一个是《蒙古黄金史纲》中对满都海的记录非常多，但在威宁海之战后，相关记载就戛然而止了。一般认为如果满都海死于蒙古内部争斗，《蒙古黄金史纲》对这么重要的人物应该会有记录，因此她死于威宁海之战的可能性较大。另一个证据来自明朝方面，明宪宗加封王越为威宁伯，让王越成为明朝历史上第二个以军功封爵位的文官，这种超级荣耀似乎不是斩首400多可以获得的。而在加封威宁伯的诰命中，朱见深评价王越"与贼攻战者百九十合，戎王亦在所殪"（参考赵长海校注：《王越集》，中州古籍出版社，2009版）。这句"戎王亦在所殪"就是在说王越击杀了狄夷王者级别的人物，这应该才是王越能封爵的关键。满都海的前任丈夫、蒙古大汗满都鲁在威宁海之战前已经死了，死因是病故。此后她嫁给新任大汗巴图孟克。巴图孟克此时年纪尚小，满都海实际掌握大汗之权。巴图孟克活到了威宁海之战以后很久。在王越征战过程中，唯一可能击杀的可以被称为"戎王"的人物，只有可能是满都海。汪直和王越的奏章中没有提到此事，是因为夜袭来不及搞清楚情况，也可能是满都海受伤逃走后死亡。明朝后来通过其他情报渠道知道了满都海之死，才给王越封爵。

宁海子。朱见深当然特别高兴，破格把王越加封为"威宁伯"，可以世袭，让他成为明朝历史上第二个以文官身份封爵的人；至于汪直，因为是太监，则只能增加俸禄。

八、帝国铁骑：冶金技术与中原王朝的盛衰

讲到这里，我们对历朝历代中原王朝与北方民族交战的"成绩"作一个对比和分析。

汪直和王越取得了震动朝野的空前胜利，但实际也就斩首 430 余人。之前的红盐池之战，斩首数量还要更少一点。此外其他时间对蒙古骑兵作战，能够斩首 100 以上就算是大功了。虽然说杀敌数一般会比斩首数要多，但即使将斩首数翻个三四倍来估算杀敌数，也不过一两千，不算太多。

如果我们看一看汉朝，每一次重大胜利都是斩首 1 万多甚至好几万，动不动就长途奔袭上千里攻击匈奴骑兵主力部队。甚至到了东汉中期，外戚专权和门阀政治都很严重了，对外战争仍然不断取得辉煌的胜利。东汉中期的外戚窦宪率军进攻匈奴，出塞 3000 里，斩首 13000 人 [1]，燕然勒石而还；一年后继续出征，这次更厉害，出塞 5000 里打败匈奴，斩首 5000 余人 [2]。从这个角度看，明朝中期最强大的时候，军队的战斗力也比东汉中期差得很远很远。

我们真的能得出这样的结论吗？

本书的目的当然不是讲战争故事或者军事战略，核心还是讲政治经济关系。

---

[1] 《后汉书·卷二十三·窦融列传第十三》："宪分遣副校尉阎盘、司马耿夔、耿谭将左谷蠡王师子、右呼衍王须訾等，精骑万余，与北单于战于稽落山，大破之，虏众崩溃，单于遁走，追击诸部 遂临私渠比鞮海。斩名王以下万三千级，获生口马、牛、羊、橐驼百余万头。"

[2] 《后汉书·卷十九·耿弇列传第九》："三年，宪复出河西，以夔为大将军左校尉。将精骑八百，出居延塞，直奔北单于廷，于金微山斩阏氏、名王以下五千余级，单于与数骑脱亡，尽获其匈奴珍宝财畜，去塞五千余里而还，自汉出师所未尝至也。乃封夔粟邑侯。"

但军事行动在古代社会占据了非常重要的地位，由于古代文献资料缺乏，政府的腐败状况与人民实际生活水平很难查证。一般来说，对外军事行动的成绩就是检验内政清明与否的一个重要参考指标。

军队体系不大可能独立于国家政治经济体系之外，独立地保持清明或发生腐败。一般来说，腐败低效的政府，其军队战斗力就弱；而政治清明时代的军队，战斗力则比较强。这个规律应该基本靠谱。

但是，当我们用这个指标来跨朝代进行比较的时候，就要特别注意，影响军事胜负的因素除了政府效率、经济实力外，还有武器装备的技术水平差异。不同的历史时期，中国农耕地区的武器生产水平，跟周边民族的武器技术水平之间的优势程度差异很大。

比如，秦朝和汉朝的军事装备技术大大领先于匈奴等少数民族。而到了宋明时期，这种技术优势基本消失了。如果不考虑这个因素，仅凭对外军事作战的成败来评价秦汉和宋明在政治经济体制上的优劣得失，那就可能会得出秦汉时期的政治制度比宋朝、明朝更先进的结论，而这样的结论就可能是有所偏颇的。

汉朝对匈奴作战的成绩相当惊人，远远超过后来的唐朝、宋朝、明朝，动不动就是千里奔袭，一战就斩杀上万匈奴骑兵。到了明朝，即使有重大胜利，斩首数也都是按百来计算的。这个差距真的有这么大吗？明朝的士兵和将领们跟汉朝比就弱到这个程度吗？

由于很难解释这个差异，有些人就干脆讨论比较虚无的"尚武精神"。他们觉得中国在春秋战国和秦汉时期，华夏民族尚武精神强烈，勇于对外作战，后来因为各种原因，有的说是与异族混血了，有的说是被儒家文化侵蚀了，有的说是被专制政权奴化了……总之，后来华夏民族就变得软弱可欺了，更加贪生怕死了云云。

明朝军人就比汉朝军人更怕死？我是不太相信。就算真有差异，也不能是打一仗杀人十万和杀人上百这种数量级的差异呀！

真实的原因是：秦汉时期，中国的冶金技术极为发达，而包括匈奴在内的西北少数民族的金属武器很少、质量也很差。汉朝的军队去打匈奴，就跟 2000 年后的鸦片战争英军打清军一样，存在巨大的武器代差。汉军的箭是铜箭头或者铁箭头，而匈奴骑兵的箭则很少有金属箭头，主要都是木料或竹子削尖的箭，很难穿透汉军的皮制盔甲。汉军还有一部分铁制盔甲，匈奴的箭头无法穿透，刀也砍不进去。相反，汉军的铁箭头要穿透匈奴的皮革盔甲则轻而易举。

此外，汉军弓弩的关键部位也是铜制或者铁制的，精确度和射程也远非匈奴可比。秦汉时期弓弩的机芯不仅是金属制成，而且已经成了标准件，可以在不同的弩架之间互换。

汉军的刀刃是钢，而匈奴的刀一般都是质量很差的铁，二者一碰，匈奴刀就得断。

在这种情况下，汉朝的大军一部分人穿着铁制铠甲，大部分人带着金属箭头的箭、金属机芯的弩，拿着百炼成钢的长刀，横行大漠，就好像今天的我们带着一支装甲部队，人人都手持冲锋枪，到大平原上去跟一群拿着手枪的对手交火。这样的差距，我们根本不用担心孤军深入，横行几千里都没有问题。只要找到对方的主力部队，交战的过程不会太激烈。

司马迁在《史记》里面就记载，西域之地的人"不知铸铁器"[1]。

西汉末年，大将军陈汤远征 3000 多里[2]，擒斩匈奴单于，立下盖世奇功。后来陈汤回到长安做官，有一次皇帝问他：前线有部队跟乌孙国的军队打仗，战斗

---

[1]　参考司马迁《史记·大宛列传》。

[2]　《汉书·卷七十》中记录，"汤独矫制发城郭诸国兵、车师戊己校尉屯田使士"，进入康居国境内斩杀了郅支单于。根据谭其骧《中国历史地图集（第二册）》标注的"戊己校尉城（今吐鲁番东南侧）"到康居境内（今哈萨克斯坦江布尔）位置，作者用百度地图简单测量所得的直线距离约为 1500 公里，则陈汤实际行军距离应该在 3000 里以上。

很激烈，我们该不该派兵支援？

陈汤就说："夫胡兵五而当汉兵一，何者？兵刃朴钝，弓弩不利。今闻颇得汉巧，然犹三而当一。"[①]

这句话很明白地说明了汉军的武器优势：西北少数民族"兵刃朴钝，弓弩不利"，武器差距之大，5个胡兵才能抵得1个汉兵。后来"颇得汉巧"，也就是说向汉朝学习了一些技术过去，但是仍然有差距，3个胡兵才能抵得上1个汉兵。陈汤根据双方兵力推测，这次乌孙的兵力并没有达到汉兵的3倍以上，所以肯定能打赢，不用派援军。没过多久果然战报传来，如陈汤所料。

汉武帝的时候，派李陵去给李广利的骑兵部队送粮草，但李陵不想干这种没有技术含量的活儿，主动提出要带5000步兵去漠北扫荡匈奴王庭（胆子够大的）。武帝竟然同意了（可见武帝也没怎么把匈奴骑兵的战斗力太当回事）。结果他们真的在阿勒泰山附近遭遇了匈奴单于主力。单于亲自带领3万骑兵对李陵的军队发起攻击。

李陵用弓弩向匈奴骑兵射击，匈奴骑兵死伤数千人，被迫退却。单于又惊又怒，连忙派人去叫援军。最后会合了8万骑兵，向李陵发动总攻，这才取得胜利。

李陵被迫撤退。匈奴紧追不舍，追击了五六天之后，汉军伤亡过半，等到李陵把弓箭全都用完了，匈奴才最终歼灭了李陵部队。就这样李陵部队还有400多人突围跑了回来。[②]

如果双方武器装备在同一水平线上，8万骑兵在大漠上追击四五千步兵，绝不可能是这个状况，应该是像狼群对付几只离群的羊羔一样轻松。换句话说，

---

① 参考《汉书·卷七十》。

② 《史记·李将军列传》："陵将其射士步兵五千人出居延北可千余里……单于以兵八万围击陵军。陵军五千人，兵矢既尽，士死者过半，而所杀伤匈奴亦万余人。且引且战，连斗八日，还未到居延百余里……其兵尽没，余亡散得归汉者四百余人。"

匈奴8万骑兵的战斗力，也就相当于汉朝五六千步兵的战斗力。陈汤说的汉兵可以"以一当五"都是保守估计，是东汉才会出现的情况。所以，像卫青、霍去病这些人，带着四五万骑兵去讨伐匈奴，基本就没有什么打败仗的可能，取胜的关键是要在粮食耗尽之前找到对方主力。只要找到了，战斗的过程并不激烈，可以轻松杀敌万人以上。

两河流域开始冶铁的时间比中国早，但中国古代的钢铁冶铸技术从战国时期开始就长期处于世界领先的地位。战国时期出现了"干将""莫邪"这种宝剑，就是因为中国已经可以冶炼硬度极好的钢了，青铜剑和普通铁剑在它面前一碰就折。到了汉朝，炼钢技术进一步成熟，钢的生产进一步产业化了。

匈奴完全无法抵挡装备钢铁武器的汉朝骑兵的攻击，不能在中国的北方草原立足，不得不向西方迁徙。由于西方的炼铁技术远远落后于中国，也没有杀伤力很强的弓弩，面对学习了汉朝部分冶金技术的匈奴骑兵，他们无法抵抗。

除了冶金水平，还有人提出过，有可能汉朝的军队有马镫，而匈奴骑兵没有马镫，骑兵就很难在马背上稳定地使用武器。但是这个论点缺乏证据，史书上没有匈奴骑兵下马步战的记载。而且，马镫的工艺很简单，只要汉朝军队装备了，匈奴很快就能学会。因为每次战争双方都会有俘虏，匈奴那边有很多前汉军将士帮他们训练骑兵。双方军队的装备不会在这些没有技术含量的地方存在巨大差距。

但冶金技术非常复杂，不是抓几个俘虏就能掌握的。冶金有一个很长的产业链。采矿、选矿、炼铁、炼钢等，有一整套工艺流程，每一个环节都需要专业化的技术人才，差一个环节都炼不出好钢。比如，炼铁炉的温度如果能突破1000℃，达到1200℃，炼出来的铁的纯度就会高很多，碳的比例也会更容易控制。而如何达到并保持这样高的温度，同时炼铁炉不至于炸裂，就是一件难度很大的事情。战场上被俘虏的士兵和将领是搞不清楚这些问题的。

从河南巩义铁生沟遗址看，汉朝在钢铁冶铸方面已经有了一套完整的生产设备，有藏铁坑、配料池、铸铁坑、淬火坑等，仅冶铸炉就有炼炉、排炉、反射炉和锻炉（炒钢炉）等 20 余座；而且有了选矿、配料、入炉、熔铁、出铁、铸造锻打等工序之分。[①]

从汉武帝时期开始，政府就建立了"盐铁专营"制度。国家投入大量资本，雇佣各地能工巧匠从事钢铁冶铸。高度集中的钢铁冶炼体制保证了大部分钢铁产能都被用来装备军队。

钢铁冶铸业分布很广，在东北、新疆、四川、云南、两广等沿边地区，都发现有汉代的钢铁冶铸遗址，而且钢铁冶铸作坊规模宏大。汉武帝以前，一些官营冶铸作坊就"一岁功十万人以上"[②]；私营冶铸作坊也常常"一家聚众或至千余人"[③]。河南南阳瓦房庄遗址，原是汉代重要的铁官所在地，其生产作业区的面积达 12 万平方米，共有大炼炉 17 座。

所以，冶金技术是极难学习的，冶金产业就更难复制。要想达到规模化生产，满足大规模的军事消耗，就必须打造一个完整的冶金产业链，建设固定的钢铁生产基地。汉朝在这方面占据领先地位，保证了它在战场上长达数百年的压倒性优势。

经过缓慢的学习，到了唐朝，少数民族的骑兵给汉民族制造的军事压力就大大增加了，吐蕃和回纥都有攻陷唐首都长安的记录。到了宋朝，可以确定金帝国的骑兵和蒙古骑兵已经完全配备了优质的金属箭头、盔甲和战刀，在骑兵装备上不再落后于宋朝。正因如此，蒙古帝国才能横扫欧亚大陆。

所以在明朝，要想再现汉朝对匈奴的那种辉煌战绩，基本上是不可能的。朱棣远征蒙古残部，每次都要带 30 万以上的大军，少于这个数就无法保障安全。这不是因为明朝比汉朝落后，明朝军人没有汉朝军人的血性，核心原因是对手

---

① 《河南巩县铁生沟新石器早期遗址试掘简报》，载《文物》，1980 年第 5 期。

② 参考《汉书·卷七十二》。

③ 参考《盐铁论·复古》。

的装备已经升级了：原来是我们带着装甲部队去打人家的血肉之躯，现在是装甲部队打装甲部队。

明朝军队去对付两广瑶民反抗，在非常险恶的山林地貌中征战，也能斩首2 万多。如果让王越和汪直在汉朝带着骑兵去打匈奴，一仗斩首上万人相信也不是什么难事；反之，让卫青、霍去病到明朝来，要想一仗打死四五百蒙古骑兵，也不是一件容易的事。

讲到这里，就自然地产生了两个问题。

第一，为什么少数民族的武器装备在进步，而中原王朝的武器装备 2000 年里进步并不大，从原来的差距巨大到后来的差不多，这不也说明了后来的朝代进步缓慢吗？

第二，按照这个逻辑，宋朝在对金帝国和蒙古帝国的战争中总是丧师失地，是可以用武器装备的技术水平来解释的，本书前文对宋朝政治体制的批评还能不能成立？可能宋朝跟汉唐一样，还是很强大，但是它的对手——辽帝国、金帝国和蒙古帝国却比匈奴和突厥强大多了，所以宋朝才被少数民族灭亡了，而跟它的治理结构无关？

我们先来思考第一个问题。

中国的冶金技术一直都在进步，但是像春秋战国时代那种革命性的进步是可遇而不可求的。在没有革命性变革的情况下，模仿者一定比创造者进步得更快。

就好像工业革命爆发之后，西欧国家在几个世纪的时间内取得了相对于其他民族（比如中国）的压倒性优势，建立了全球范围内的霸权体系。但是很快（大概 100 多年的时间），中国就通过学习西方先进的技术和制度赶了上来。西方国家过去 100 多年进步也很大，但进步再快也比不上我们学习和模仿的速度，因为学习总是比创新难度要低。现在，西方发达国家总体来说仍然处于技术优势地位，但我们与西方的差距已经很小很小，他们再想像 100 年前一样欺负中国已经是不可能的了。

　　用一句很流行的话来说，就是"世界是平的"。先进技术总是会不停地从先进地区往落后地区传播，一直到基本拉平为止。这是人类社会发展的基本规律。在古代残酷的生存竞争中，周边的民族也一直都在学习和进步。我们保持2000年的强大和文明的持续传承，已经很不容易了。要想在2000年里都像汉朝那样轻轻松松派支军队出去就追杀人家几千里、斩首上万，这是不现实的。

　　第二个问题，宋朝积贫积弱，不仅是相对于它前面的唐朝和后面的明朝而言，相对于同时期的其他力量来说也是如此。

　　比如，宋朝始终无法收回燕云十六州。有人说是宋朝养马的地方被西夏和辽国占领了，没有好的战马，所以无法取得对辽国骑兵的优势，因此收不回来是正常的；还有人说，辽金当时的冶金技术也赶上来了，换了唐朝也照样打不过；还有人认为，宋朝的时候，少数民族已经学会了组织国家政权来发动战争，不像匈奴、突厥那样还是游牧民族；等等。

　　这些因素都是存在的，而且确实会影响战争双方的实力对比。但是，这些能不能成为北宋积贫积弱的主要原因呢？

　　完颜阿骨打时期的女真部落是非常落后的，北宋为了对付辽国，派人过去传授女真冶金、攻城等相关技术，然后女真就迅速强大，很快把辽国消灭了，建立了金帝国。同样一个敌人，人口数量少得多的徒弟都能很快把辽国灭国，师傅反而被打得落花流水，能用技术来作借口吗？金和辽国的第一仗，金兵只有3700人，全歼辽国2万大军[①]。北宋的战马数量再少，还能比女真起兵灭辽的

---

① 此战史称"出河店之战"。女真3700人无争议，但辽兵数量双方记录差异巨大，《金史》记录为辽兵10万人："十一月，辽都统萧糺里、副都统挞不野将步骑十万会于鸭子河北。"《辽史》记录为7000人："发契丹、奚军三千人，中京禁兵及土豪二千人，别选诸路武勇二千余人。"综合双方表述，10万的数量显然过于夸张，7000则当为败方为败绩找借口缩水的兵力数量。结合古代兵力号称数与实际数的一般比例，估算为约2万人可能较为符合实际。又有女真方称实际渡河参战的骑兵数量仅有1200人，若辽军实际参战为7000人，双方兵力比例也在6倍左右，与3700人对2万人的比例相当。

时候战马少吗？连 3700 匹战马都凑不齐？

就算宋朝真的如某些人所说，比较缺乏战马，但它还有一个巨大的优势，就是已经发明了火器，这是比战马厉害得多的军事技术。但是宋朝军队没有加以利用，反而被技术起点低得多的蒙古人捷足先登。襄阳城就是被蒙古人从阿拉伯人那里学习来的西域炮轰塌的。而宋朝通过海上贸易，早就跟阿拉伯帝国建立起了联系，自己也发明了火炮，却一直到灭亡都没在战场上发挥过重要作用，这显然是体制问题。

还有就是面对金兵的铁骑，北宋军队总是一触即溃，毫无还手之力。但岳飞的民间武装兴起以后，在位于平原地区的郾城（今漯河市郾城区），杀得金兵伏尸 15 里。这样的胜利并不是偶然的，而是连战连捷，从杭州地区一路把金兵赶回开封，让金兵哀叹"撼山易、撼岳家军难"。莫非岳飞掌握了特殊的冶金技术，或者找到了养战马的好地方？还是金兵突然丧失了有组织的政府支持？显然都不是。在岳家军的战绩面前，各种技术原因都显得苍白无力，原因只能是北宋自己的政治经济体制问题了。

在少数民族掌握了先进冶金技术、建立了先进政治制度的情况下，中原王朝不能再现汉唐的荣光，是可以理解的。但至少也应该像明朝一样，能够完全收复并稳固守卫中华文明核心区。因为这个区域内的地理形势决定了中原政权的后勤补给线是有优势的。在后勤占优势的情况下，武器也不落后，粮食产量与人口数量是对手的数十倍甚至数百倍，然后打仗竟然打输了，除了政府腐败无能，还能有别的什么解释吗？

明朝立国 100 年后，还能轻松地打败建州女真、翻越阴山击斩鞑靼皇后；立国 200 年后，还能远征朝鲜，把日本人赶下大海。像北宋和南宋那样从开国开始到灭国，就不停地被辽国、西夏、金国和蒙古帝国轮流攻打，北宋军队跟前代比，比不过汉唐，跟后代比，比不过明朝，跟同时代的比又比不过岳家军和完颜阿骨打的女真军队，那就只能在自身制度上找原因了。

九、英雄末路：汪直获罪与明宪宗晚年怠政

武器问题分析完了，我们还是来说汪直。

仗打完以后，汪直和王越就留在大同负责守卫了。这对两人来说都是一件很开心的事：王越本来就只喜欢带兵打仗，汪直也厌倦了京城的政治斗争。过了一年，"小王子"带着大军到大同来复仇，被击败；第二年又来了，又被击败，而且这次损失惨重，因为余子俊的长城修好了。这段长城修在了传统的长城外边，进来的时候没人防守，出去的时候就有人了，被搞了一个关门打狗。第三年就没再来了。

在王越和汪直的共同努力下，河套平原地区在安全方面比较有保障了。王越负责练兵和布防。而汪直则开始整顿军屯，大批腐败和怯战的军官被他弹劾下马。按照这个节奏，如果给二人更多的时间，清除军队内部的腐败问题，恢复被侵夺的军屯土地，那么就可以对蒙古部落发动更大规模的战争，瓦解它的战斗力，像朱棣时代一样让北部边境安宁四五十年。

但汪直没有得到这样的机会。由于长期不在北京，西厂的工作几乎陷于停顿。没有汪直的西厂，跟东厂就没有什么区别了。成化十八年（1482年），朱见深再次下令关闭了西厂，同时取消了汪直十二团营的指挥职务。在这之前，汪直自己把吴绶弹劾下马了，因为吴绶涉嫌贪污。这样，他也就失去了对锦衣卫镇抚司的控制权，变成了一个单纯的大同镇守太监。

嗅觉灵敏的文官集团立即就察觉到这些变化。首辅万安上了一道奏章，说现在大同已经很安全了，但是榆林地区防务还比较薄弱，建议把王越与榆林的镇守总兵许宁对调一下。

这是很阴的一招，但看起来平淡无奇。从朱见深的角度米看，这样也好，因为二人在一起兵权太重。虽然他很信任汪直，但对王越则未必放心。可皇帝

不了解许宁，万安却是了解的——这是一个典型的老兵油子，他跟汪直在一块儿肯定要出事。

没多久，巡视大同的御史郭镗就汇报说：汪直和许宁已经水火不容，干了很多荒唐事。比如，汪直认为应该在 A 处布防，许宁认为应该在 B 处布防，汪直就把军队从 B 处调往 A 处，许宁马上又下令从 A 处调往 B 处，汪直又下令回到 A 处……这样反复调动好多次，让士兵们疲惫不堪。后来二人吵架互不相容，决定把军队一分为二，一人指挥一半，等等。

从这些事情来看，有可能许宁是受人指使故意跟汪直过不去，而汪直则是年少气盛，跟许宁赌气胡闹。郭镗的奏章上来以后，群臣讨论，认为这样严重危害边防安全，建议把汪直调开。

朱见深批准了这个意见，下令把汪直调往南京担任御马监太监。职位没有降低，但实权彻底没有了。

从大同前往南京的路上，汪直在驿站里遇到一个以前认识的地方官员。因为记得之前巡视地方的时候在他那里吃得不错，就找他要东西吃。那个官员招待了汪直一顿，汪直吃得很高兴，跟他聊天，说现在皇帝什么意思还不清楚，去了南京也不知道会怎么样，然后又说明天我坐你的车走吧。结果第二天那个官员就起了个大早，蹑手蹑脚地上了车，生怕搞出动静来惊醒汪直，偷偷摸摸先跑了。

《明史》记录这个事儿是为了描写汪直失宠以后不受待见的凄凉景象。但从中也可以看出来，汪直为官比较清廉：从大同到南京并没有带多少东西，没有自己的豪华马车，行李少到可以跟别人拼车走。这跟很多官员换地方的时候总要带上几十车的家产形成了鲜明对比。汪直被调到南京之前多次经历弹劾，但这些奏章没有一次提到过汪直有贪污问题。汪直的清廉应该是很出名的，连最痛恨他的人在这方面也挑不出毛病。

到了南京以后，文官集团非常确信汪直已经失宠了，于是又开始了新一轮的弹劾浪潮。朱见深最终同意给汪直降罪（也就是弄权、迫害官员、危害国防等罪名），下令把汪直贬为奉御。这是一个很轻的处罚，奉御是正六品官①。在南京当奉御，又没有实际的职位，就相当于退休闲住。

紧接着，王越也被弹劾获罪，被剥夺了爵位和官职，他的儿子们也全部被免职。陈钺则早在汪直获罪之前就被贬官了。

跟着被贬的，还有一个叫孙博的兵部给事中（也就是兵部的言官，专门负责纠察弹劾国防问题的）。在商辂被贬、西厂复开以后，孙博仍然继续上书弹劾汪直，说："西厂经常因为一些小事侮辱弹劾大臣。太监是皇帝的奴才，大臣是国家的股肱，皇帝怎么能够信任奴才超过股肱呢？"朱见深读了很生气，想要收拾他，被汪直给拦了下来，反而让他跟着去打蒙古部落，当记功官，监察军队纪律。威宁海一仗打下来，孙博服了。大臣们弹劾汪直，他反而上书为汪直辩护，自然也跟着被贬。

对于这几个人，史书里面也很感叹：好好的一个人，怎么就结交宦官呢？你们要是没被汪直迷惑，不就没有人生污点了吗？

实际上，我们发现，在正史里面，凡是跟汪直结交而被贬的官员，几乎都没有其他劣迹，唯一的人生污点就是结交汪直。像那个秦纮（就是汪直推荐他，他还弹劾汪直巡视各地接待超标的那个人），这位仁兄基本就是成化年间的海瑞。士大夫认识和不认识他的都称其为伟人。官越做越穷，家里妻儿老小"菜羹麦饭常不饱"，走到哪里，哪里就"官不聊生"。后来巡抚山西，秦纮弹劾藩王的儿子违法犯罪，藩王亲自跑到皇帝面前辩解，并编造罪名诬告他。朱见深下令把秦纮下狱，派太监去抄家，结果只抄出来几件破衣服。朱见深看了之后感慨说：

---

① 明朝的品级制度是九品十八级。每一个品有两级，比如二品分为正二品、从二品两级；三品也分为正三品、从三品两级。但是不能简单地对应为现在的正职和副职的区别。而且武将品级最高，一品二品的高级武官极多；文官品级较低，但正二品的兵部尚书比一品武将权力大得多；宦官品级更低，御马监太监只有正四品，权力实际上与兵部尚书差不多。

"想不到一个巡抚竟然能穷成这样。"下令立即放人，赐钞一万贯，同时公开表彰，派他去巡抚河南。在河南，秦纮又遇到汪直巡视，于是又弹劾汪直。但汪直大力推荐他，秦纮很快就被提拔到户部当侍郎。他到了北京，发现汪直既清廉又能干，二人很快成为好友。结交权宦也就成了秦纮唯一的"人生污点"。

还有像西厂第一次关闭以后，那个被王越当面质问的内阁大臣刘珝。他被王越质问时默不作声，说明他内心是不赞同弹劾西厂的。后来他也跟汪直关系很好，屡次通过汪直给皇帝上书提意见，这些意见也都被采纳了。万安上书请求裁撤西厂，他就拒绝署名。《明史》里面说他"性疏直"，对万安等人的作风很看不惯，有一次公然在内阁骂万安"负国无耻"。汪直被贬后没多久，万安挑了他一个毛病：刘珝的儿子在听戏的时候有歌伎陪同，喝完酒之后编了几个黄段子，放到戏里面表演。万安和刘吉就让人把这个事儿当成罪状告到朱见深那里，刘珝因此被贬。

汪直获罪后第二年，"小王子"探听到大同守将换人了，就带兵前来试探。许宁待在大同不肯出战，任凭鞑靼军队四下抢掠。这是边关老兵油子的一贯作风：等鞑靼军队抢够了撤退的时候，再出去追击杀几个走得慢的邀功。

过了几天果然有人来报告，说发现有一小队鞑靼军队押着一大群牛羊在外面不远处经过。许宁大喜，认为是落单的散兵可以欺负一下，倾城而出跑出去抢功。不料中了"小王子"的埋伏，死伤上千人。许宁吓得连大同城都没跑回去，带着败军就近跑到一个小城里面躲了起来。还好"小王子"不了解情况，如果乘胜攻击，大同就要丢了。

这么一场惨败传到北京，大家都知道就是把王越和汪直赶走造成的。但谁都不敢说，怕皇帝知道了召回二人。就这样，文武百官都知道的事情，愣是把皇帝瞒了个严严实实。

从这个事情可以看出，皇帝一旦失去了可靠的耳目，会被文官集团蒙蔽到什么程度。

大家都盼着许宁能找个机会打个胜仗，那样就能把这次惨败糊弄过去。但这个许宁实在是个草包，以后再有蒙古军队过来，依然缩在城里不敢出去。就这么瞒了一年多，终于还是被御史告到了朱见深那里。

朱见深看到奏章气得发抖，拍着桌子骂，下许宁、郭镗二人于锦衣卫狱，判处死刑。但终究还是经不住万安等人反复求情，最后只是贬职了事。

他也没有提重新起用王越或汪直的事情。

朱见深为什么要将汪直贬谪、降罪，而且在大同惨败之后也不再起用呢？我们很难从史料中找到可靠的解释。比较合理的推测有以下两个：

其一，朱见深明白，文官集团跟汪直是势不两立的，早晚都要收拾他。汪直做的事情越多，得罪的人也就越多，将来会被清算得越厉害。与其等到文官集团彻底摊牌，或者下一任皇帝来动手，不如自己早一点把他贬谪降罪。这对汪直其实是一种保护。

汪直和王越都没有受什么苦，没有下狱，没有交法司审判，就是直接降职或者夺爵。王越在得知自己获罪的时候，听说朝廷的使者来了，一度想自杀，为的就是不被下狱遭到羞辱，但听了诏书的内容其实没什么，相当于强迫退休，也就无所谓了。相反，汪直获罪后，还有人想继续弹劾他，却都被朱见深收拾，下狱的下狱、贬职的贬职、罚俸的罚俸。

其二，就是朱见深开始逐渐丧失进取心了，并不想再有什么更大的作为。

汪直被贬的时候，朱见深已经当了19年的皇帝。

19年是一段很长的时间，足以磨平一个人的斗志，让朱见深初登大位时治国平天下的激情慢慢消退。后来，朱见深对修仙拜佛还有春药这种东西越来越感兴趣。太监梁芳得到重用，这个家伙以给皇帝炼春药而出名；还有李孜省，因擅长研制长生药和修道讨得了皇帝喜欢；首辅万安则悄悄地给皇帝进献了春宫图。此外，朱见深还大举修建佛寺，封了很多和尚道士为西天佛子、大国师、禅师、真人、高士等，数量有一两千人。

与此同时，汪直却还在边关锐意进取，不断地跟各方面闹矛盾，对越来越沉迷于佛道的朱见深来说，这就是在添乱了。把汪直调走，可以平息各种争议，过几天清静日子。

不管怎么说，汪直获罪以后，经过"治乱、治民、治吏"之后的朱见深，好像丧失了斗志。

这也是皇帝终身制很难克服的弊端：乾纲独断的皇权固然会让人兴奋，但时间长了总会让人倦怠。像朱元璋这种一口气干上 30 年不歇气的皇帝太少了，只有创业君主才能做得到。后世子孙在皇宫里面长大的，能像朱见深这样坚持 19 年已经不错了。

尽管如此，朱见深仍然保持着一个强势皇帝的本色，控制着局面，只是不像以前那么勤快、那么雄心勃勃罢了。天下太平、边境安宁的局面没有遭到破坏。

4 年后，万贵妃和朱见深相继因病去世。"成化中兴"的时代结束了。

朱见深去世后，庙号宪宗。谥法曰："创制垂法曰宪；刑政四方曰宪；文武可法曰宪。"能够让国家从混乱中重新确立制度和秩序，刑罚与文治并用以恢复国家强盛的皇帝，才能称之为"宪"。宪宗，也就是中兴之主的意思[1]。

---

[1] 历史上用这个庙号的还有唐宪宗和元宪宗，也分别是唐朝和元朝中期努力实现帝国中兴的皇帝。

第七章

"儒家圣君"

盛世因何
而结束？

一、尧舜之君：弘治皇帝的人生理想及其破灭

成化二十三年（1487年）九月，朱见深的儿子朱祐樘继位，改年号为弘治。第二年，也就是1488年，为弘治元年。

跟《明史》里面朱见深软弱昏庸的形象相反，朱祐樘在历史上博了一个好名声。"明有天下，传世十六，太祖、成祖而外，可称者仁宗、宣宗、孝宗而已。"也就是说，明朝历史上16个皇帝，除了朱元璋和朱棣这2位创业君主外，可以称为好皇帝的，也就是"仁宣之治"的仁宗朱高炽和他的儿子宣宗朱瞻基，然后，就是孝宗朱祐樘了。

但是，就好像《明史》过度贬低了朱见深一样，这个评价也过度拔高了朱祐樘，有失公允。

朱祐樘跟朱见深一样，是一个严格按照帝国储君培养制度训练出来的皇帝。他5岁被立为皇太子，17岁登基，接受了12年的储君教育。培训的时间长度和登基的年龄都跟朱见深一样。唯一差的就是朱见深当废太子的那4年经历。

事实证明，挫折教育还是很重要的。4年的磨难，让朱见深对人性的阴暗面有切身的体会。朱见深虽然推崇孔孟之道，立志做一个儒家贤君，但政治手腕是很厉害的，为了达到目的随时翻脸不认人。对手下的大臣恩威并施，既敢于放手让他们去干，又晓得用太监去盯着他们。

少了4年挫折教育的朱祐樘就有点偏理想化。在他的知识范围内，帝国就应该是儒家思想描绘的世界，圣君贤相就能治理好一切。

刚一上台，朱祐樘就效法当年的朱见深，把他父亲晚年留下的弊政大刀阔斧地加以解决：首先是把那帮国师、法王给赶走了，并处死了最受宠的和尚继晓；

然后，把梁芳下狱，把李孜省流放，将万安罢官，先后驱逐了 1000 多个名声不好的大小官僚。①

这些事儿都做完之后，朱祐樘又起用了一批史书上所称的"正人"，也就是公认品德高尚的儒家官员，来治理国家，包括刘健、王恕、谢迁、徐簿、刘大夏、李东阳，等等。

皇帝特别勤政，除了坚持天天上早朝，还增加了午朝，开辟了文华殿议政，利用早朝与午朝之余的时间探讨治国方略，努力听取臣下的意见而不独断专行。他也从来不用"廷杖"来处罚臣下。他每天批阅奏章到很晚，从来不让太监代劳。他勤俭节约，不修宫室，不近女色，专宠张皇后一人，等等。

总之，朱祐樘在竭尽全力做一个儒家学者向他描述的那种理想君主：仁慈、勤政、品德高尚、从谏如流……

他这么累死累活严格要求自己，最后到底取得了些什么成绩呢？

弘治十七年（1504 年），也是朱祐樘去世之前一年，首辅李东阳被派遣到山东曲阜祭孔，在路上作了一些调查，发现问题严重，回来以后写了一份奏章说：

臣奉命匆匆一行，正好赶上大旱。天津一路，夏麦已经枯死，秋禾也没有种上。挽舟拉纤的人没有完整的衣服穿，荷锄的农民面黄肌瘦。盗贼猖獗，青州一带的治安问题尤其严重。从南方来的人说，江南、浙东的路上满是流民逃户，纳税人户减少，军队兵员空虚，仓库里的粮食储备不够 10 天吃的，官员的工资拖欠了好几年。东南是富裕之地，承担着税负的大头，一年三饥就到了这种地步。北方人懒，一向没有积蓄，今年秋天再歉收，怎么承受得了？恐怕会有难以预

---

① 《明史·孝宗本纪》："二十三年八月，宪宗崩。九月壬寅，即皇帝位。大赦天下，以明年为弘治元年。丁未，斥诸佞幸侍郎李孜省、太监梁芳、外戚万喜及其党，谪戍有差。冬十月丁卯，汰传奉官，罢右通政任杰、侍郎蒯钢等千余人，论罪戍斥。革法王、佛子、国师、真人封号……丁亥，万安罢。"

测的事变发生。[1]

朱祐樘读了奏章之后大为震惊。

他想起来一件事：之前多次想任命刘大夏为兵部尚书，刘大夏称病推辞。

当时，刘大夏年近 70，被重用多年，中央地方都干过，阅历十分丰富。后来皇帝下了死命令，刘大夏才勉强接受。

朱祐樘问刘大夏："朕好几次任用你当兵部尚书，你都以病推托。这到底是为什么？"

刘大夏回答得也很直接，说："臣老了，而且有病。依我看，天下已经到了民穷财尽的地步，万一出了乱子，兵部就要负起责任。我估量自己的能力不足以解决问题，所以推辞。"

读了李东阳的奏章，朱祐樘想起了刘大夏的这段话，连忙召见，想问个究竟。

朱祐樘问："上次你说天下已经民穷财尽。可祖宗开国以来，征敛有常，怎么会到今天这种地步呢？"

刘大夏说："问题就在于并没有做到征敛有常。譬如广西每年取木材，广东每年取香药，都是数以万计的银子。这类小事尚且如此，其他就可想而知了。"

朱祐樘又问军队的状况，刘大夏说："和老百姓一样穷。"

朱祐樘又想不通了，说："军队驻扎每月发口粮。出征还发出征补贴，为什么会穷呢？"

刘大夏说："那些将领们克扣军粮的比例超过一半，军队又怎么会不穷呢？"

朱祐樘听了叹息道："朕当皇帝已经很久了，竟不知道天下军穷民困，我凭什么为人之主呀！"于是，下诏严禁。不过，从后来的情况看，仍旧是禁不住。

现在我们知道在位 17 年的皇帝究竟被糊弄到什么程度了：原来他眼中的世

---

[1] 参考吴思《潜规则》。

界只是祖宗常法和正式规定构成的世界。的确，按照正式规定行事，军民都不该这么穷。按照儒家理想，皇帝自己都很节约，下面就不会有贪官。问题在于，儒家的理论大家嘴上都在说，实际上却未必照办。而皇上对圣人不讲、书上不写的社会实际运行机制几乎全然不知。他可真天真呀。[①]

只能说，朱祐樘这 17 年皇帝几乎白当了。

刘大夏和李东阳都被史书称为"贤臣"。贤臣的标准之一就是敢跟皇帝说实话。这当然是好的。但问题是：治理国家不能说完实话就完了，关键还要抓落实。而这一点，儒家的观点就是：皇帝做好表率，忠孝仁义礼智信，下面就必然是"世风日正"，父慈子孝官清将勇。皇帝的旨意符合天道、顺应民心，官员当然会努力执行，天下必然大治。

但实际情况显然并非如此。实际情况是，皇帝和大臣们在朝堂上一本正经地研究国家大事，大臣们畅所欲言，皇帝从谏如流。然后大家说：皇上圣明。

散会以后，形成决策布置下去。下面很快就报告上来：中央的政策既正确又及时，我们坚决执行，以前的弊病得到了充分纠正，民心大悦，形势一片大好。

而实际上，下面几乎什么也不做，收钱摆平人命官司的继续收钱，打死人抢占民田的继续开打。一切事情，都在官僚集团内部按照潜规则继续运转。只有皇帝自己天天在皇宫省吃俭用、拼命干活。

二、以德治水：弘治年间治理黄河的教训

谈到朱祐樘的治国功绩，几乎所有的材料都要说他治理黄河的功劳。这也是弘治年间最大规模的政府行动。

---

① 参考吴思《潜规则》。

对这个事情，我发现一个很有意思的现象：凡是写朱祐樘或者白昂、刘大夏这两个"治黄"负责人的历史文献，提到他们治理黄河这件事，没有一个不夸的；凡是研究黄河治理的水利专业文献，提到这个事儿，没有一个不骂的。①

我们该相信哪一个呢？说实话，我还是比较相信水利专业文献。

弘治二年（1489 年）五月，黄河在开封决口，其中一部分洪水从今天山东聊城的张秋镇附近流入了大运河。张秋在当时是大运河上一个重要的转运点，十分繁华，这一段运河也被称为"张秋运河"。因为担心影响运河漕运安全，朱祐樘任命户部侍郎白昂去治理。

白昂用了 3 年时间，会同各地巡抚知府等官员，动用了 25 万人，堵住了 36 处决口，在张秋附近的黄河段累计修筑了 700 里大堤，然后又疏通了很多支流等，宣告治理完成。朱祐樘很高兴，封白昂为太子少保，升官为都御使。

但是，只过了 2 年，黄河又决口了，而且决口地点就在白昂耗时 3 年修整的那一段。张秋运河又被灌了。这还不算，第二年，张秋附近继续决口，河水暴涨，又决于张秋运河东岸，"夺汶水以入海，张秋上下渺弥际天"②。

花了 3 年，动用了 25 万人，就修出来这么一个结果。白昂是著名的清官，我们姑且相信他自己没有贪污，但起码也是渎职。但白昂什么事儿没有，还从

---

① 如胡梦飞《明清时期菏泽地区黄河水患与河神信仰》（载《黄河科技大学学报》，2016 年第 1 期）："白昂治理不过两年，黄河又自祥符孙家口、杨家口、车轮口和兰阳铜瓦厢决为数道，俱入运河，形势极为严重……弘治年间以后，由于黄河河道被固定在兰阳、考城、徐、淮故道一线，故曹县、单县一带水患频发。"又如田冰《明代黄河水患对黄淮平原居民生的影响》（载《中州学刊》，2019 年第 9 期）指出，由于明廷治河"诸口既塞，于是上流河势复归兰阳、考城，分流经徐州、归德、宿迁，南入运河，会淮水，东注于海，南流故道以复"，导致了"人为筑起阻挡黄河北流的大堤，违背水往低处流的特性，加之黄河含沙量大的自然属性以及黄河中游水土流失严重的问题，顺流而下的泥沙都沉积在贾鲁故道，河床迅速淤高，迫使黄河在其南岸地势较低的河南归德府、山东兖州府西南部、南直隶北部的徐州直至淮安府等地决口改道泛滥，以徐州最为严重，不但影响到济宁以南运河的畅通，而且整个黄淮平原都遭遇着黄河水患的肆虐"。论文并未点名批评孝宗，但引文所指明廷治河措施来自《明史·志第五十九·河渠一》中对弘治年间刘大夏治理黄河效果的描述。
② 王鏊：《安平镇治水功完之碑》，参考《明经世文编·卷一百二十》。

都御使的位置升到了刑部尚书。

朱祐樘一看情况不妙，决定派出他最信任的刘大夏出马。这个刘大夏可是弘治年间最有名的"贤臣""清官"。刘大夏这次用了一年，动用了 15 万人①，修完了回京，也被封为太子少保，升官加俸。为了纪念这次治理，朱祐樘下令把张秋镇改名为安平镇，也就是希望黄河从此安定之意。

结果如何呢？上次白昂修的还管了 2 年，这次只过了 1 年，弘治九年（1496年），还是在那一片，"河南中牟、兰阳、仪封、考城四县黄河冲决"。史书记载，就在刘大夏治理之前，弘治六年（1493 年）六月，"以黄河水患免河南兰阳、仪封、考城三县夏税"。遭灾的县都是一样的，没变。

弘治十一年（1498 年），河南开封和商丘附近黄河又决口，堵塞漕运（安平镇名字白改了）②；弘治十五年（1502 年），山东兖州（还是在那一片，下游一点）黄河又决口，徐州以及萧县、沛县、单县、丰县各县多被淹③；同年，开封和商丘又被淹。

弘治十八年（1505 年），也就是朱祐樘在世的最后一年，最恐怖的事情发生了——黄河改道！"黄河忽北徙 300 里，至宿迁小河口，入于漕河。"④

这次改道持续了 5 年。朱祐樘死后 3 年，黄河河道继续向北移动了 300 里；一年后，又向北移动了 120 里，然后才稳定下来。⑤

---

① 根据李东阳《安平镇减水石坝记》（参考《明经世文编·卷五十四》）所载，刘大夏这次治理的最后一个工程是张秋旧决口以南的减水坝，耗时两个月，用夫 1.6 万人。又有《安平镇治水功完之碑》（《明经世文编·卷一百二十》）记录，在弘治六年（1493 年）六月开始到冬天，不到六个月用夫 4 万人。刘大夏此次治理黄河从弘治六年（1493 年）六月开始至弘治八年（1495 年）四月结束，约一年零十个月，以此推之，用夫总数当在 15 万左右，与白昂三年用夫 25 万效率相当。

② 参见《明孝宗实录·卷一百六十》。

③ 参见《明孝宗实录·卷一百六十七》。

④ 参见《明史·志第五十九·河渠一》。

⑤ 《明史·志第五十九·河渠一》："十八年，河忽北徙三百里，至宿迁小河口。正德三年又北徙三百里，至徐州小浮桥。四年六月又北徙一百二十里，至沛县飞云桥，俱入漕河。"

应该说，以古代的知识和技术水平，黄河并不是想治理好就能治理好的。这事儿不能全怪负责治理的人。但不管怎么说，治理黄河治出这么个效果，非要说成是圣君贤相大有作为的证据，怎么也说不过去，不晓得史官们修史的时候是怎么想的。

实际上，根据水利专家们的观点，弘治年间的黄河治理跟后来持续不断的黄河水患之间，是存在因果关系的。也就是说，后来的很多水灾都可以避免，或者不那么严重，都是活生生被白昂和刘大夏治理出来的。

为什么呢？

历史上黄河一直是从山东入海。宋朝建炎二年（1128年），为了阻止金兵南侵，宋将杜充在滑州（今河南安阳）扒开黄河河道，使黄河水向南流入淮河平原，造成了巨大的灾难。黄河因此注入淮河，用淮河河道从江苏流入东海[①]。也就是历史上著名的"夺淮入海"。

这里顺便说一句，中国历史上，中原政权因为自身腐朽无能，不能阻挡外敌入侵，主动决口黄河，给江淮人民造成巨大灾难这样的事情发生过两次。一次是宋朝，一次是1938年的花园口决堤。这是只有极度腐败无耻的政权才能干出来的事。

"夺淮入海"之后，因为黄河泥沙淤积严重，新的河道很快就被抬高了，而北边原来的黄河故道所在的华北平原，海拔要低一些。这也是黄河历史上一直从北边入海的原因。

所以，黄河又开始往北泛滥，经过100多年，形成了南北两大支流，北边走河南从山东入海，南边还是继续走夺淮入海的路线。

朱祐樘面临的黄河水灾，主要是北线的决口。他当时给白昂和刘大夏的旨

---

① 决口事件见《宋史·高宗纪》"杜充决黄河，自泗入淮，以阻金兵"；此次决口的影响见《黄河水利史》，中华人民共和国水利部网站，http://mwr.gov.cn/szs/sls/201612/t20161222_776558.html

意是：重点解决北线对大运河漕运的威胁。因为大运河是南方往北京运输粮食的要道，需要力保。原话是："古人治河只是除民之害，今日治河乃是恐妨运道，致误国计，其所关系盖非细故。"①

在这个治河思想的主导下，白昂和刘大夏的治理思路就都坚持一个方向：堵住北线，保卫张秋运河；同时疏通南线，尽可能地让黄河往南边流，走"夺淮入海"的路线。

但这个方案是违背客观规律的，因为南线河道高于北线。所以，白昂和刘大夏拼命在北线堵水、修堤坝，在南线挖沟、疏浚河道。但这些根本没用，一发大水，黄河一定走北线，堵得越狠，水就涨得越高，冲毁之后的破坏力就越大，因此运河漕运在洪水期间还是会被中断。②直至最后，黄河强行改道，造成了巨大的灾难。

耗费如此巨大的人力物力把黄河治理成这个样子，是不应该的。治理河流"堵不如疏"是中国从大禹治水时代就流传下来的基本经验。在地势低洼的地方拼命堵水，让它往地势高的地方流，这是十分愚蠢的。正确的方法显然是大力疏通北部河道，为洪水入海留下足够的空间。

反思朱祐樘治理黄河失败的原因，有以下这么几条：

第一，最高决策者不顾客观规律，一味地追求政绩，急于求成。

在优先保障运河安全的同时，朱祐樘也对刘大夏说，治理黄河非常复杂，一定要全盘考虑，不能急于求成。

但是说完这句话，他自己又说："然事有缓急……今春暮，运船将至……必使粮运通行，不至过期……粮运既通，方可溯流寻源……以为经久之计。"③

---

① 参见《明孝宗实录·卷七十二》。

② 封越健：《明代弘治年间的黄河水灾及治理》，参考《资政要鉴》，北京出版社，2001 年版。

③ 参见《明孝宗实录·卷七十二》。

也就是说，不管咋样，你先把今年春天的漕运给我保住，不能耽误日期，保住了以后再来考虑长远问题。他说这句话的时候是二月份，离春季结束还有两个月。这实际上是逼着下面的人去作急功近利的决定。

第二，朱祐樘派去治理黄河的人都不是水利专家，而是按照儒家标准来确定的"贤人"。

白昂和刘大夏都没有治河经验，只是一直以清廉正直而出名。之所以派他们两人去，清廉应该是主要原因，因为朱祐樘一贯就喜欢这种人。可是，他们本人也许没有贪污治河经费，但清廉不等于能干，更不等于懂得治理黄河这种专业问题。这跟朱见深不怕韩雍胡乱花钱也要让他镇守两广、派专业抚民几十年的原杰去治理荆襄，表现为两种截然不同的用人模式。朱祐樘是按儒家道德标准来用人，朱见深是按照专业技术标准来用人。

第三，没有铁腕治吏的手段，政府效率必然低下。白昂和刘大夏不贪污，不代表治理黄河的其他官员没有贪污。

朱祐樘在对待官员渎职贪污等问题上一贯坚持"以德服人"，重点是提拔重用清官，树立正面典型，而不采用刑罚来震慑和惩罚贪官。因为孔子说过："道之以政，齐之以刑，民免而无耻；道之以德，齐之以礼，有耻且格。"也就是说，刑罚会制造恐怖。人们因为害怕而不犯法，但内心会变得无耻。而只有以道德和礼法来教化他们，才能让他们知道廉耻而主动停止犯罪。

有一件事情很能说明朱祐樘的这种理念。

弘治十年（1497年）的时候，朱祐樘信任的宦官李广死了。

这个李广自称会仙术，练好了可以飞升。朱祐樘对此深信不疑，虽然没让李广干政，但经常让李广给他治病，讲解养生修道的知识，对他十分信赖。李广死后，朱祐樘还认为他是飞升了，就派人到李广家里去看看能不能找出来什么天书。结果查出来一个账本，都是朝中大臣给李广送礼的记录，里面记着××送了白米若干、黄米若干等。

朱祐樘很奇怪，说了一句堪比西晋白痴皇帝司马衷"何不食肉糜"的话："这么多粮食李广如何吃得完？（广食几何，乃受米如许。）"

左右的侍从告诉他，这是隐晦的说法，白米就是白银，黄米就是黄金。

朱祐樘大惊失色，既想不到这个李广会收这么多钱，更想不到他手下的那些"贤臣"竟然会花那么多钱去讨好一个宦官。

史书上说，朱祐樘因此感到十分羞愧，认为是自己迷信宦官所致（他竟然不去追究账本上面行贿大臣的罪过），于是恍然醒悟，更加勤政。所以，这证明他还是一个贤君，不过是一个被宦官蒙蔽过一次的贤君。

这种事情皇帝当然有责任，是该好好反省反省。但除了反躬自省以外，那些送钱的大臣难道就不该查一下吗？光靠反躬自省就能消除腐败、遏制土地兼并了吗？

在这种治国思路的主导下，文官们的日子过得那是相当舒服。他们把朱祐樘描写成千古明君，希望世世代代的皇帝都这样"圣明"下去。

但稍有社会常识的人都知道，这样肯定镇不住官员们的贪心。黄河大堤修了 3 年，使用寿命却只有 2 年，然后就彻底崩溃需要重修，里面肯定存在大量的腐败。

第四，就是所谓的"正人""清官"可能不收钱，但未必就一定大公无私，不贪图权力等非经济利益。

朱祐樘派刘大夏去治理黄河的时候，朝廷议论，治理好黄河一定要做到四点：第一是疏浚河道；第二是要堵住要塞；第三是要用好人；第四是"久任"，也就是治理黄河的负责人要长期任职。

前三点基本都是废话，只有第四点有点实际意义，它的意思就是要让刘大夏长期待在黄河治理的第一线。我们的古人说话一般喜欢先讲大道理，而问题的重点往往放到最后。这个建议先讲了三点废话，很明显最重要的就是第四点。

朱祐樘觉得建议很好，就转发给刘大夏。刘大夏很快回应，前三点完全赞成，第四点就好像被他吃了一样绝口不提。匆匆忙忙干了一年，刘大夏就宣布治理成功，返回北京升官受赏了。

从这个事情看，刘大夏并不是没有私心的。朱祐樘虽然催着他赶紧保住漕运，但也说了，漕运保住之后要认真考虑"经久之计"。治理好黄河需要长期甚至终身的学习和实践，刘大夏不会不懂。他也许不喜欢钱，但对北京舒适安逸的生活和更高的权力仍然有所挂念，并不甘心献身于国家的黄河治理事业。这么短的时间，连黄河南线比北线高这种基础知识都没有搞清楚，刘大夏就把黄河治理完打道回府了。

三、以德制夷：鞑靼入贡与王越之死

朱祐樘"以德治国"的理想不仅体现在内政上，在外交上也是如此。

弘治元年（1488 年），朱祐樘任命许进为大同巡抚。这个许进之前积极弹劾汪直和陈钺，被朱见深下狱审问过。按照文官集团的道德标准，有这种经历的那当然是"正人"，必须要重用。朱祐樘一上台，许进就被多次推荐，之后被委以重任。

许进刚来到大同，"小王子"也来了。在大同城外连营 30 里，自称"大元大可汗"，要求"入贡"。许进向朝廷报告情况，绝口不提兵临城下的事，而是说："今'小王子'以皇上嗣统，感恩向化，遣使入贡。"说"小王子"是因为受朱祐樘即位而受到"感化"，所以才来"入贡"的。

朱祐樘竟然相信了许进的鬼话，同意"小王子"入贡：以后我们可就是"天朝和属国"的关系了。

可问题很快出来了："小王子"派了 500 人来入贡 ①，一路好吃好喝，强买强卖，几倍的赏赐都拿回去了，但没多久又带兵到河套抢掠。

言官们愤怒了：说好的"感恩向化"呢？

面对弹劾许进的诸多奏章，朱祐樘坚持认为只要我以诚待人，别人一定会以诚待我。这些弹劾的声音被置之不理。

弘治三年（1490 年），"小王子"大举入侵河套，两边都上阵相攻了，这下该撕破脸了吧？但在和平使者许进和热情好客的皇帝推动之下，双方关系很快恢复如初了。

朱祐樘和许进始终认为：可以用儒家之道来感化"小王子"，让他成为大明的朋友。他们有一个美好的设想："小王子"统帅的鞑靼部既然承认了自己是大明的"朝贡国"，那他就可以阻挡更北方的瓦剌部落的入侵，成为中国北方的屏障。这可是堪比汉朝招降呼韩邪单于、唐朝招降突利可汗的盛事啊！

但他们也不想想，汉朝招降南匈奴单于呼韩邪，是建立在 100 年以上持续对匈奴的残酷打击之上才取得的成果。而且招降以后，汉朝也没有指望呼韩邪单于能帮助他们防卫北匈奴，陈汤依然远征 3000 里将北匈奴单于斩首；唐朝招降突利可汗，也没指望他能帮忙解决突厥问题，而是派李靖出塞，杀敌上万，活捉颉利可汗。明朝根本没有这种军事优势，怎么可能天上掉馅饼，突然让一个强邻变成屏障呢？

在朝廷上下一片祥和的气氛中，河套地区的蒙古人越来越多了。当初朱见深逼着大同军户卖儿卖女凑足战马、预征一年以上的赋税、10 多万将士多年浴血奋战、王越和汪直出塞千里冒险奇袭才收复的河套平原，就这样被鞑靼部落不声不响地给占了回去。

---

① 《明孝宗实录·卷十五》："巡抚大同都御史许进等奏，自古驭夷之道，未尝不以怀柔为上策，今小王子以皇上嗣统感恩向化，遣使入贡……上是之使臣令五百人来京。"

弘治八年（1495 年），"小王子"正式撕破了对明朝的伪装，攻打甘肃、宁夏、宣府，三入辽东，基本上从西到东把"九边重镇"打了一遍。弘治九年（1496 年），又到宣府、大同、榆林一带烧杀抢掠。朱见深花费 10 多年心血稳定下来的北方安定局面荡然无存。

在这种情况下，朱祐樘实在是没办法再假装"小王子"是北方的"屏障"了。许进此时已经被升官了，不再负责边境防务。朝廷讨论了半天，始终提不出合适的候选人。朱祐樘可是真着急了，一咬牙，作出了他这辈子最大胆的决定：

召回汪直！召回王越！

汪直又从南京回来了，从奉御重新升为太监；王越恢复爵位，再次担任三边总制。

朝廷这下算是炸了锅了。北方被鞑靼部落痛打那都是小事，可以慢慢研究对策；汪直复出可是要动摇祖宗基业的大事，必须立刻制止。无数大臣上书强烈抗议，还有官员要求辞职，表示与汪直水火不容。

朱祐樘自当皇帝以来，哪里见过这阵势？没办法，只好把汪直遣送回南京去了，不过没有贬职，还是太监。

这样，大臣们才勉强同意让王越复出，担任三边总制。

弘治十一年（1498 年），王越复出后第二年，"小王子"再次入侵河套。王越第三次使出他的看家本领：后方偷袭。他派出 6000 骑兵[1]，从宁夏（银川）出发，分为三路。73 岁的王越自带一路，避开鞑靼主力，向西北行军 300 里，翻越贺兰山，衔枚夜袭[2]，大败后方守军，斩首 42 人，俘获牛马上千[3]，焚毁各种帐

---

[1] 《明孝宗实录·卷一百三十九》："越自宁夏遣将，分路发兵。延绥副总兵都指挥同知朱瑾领兵二千出南路，宁夏镇守太监张僴总兵官都督同知李俊领兵二千出中路，副总兵都指挥使张安、监枪右监丞郝善领兵二千出北路，越居中制之。"

[2] 衔枚：古代军队秘密行动时，让兵士口中衔着枚（像筷子的东西），防止说话，以免敌人发觉。

[3] 《明孝宗实录·卷一百三十九》："凡得贼首四十二，骆驼十九，马百二十二，牛羊器仗千数。"

篷等物资。"小王子"闻讯立即退兵。

贺兰山后大捷

王越

兵事驱人老未闲，衔枚夜度几重关。

地空虎穴藏勍^①掠，天运神机破大奸。

杀气平吞湖海水，威声高压贺兰山。

凯歌齐唱红旗舞，报道元戎得胜还。

　　进士出身的王越不仅是一代名将，也是明朝著名的诗人，其诗风以重现汉唐边塞诗的气魄与雄浑而闻名。这是他写的最后一首边塞诗。

　　王越的这最后一次胜利让他又一次升官，官居一品。但这些并没有什么用，文官集团针对他的打击早就在酝酿了。那个收黄米、白米的李广在贺兰山大捷之前一年死掉了。朱祐樘拿着那个账本谁也没有追究，但文官们却想办法把这个事情往王越头上扯。扯来扯去，说王越几年前曾经跟李广结交，让李广在皇帝面前说好话，让他重新回到都察院当官，只是因为遭到言官上书反对才作罢。

　　这事儿有可能。因为王越一向不太讲究，当初就敢冒天下之大不韪跟汪直结交，贬官回到老家后天天花天酒地，一点也不低调。现在换成了李广受宠，估计黄米、白米也该送就送。

　　不管怎么说，王越一边在前方打胜仗，言官们一边在后面弹劾他勾结李广，有不法行为；另外，言官们认为领兵深入敌境，虽然打赢了，但是把军队置于危险的境地，属于贪功冒进，不可效法等。

　　对此，如果换了朱见深，既然王越还有用，那是一定要护着的，肯定会一

---

① 勍：强敌。

边下诏安慰王越受伤的心灵，一边谴责言官生事（当年他就是这样保护项忠、韩雍和商辂的）。但朱祐樘什么也没有做。

贺兰山大捷之后 5 个月，王越在一片弹劾声中"忧恨而卒"，享年 73 岁。

王越死后，天下再无人是"小王子"的对手。此后关于鞑靼部落入侵的记录，明军就只有"败绩""逗留不进""久无功"之类的记载了。

弘治十三年（1500 年）冬天，"小王子"再次率众南下，侵占河套。这次他把王庭都搬过来了。朱祐樘实在忍无可忍，任命朱晖（威宁海之战前，被汪直和王越支开的大将军朱永的儿子）佩大将军印，统领 5 名正一品武将，由太监苗逵监军，尽遣明军主力，兵分五路进剿。等大军开到宁夏，鞑靼部落已经饱掠而去，明军斩首 3 人，宣布取得了胜利，然后退兵。

但鞑靼军队并没有真的撤退，不过从宁夏跑到了固原、平凉、庆阳一带抢掠。这几个地方的守将全部龟缩在城里不敢出战，任凭鞑靼军队横行。朱晖带领大军慢悠悠地开过去，等鞑靼部落抢够了，在后面截杀了几个掉队的，斩首12 人。

为了这 15 个首级的战功，"边民死者遍野，诸郡困转输饷军，费八十余万"。

战后，朱晖上报了有功将士 1 万多人。朱祐樘全部给予赏赐，并派出太监在北京城门举行仪式，欢迎得胜归来的明军将领，给 200 多人升官一级。[①]

不管怎么说，这可是贺兰山之后 3 年来对鞑靼部落的最大胜利啊！

朱晖报功人数虽然有点夸张，好歹还有 15 个首级作为支持。就在之前一年，3 万鞑靼军到大同一带劫掠，守军龟缩不出战。等到鞑靼军队劫掠 8 天满载而归之后，游击将军张俊这才带领 600 人追击，连一个首级都没有捞到就上报邀功，

---

① 《明史·列传第六十一·朱晖》："至宁夏，寇已饱掠去，乃与琳、逵率五路师捣其巢于河套。寇已徙帐，仅斩首三级，获马驼牛羊千五百以归。未几，寇入固原……比至，斩首十二人，还所掠生口四千，遂以捷闻。是役也，大帅非制胜才，师行纡回无纪律，边民死者遍野，诸郡困转输饷军，费八十余万……先后仅获首功十五级……已而上捣巢有功将士万余人……竟录二百十人，署职一级。"

声称自己击退了 3 万鞑靼骑兵。[①]

朱祐樘见了奏报大喜，把张俊提拔为大同总兵！

当上总兵的张俊后来再无尺寸之功，屡屡被弹劾遇敌怯缩不敢出战，朱祐樘一概不听。

弘治十七年（1504 年），"小王子"主动绝贡，连派几十个人过来说几句好话就能领一大堆赏赐回去的事儿都懒得干了。

朱祐樘"以德制夷"的策略终于还是失败了。

四、叶淇变法：政商结盟与"开中法"的废弃

弘治时期边防溃败，除了缺乏优秀的军事将领，"开中法"的废弛也是一个重要原因。

所谓"开中法"，就是"用民间粮食换官方食盐的制度"。

盐在古代是官方控制的，民间不允许制造和销售食盐，贩卖私盐是重罪，要杀头的。朱元璋在位的时候，有人建议说，边境需要军粮，但是从内地运粮非常麻烦，建议让民间帮忙运输粮食，运一石粮食到大同，就给他发一引盐（200 斤）的领取凭证，也就是"盐引"[②]。然后他就可以拿着这个凭证到沿海的官方盐场去领盐，领到之后再销售获利，弥补粮食的生产和运输成本。

朱元璋采纳了这个办法，并且立为制度，这就是"开中法"。

这个制度很有意思，有点像现代流行的"PPP"（Public and Private Partnership,

---

① 《明史·列传第六十三·张俊》："张俊，宣府前卫人。嗣世职，为本卫指挥使。累擢大同游击将军。弘治十二年（1499 年）以功进都指挥同知。火筛入大同左卫，大掠八日。俊遣兵三百邀其前，复分兵三百为策应，而亲御之荆东庄。依河结营，击却三万余骑。"

② 明制大引 400 斤，小引 200 斤。开中法行，中盐者皆给小引。参考《中国盐业史辞典》，上海辞书出版社，2010 年 10 月。

政府部门与私人部门合作），属于"公共事务外包与特许经营权捆绑"的一种制度安排：运输军粮是典型的政府公共事务，而食盐专营的权利则是只有政府才能授予的权利，把二者捆绑起来，解决边关粮食问题，理念非常先进而且实用。

"开中法"的好处是中央政府不用直接去组织粮食运输，哪个地方需要军粮了，就申请"开中"，就让民间商人给运过去，谁想赚这个钱谁就去。这样做比较方便快捷。这个事儿如果政府来做，就要建立一个庞大的转运体系，养起来一大批人，非常费力，也容易产生腐败。

"开中法"与军屯制度一起，成为明朝边镇军粮安全最重要的两大制度保障。

民间商人对于参与"开中"颇为积极，不仅组织运粮，还有很多盐商干脆雇人在边境地区开垦土地，在当地种粮然后卖给军方，获得盐引，被称为"商屯"。这就省却了长途运输之苦。边境地区人口比较稀少，这也在客观上促进了边境的开发，大大巩固了国防。

但这个制度跟所有其他制度一样，随着整个国家统治集团的腐朽，问题越来越多。

比较典型的，就是很多盐商把粮食交给军方，拿到盐引以后，长期领不到盐。这就像现在的"打白条"，钱是应该给你，但是暂时没有，就先欠着。

有很多专门生产盐的"盐户"，这些人跟"军户"一样，世代以熬盐为业，国家发给他们固定的海滩用于熬盐，然后规定每年要熬多少盐，按照固定的价格卖给政府。由于国有盐场腐败严重，盐户的海滩等生产资料被权贵兼并侵占；或者政府收购盐的钱被中间大量克扣等，导致大量"盐户"生活困苦甚至逃亡。盐产量因此受到影响，不能按期供应食盐。所以，你拿着盐引也没有用，只能等。

另外，很多权贵通过特殊渠道，不走"开中"就能"搞到"盐引，拿着这些盐引去盐场直接领盐。这些盐就被权贵领走了，真正辛苦卖粮运粮的商人却长期拿不到盐。

在这种情况下，民间商人对"开中"的兴趣就越来越淡了。弘治四年（1491

年），因为"小王子"入侵，边关需要更多的粮食，中央特批了一定额度的"开中"来给军队发粮，但是却没有足够的粮食运过来卖给军队。这反映出"开中法"出现了很大的问题，亟须改革。

"开中法"一直是户部管着的，改革措施也交由户部研究。这时的户部尚书叫叶淇，趁机提出了一个改革建议：改"运粮开中"为"纳银开中"，也就是商人不用运粮食到边关了，改为直接交银子到户部，户部收到银子以后直接给商人盐引，然后再用这些银子来向边关运粮。这样商人参与的积极性就能大大提高。

这个建议得到了采纳，并很快付诸实行。表面上看起来效果很好：商人们很开心，马上就交了很多银子到户部，领走了盐引。一年之内，户部管理的国库收入增加了 100 万两白银。而当时国家的财政收入主要是粮食，真正的银子才 200 万两。国库收入这一下就增加了 100 万两，可以说是暴增。

但这个改革似乎有个问题：改革"开中法"不是为了解决边关粮食紧缺的问题吗？怎么改来改去变成了户部发大财，商人很高兴，那边关的粮食问题怎么解决呢？

答案是，边关的粮食问题就没人管了。银子交到户部以后，户部也不可能辛苦费力地去组织粮食运输，就干脆把这笔银子直接发给军队，让他们自己去买。

发粮食和发银子，看起来是差不多的。但以前是直接把粮食运到前线，环节很少。现在从户部发银子到前线，平白无故多了好几个层级。"过手三分肥"是古时官场的基本规律，而且克扣银子比克扣粮食方便得多。银子到了前线，还要军队自己去组织粮食采购，采购过程中又是层层回扣。最后真正能到士兵肚子里的粮食就大大减少了。

不仅如此，既然可以"纳银开中"，那么辛苦费力地在边关屯田就没有意义了。商人们撤回了在边关种地的雇工，边境地区人口迅速减少。这直接导致了边境经济萧条、粮食储备下降、粮价飞涨。户部多收的那100万两银子，除了贪污克扣以外，还有很大程度上被边关地区粮食价格上涨给抵消了。

正如《明史·志第五十三·食货一》所言：叶淇变法，"开中法"遭到破坏。两淮地区的商人从边关撤走，西北地区的盐商也干脆搬家到两淮（中国主要食盐产地）。边关经济萧条，一石米的价格高达5两银子（正常价格是一两银子左右），粮食储备也因此匮乏。①

其实，要解决商人不愿意参与"开中"的困境，方法很容易想出来：可以改变粮和盐引的兑换比例，比如以前运一石米到大同可以换一引盐，那么以后可以换1.5引盐，不就有人运了？！或者是打击盐场腐败，对不能如期交盐的盐场官员进行处罚；还可以禁止权贵从特殊渠道搞到盐引等。这些做法才是"对症下药"。

这些措施，叶淇都不提，偏偏提了一个只对商人有利而对边境粮食保障不利的改革建议，这是为什么？

因为废弃"开中法"带来了严重问题，言官们开始弹劾叶淇，揭露出他的很多背景：叶淇，江苏淮安人。淮安正是中国最重要的食盐产地，盐商云集。其中著名的徽州商人集团就靠近这里，有很多徽商在两淮做盐业生意。叶淇家族与徽商多有通婚关系，徽州盐商大部分都跟叶淇关系很好。

《续文献通考》中《盐铁》一节中记载："盐商皆其视识，与淇言：'商人赴边纳粮，价少而有远涉之劳；在运司纳银，价多而得易办之利。'淇然之。"

两淮地区靠近食盐产地，但是远离边境。在"运粮开中"的制度设计下，徽商要运粮去边境或者到边境屯田，成本都很高。而中国另外一大商人集团——晋商，也就是山西商人在这方面具有得天独厚的优势：大同、太原就在山西，距

---

① 原文："叶淇变法，而开中始坏。诸淮商悉撤业归，西北商亦多徙家于淮，边地为墟，米石值银五两，而边储枵然矣。"

离另外几大边镇也很近，从山西运粮到边关成本很低。所以，靠近两淮的徽商反而搞不到食盐，而天下盐引大部分都归于晋商。

于是，徽商就利用和叶淇的姻亲关系，不断游说，请求废除"运粮开中"，改为"纳银开中"。这样，只要把钱交给户部的运司，拿到盐引，剩下的就是领盐和卖盐了。而在这方面，靠近盐产地和经济发达地区的徽商就比晋商更有优势。

变法之后，徽商实力大增，迅速超过晋商成为盐商的主力。与徽商广泛结为姻亲的叶淇家族自然也是愈加兴旺发达。

从叶淇变法的过程中，我们可以很清楚地看到一个"政商利益集团"对国家政策的影响。

《明史》记载，叶淇是一个清官。我们姑且相信这个结论。但是，叶淇本人有没有收受盐商的贿赂并不重要，重要的是他们结成了一个利益共同体，徽商通过各种渠道对叶淇施加影响，最终改变了政府决策。这个决策有利于集团利益而不利于国家利益。代表国家利益的皇帝朱祐樘对此全无察觉，至于因此受到损失的前线士兵则完全没有发表意见的渠道。

"开中法"改革的初衷是为了解决边防困境，结果研究来研究去，变成了徽商从晋商手中夺取利益的手段。这是一件很值得玩味的事。

很多政策从好的出发点开始讨论，最后却讨论出来一个跟初衷背道而驰的政策，看起来很荒唐，但其实这就是利益集团在背后操纵的结果。

五、千年一问：财富都去哪儿了？

面对军事上的一再失利以及刘大夏所汇报的"军民穷困"的情况，深居皇宫的皇帝朱祐樘感到十分困惑，再次召见刘大夏来作更进一步的询问：

永乐年间，太宗（朱棣）每隔几年就大举领兵北伐（打击蒙古部落），而且又迁都又修建长城，无不耗费巨资，也没听说出现财政困难。如今我既不修建宫室，各方面都百般俭省，为什么反而财用不足呢？我听人说，天下的财富，不在政府手中，就在老百姓手中，但现在（政府也缺钱，人民也生活穷困），钱都跑到哪里去了？[①]

朱祐樘发出这样的疑问，说明他当了17年"圣君"之后，终于开始意识到哪里不对头了。

钱既不在政府手里，也不在老百姓手里，那么，国家的财富都去哪儿了？这是关系到帝国兴衰存亡的根本性问题。这个问题被朱祐樘提出后，一直到明朝灭亡都没有得到解决。

对这个问题，刘大夏回答得倒很干脆："祖宗之时，民间出一文钱，政府就得一文之用。如今从民间取的钱数倍于当年，但实际进入政府口袋里的不过十分之二三罢了。"

皇上追问："那剩下的十分之七八到哪里去了？"

刘大夏一时间不知道该如何回答，就"乞退奏"，也就是说让我想想，回头写个奏章来解释。

皇上不依不饶，说："不行，你得当面跟我解释清楚。"

刘大夏"仓卒不能对"，就举了一个例子："我当年在两广当官的时候，发现官员们的俸禄，跟镇守太监的日常花销比起来微不足道。可见很多钱都被镇守太监贪污了。要是把镇守太监都给裁撤了，民间的钱就能到政府口袋里了。"

皇上就说："以前也有人说过应该裁撤镇守太监。但我也想过，这是祖宗设

---

① 原文见与刘大夏同一时代的官员陈洪谟所著《治世余闻》："上召刘尚书大夏谕曰：永乐间频年举兵北征，况大兴营造，费用无赀，当时未闻告乏。今百凡俱从减省，何以反不足？昔人云天下之财，不在官则在民，今安在哉？"

置的，已经很久了，突然裁撤也会有问题。比如 ×× 太监，在地方治理方面也是作出了贡献的。这样吧，以后任用镇守太监，一定要像 ×× 这样的，不达到这个标准的我不再任用就是了。"

从这段对话来看，刘大夏提出这样的改革建议，跟"叶淇变法"一样，属于"发现了问题，开错了药方"，而且是故意开错药方。他开这个药方，意在直指宦官集团，把国计民生问题当成政治斗争的弹药了。

镇守太监当然会贪污，但地方官员同样也会贪污。镇守太监的权力比较有限，主要就是了解情况向皇帝汇报。他们不直接掌握司法、行政、税收、治安等军政权力，不能干预地方官员的人事任免，也无权参与官员的政绩考核。[①]

腐败的官员们为了不被告状，就向镇守太监行贿，并容忍他们的一些不法行为，这就是镇守太监的主要腐败来源。遇到不买账的官员，镇守太监除了到皇帝面前去说坏话以外，并没有其他办法。

像汪直推荐的"清官"杨继宗到浙江当巡抚，跟镇守太监张庆闹矛盾，张庆就托张敏到皇帝面前说坏话，皇帝不听，张庆就只好老实点。

云南镇守太监钱能，因为贪污行为屡屡遭到云南巡抚王恕弹劾。王恕是出名的清官，钱能抓不到他的把柄，就没办法向皇帝告状。钱能急中生智，逆向思维，托关系在皇帝面前说王恕的好话，让王恕得以升官，到南京去当兵部尚书，这才躲过了王恕。不过后来钱能还是没跑掉，因为他自己没过多久也被调到南京，去当守备太监（比南京镇守太监低一级，负责管理南京武备库），正好归兵部尚书管。到了南京以后钱能就彻底老实了，再没听说过有什么劣迹。

所以，镇守太监的腐败只是文官集团腐败的一个附属品。如果官员自己没问题，镇守太监也干不了什么坏事。

---

① 镇守太监唯一的实权是对于谋反类案件可以直接派人抓捕，但审判权仍然归政府。还有，有时候皇帝特别交办某个事情的时候，镇守太监也可以指挥官员来做事，相当于临时授权。但这个过程中也不能选择和任免官员，官员们听不听话还是取决于皇帝的支持力度。

我们知道，一个官员群体的腐败程度，应该跟他们掌握的权力大小成正比例关系。这样，不同的职位才有"肥缺"和"清水衙门"的区别。镇守太监就是一个监察职位，太监有贪污的渠道，而且不小，但不大可能比掌握司法财税大权的地方官员贪污得更多。

而且，省级以上部门才有镇守太监，总数加起来也就几十个。皇帝向刘大夏咨询国穷民困的原因，这是一个大问题，涉及方方面面。军屯制度的破坏、"开中法"的废弃、大规模的土地兼并、税负不平等、吏治败坏等，都比镇守太监的贪污对国家影响更大。刘大夏偏偏只往几十个镇守太监的腐败上去找原因，显然并不是真心帮助皇上解决问题，而是想趁机打击宦官集团。

朱祐樘被刘大夏这么一说，又开始"反躬自省"，觉得好像是自己袒护太监一样，觉得理亏了，也就不敢再往下追问。

六、党争误国：开拓西洋与征讨安南的搁浅

这个刘大夏，除了在皇帝面前说宦官坏话、动用 15 万人修建的黄河防灾工程只管了一年就崩溃之外，还干过两件"大事"。

成化十三年（1477 年），项忠已经完成了荆襄地区的征讨回到北京，原杰也完成了荆襄治理，两广局势已经稳定，韩雍被迫退休，王越则已经把蒙古骑兵从河套赶走了（正是明朝中期国力最为鼎盛的时候）。

这个时候，太监汪直向皇帝朱见深建议：恢复西洋贸易，仿当年郑和下西洋故事。朱见深表示支持。不过此时距离郑和最后一次下西洋（1433 年）已经过去了 40 多年，参与此事的人基本都已不在世上。郑和下西洋的资料一直由兵部负责保存，于是朱见深命令兵部尚书项忠去调阅资料。

兵部档案馆归职方司管理，此时职方司的负责人就是刘大夏。档案馆方面找了半天，说资料已经找不到了。项忠很生气，说怎么可能找不到，肯定是档

案馆没认真找，要处分相关负责人。刘大夏就说：

> 三宝太监郑和下西洋，花费了数十万的钱粮，军民死亡数万人，就算得到
> 什么宝物，对国家又有什么好处呢？这是一大弊政，大臣应该进谏阻止。旧的
> 档案别说找不到了，就算找得到，也应该一把火烧了才好。[①]

经过一番争论，项忠最后接受了刘大夏的看法，回复皇帝说档案找不到了，
把这个事情给糊弄了过去。成化十三年（1477 年）正好是西厂开设、撤销、再
开设的关口，朱见深和汪直忙着跟官僚集团斗法，下西洋这个事儿也就被压了
下来。

四年以后，也就是成化十七年（1481 年），安南入侵老挝，然后又越过老挝
入侵八百（大致位于今天的泰国北部），之后被八百击败，损失惨重。汪直得知
后，上书建议进攻安南，趁机收复朱棣时期的领土。朱见深再次让兵部提供朱
棣时期进攻安南的资料。刘大夏故伎重施，又说资料找不到了，并再次劝诫兵
部尚书余子俊：如果擅开战端，西南地区局势一定会乱。

余子俊最后也被刘大夏说服了，把出征安南的意见顶了回去。

从刘大夏后来的一贯表现来看，他走的是"逢宦官必反"的那种路数。他
之所以反对下西洋和收复安南，恐怕主要原因并不是觉得劳民伤财，而是觉得
这两件事都是太监提议的。如果成功，将会增强宦官集团的势力，特别是汪直
的势力。

---

① 郑和下西洋的官方档案后来彻底消失。因为刘大夏说过一句应该烧了，后来就有人认为资料是被他
烧的。但各种比较靠谱的明代文献中都没有刘大夏烧毁这批资料的记录。烧毁官方档案是重罪，刘
大夏似乎也没有必要冒这样的风险。现在的研究表明，在刘大夏之后，还有人看到过这批材料并引
用了其中一部分。而到了清朝就再也没有人见过了。所以这批资料最大的可能是毁于明清换代之际
的战火。

兵部尚书项忠和余子俊显然都不相信刘大夏"资料找不到了"这种鬼话。

此外，项忠在朱见深的授意下，用残酷手段驱逐荆襄流民，造成数万甚至十多万的人民死亡，满朝文武把他骂得狗血淋头，但他照样我行我素。现在，刘大夏一句"下西洋劳民伤财"就能说服他改变看法，违背皇帝的命令。这可能吗？

余子俊也是军事专家，在北方跟蒙古军队打过不少仗。他跟王越是当时北方边境的"双子星"，王越擅长进攻，余子俊擅长防守，特别是在后方负责安抚已经归顺的少数民族部落。在该不该征讨安南的问题上，余子俊肯定有自己的看法。没带兵打过一天仗的刘大夏说一句"一旦开打，西南局势就会乱"的话，打了几十年仗的余子俊就改变看法、突然"醒悟"，这种情况似乎也不大可能出现。

那么，项忠和余子俊怎么就都被一个部下说服了，决定违抗皇帝的旨意呢？

通览史料，能够找出来的比较合理的原因只有一个，就是刘大夏提醒他们："这件事情对汪直有利，所以您应该反对。"

项忠跟汪直的关系搞得很僵，这一点前面已经讲过了；在马文升和陈钺争论是否要讨伐建州女真的过程中，余子俊是支持马文升的，还上书弹劾陈钺。因为汪直的保护，陈钺才安然无恙。

我们在前面讲过，陈钺曾经在汪直面前不停地讲某人坏话，结果某人因为别的原因退休回家了。《明史》为了黑汪直，就说：如果此人不退休，一定会被汪直陷害。这个人就是余子俊。

这样，朝中的大臣们就在刘大夏这种反宦官激进派的影响下，团结起来，搁置了再次开辟西洋贸易和收复安南的建议。

失去了这次机会之后，封建中国再也没能开拓海洋贸易。

七、清理门户：文官精英利益集团化的再加强

除了刘大夏这种反宦官的急先锋以外，文官集团中还是有不少真正胸怀天下、不囿于利益集团成见的精英分子。但他们一旦试图做出违反文官集团利益的事情，就会立刻遭到打击和排斥。

最典型的就是王越。他是进士出身，又是军事天才，对文官集团掌握军权非常有帮助，但他竟然抛弃成见跟汪直走到一起。这是文官集团无法容忍的，功劳再大都要给他弹劾下去。

另外一个典型就是我们前文说的，跟云南镇守太监钱能死磕的云南巡抚王恕。

王恕是个清官，由于弹劾钱能的事迹受到文官集团推崇。到了南京当兵部尚书，又遇到朱见深派宦官王敬南下采购，一路上不停地骚扰郡县，勒索财物珍玩。王恕就连续三次上书揭发王敬的罪行，朱见深核实以后，下令把王敬斩首，将王敬的随从充军。

等到朱见深晚年怠政的时候，大臣们都跟着万安混日子，唯独王恕不停地上书规劝，天天给皇帝找事，得到了一个称号"两京十二部，独有一王恕"。也就是在北京和南京的两套部委班子里面，只有王恕这个兵部尚书没有闲着。沉溺于修仙的朱见深被他搞烦了，在给汪直降罪之后，也勒令王恕退休。

这样一个人，当然被文官集团视为"正人君子"，是需要大力重用的。

朱祐樘一登基，就在廷臣的一致推荐下，召回王恕担任吏部尚书。

王恕复出以后，在遏制皇亲国戚兼并土地、宦官胡乱替人申请官职方面干了不少事情，这些也都是文官集团喜闻乐见的事情。

但是过了几年，把这两个利益集团的势力打压下去之后，王恕很快就和文官集团闹僵了。

弘治六年（1493 年），是朱祐樘登基以后第一次"京察"和"大计"重合之年。

"京察"，就是对京官进行考核，原来是每 10 年一次，王恕上台后改为 6 年一次；"大计"，就是对外官进行考核，每 3 年一次。"京察"和"大计"重合，就是对全国官员的一次大考察，这事由吏部负责主持。王恕经过考察，列举出来 2000 个不合格的官员名单，予以贬斥。①

这件事情震惊文官集团：他们完全想不到王恕在收拾"自己人"方面竟然比收拾宦官还狠。

宦官们文化水平比较低，只晓得告人谋反和贪污，王恕在这些方面没有任何问题，所以这些宦官只能敢怒而不敢言。但文官精英在搞政治斗争方面水平高得多，他们发现王恕在被朱见深勒令退休期间，曾经找人给自己写过传记，里面提到了不少他给朱见深上书提意见不被接受的事情。于是他们便指使一个跟王恕有过节儿的官员上书告发此事，说皇上你看，王恕这家伙在自传里面说你爹的坏话，说先帝昏庸，听不进大臣的意见，以显示自己正直无私。

朱祐樘看了很生气，下旨责备王恕沽名钓誉，并焚毁这本自传的雕版，禁止流传。王恕受到责备，请求辞职，朱祐樘立即批准。

骂死王越、赶走王恕，文官集团就这样逐步清理掉这些内部的"叛徒"，变得越来越"团结"。

八、"虞台岭之败"：拉开明朝大变革的序幕

弘治十八年（1505 年），长期坚持省吃俭用、轻徭薄赋的朱祐樘去世了，庙号孝宗。他到死也没弄明白，为什么他如此努力，国家反而陷入了军民穷困的地步。

---

① 《万历野获编·卷十一》："弘治六年（1493 年），正月朝觐大计，吏部升谪方面、州县等官一千四百员、杂职一千一百三十五员。"《明史·志第四十七·选举三》："弘治六年（1493 年）考察，当罢者共一千四百员，又杂职一千一百三十五员。"

在去世之前，皇帝再次招问刘大夏：天下何时才能大治呀？

刘大夏说：这事儿不能急，只要任用贤臣，然后任何决定都听从贤臣们的建议，时间久了天下一定大治。

朱祐樘叹了一口气，没有再问下去。

他等不到那一天了。

朱祐樘的"老朋友"——"小王子"听说皇帝去世，趁机大举入寇大同抢掠，连营 20 余里[①]。被朱祐樘破格提拔为大同总兵的张俊终于勇敢了一次，亲自领军出战。主要原因应该是大同守军刚刚配备了火炮，这可是先进武器。张俊可能认为有了火炮，拿下鞑靼骑兵不在话下。

但最后的结果仍然惨不忍睹。明军阵亡达六七千人，包括两个游击将军，创造了"土木堡之变"以来和蒙古部落作战最惨重的一次失败，史称"虞台岭之败"。此时距离王越和汪直踏破鞑靼王庭才过去了 25 年。

事后张俊上书说他本来脚受伤了，但是仍然坚持指挥作战。朝廷经过讨论，认为其精神可嘉，就没有追究他战败的责任。

《明史》里面在评价孝宗朱祐樘的时候，说了这么一段话："孝宗独能恭俭有制，勤政爱民，兢兢于保泰持盈之道，用使朝序清宁，民物康阜。"

这段话我读过多次，每次读起来都严重怀疑作者是高级黑，对孝宗明褒暗贬。

因为在这段话之前，还有一句话："至成化以来，号为太平无事，而晏安则易耽怠玩，富盛则渐启骄奢。"

翻译成大白话，就是说：朱祐樘从朱见深手中继承的江山是有很多问题的。什么问题呢？就是太平无事，容易让人倦怠；经济发达，容易让人奢侈；国力强盛，让人容易骄傲。

这样的局面真的是十分危险啊！

---

① 《明武宗实录·卷一》："戊申，虏大举入寇宣府，营于牛心山、黑柳林等处，长阔二十余里。"

果然，经过朱祐樘 18 年的辛勤治理，这些危机全都被消除了：内忧外患，想倦怠也倦怠不起来了；"开中法"废弃以后，财政入不敷出，也没钱奢侈了；军事上被鞑靼部落打成狗，也没啥资本可以骄傲了。

所以，从朱祐樘去世开始，此后 100 多年，太监、皇帝、大臣轮流上阵，通过各种变法试图挽救国家，搞得不亦乐乎。从朱元璋到朱祐樘这一段时间，明朝的历史中没有出现过以改革而闻名的人物，而朱祐樘之后，从刘瑾开始，到嘉靖、海瑞、张居正、万历等，一大批至今耳熟能详的改革派名人纷纷登场，这并不是偶然。

明朝大变革的时代，从此拉开了序幕。

第八章

治乱得失

帝国如何
走向盛世？

一、三大"圣君"：汉文帝、宋仁宗和明孝宗的施政得失

在讲接下来的故事之前，我们先对明孝宗朱祐樘的执政理念作一个总结。

明朝万历年间的内阁首辅朱国桢曾经这样评价孝宗："三代以下，称贤主者，汉文帝、宋仁宗与我明之孝宗皇帝。"

这跟《明史》的评价很一致，都把朱祐樘的地位捧得很高，但朱国桢的评价比《明史》更夸张。《明史》把朱祐樘和明仁宗、明宣宗并列。朱国桢则把他和汉文帝、宋仁宗并列。那么我们就来看一看，在正统儒家学者眼中，跟孝宗并列的几个皇帝到底把国家治理得怎么样。

汉文帝的治国政策主要是无为而治，轻徭薄赋、勤俭节约；废除了残酷的肉刑，建立了比较文明的刑罚体系。对外政策则是韬光养晦，跟匈奴和平相处。

这些政策的最终效果是不错的。"文景之治"以后，汉朝国力强盛、财政收入大增，汉武帝在此基础上发动了一系列开疆拓土的战争。但就像我们前面所说的，它同时也导致了地方豪强势力崛起，土地兼并和贫富分化问题严重。武帝在后期从战争转向内部治理，就任用酷吏，用铁腕手段整治贪官和豪强，并因此和太子刘据爆发了激烈的冲突。这些故事我们在前面都讲过了。

明孝宗的政策与汉文帝十分相似，但效果却比"文景之治"要差得多。关键的原因在于：汉文帝处在汉王朝的开国初期，国家刚刚经历战乱，人少地多，虽然豪强地主占据了大量土地，但新开垦一块土地还是比较容易的，贫富差距尚不足以引起严重的社会问题；同时，官僚体系刚刚建立，腐化堕落的程度有限。在这种情况下搞无为而治、休养生息，社会经济就会快速恢复，从而掩盖或者缓解官僚豪强阶级与底层人民的矛盾，总体来说对国家利大于弊。

但明孝宗一朝处在帝国的中期，开国已经上百年。这个时候，国家人口众多，土地十分稀缺，贫富差距已经很大了。豪强地主多占一点，老百姓就必然多损失一点；官僚体系经过上百年的发展已经非常腐化堕落，形成了一个比较稳固的利益集团。在这种情况下，正确的做法应该是铁腕肃贪、整顿吏治、打击豪强，这样才能实现国家的振兴。搞休养生息、无为而治，必然造成民不聊生、贪官横行的局面，大量的失地农民变成流民，政府和军队都变得腐朽不堪，社会矛盾尖锐、国力进一步衰落。

从宏观上来看，明孝宗时期的人口继续增长，财政收入基本保持不变，甚至略有增加，社会比较稳定，没有爆发较大的农民起义，所以才有人将这段时期称之为"弘治中兴"。但对外军事斗争的一系列失利已经暴露出了国家内政方面的积弊。孝宗去世 3 年之后，他治理过的黄河中下游地区就爆发了较大规模的农民起义——曹州赵实、陈朝宗起义；去世 5 年后，规模更大的刘六、刘七起义在河北地区爆发，席卷山东、河南、湖广等地。

就像前面说的，经过朱见深的"治乱、治民、治吏"三阶段治理，朱祐樘继承的是一个强大和繁荣的江山。他勤俭节约，努力工作 17 年，保证了国家没有出现大的动荡，没有功劳也有苦劳。但要说是中兴，那是远远算不上的，朱祐樘只能算是一个守成的君主。

与明孝宗最具可比性的是宋仁宗。

提起宋朝，对外军事战争可谓一塌糊涂，"积贫积弱"是北宋和南宋的基本特征。但要翻开正史看北宋的历代皇帝，除了最后亡国的徽钦二宗以外，还都挺不错的，没有什么昏君暴君。

这种现象看起来很矛盾，但我们把明孝宗的治理脉络搞清楚之后再来看宋史，就会发现其实一点也不矛盾：这些皇帝都跟明孝宗似的，像朱元璋、朱棣、朱见深这种用铁腕手段来对付贪官豪强的皇帝一个都没有。文官集团拿着很高的俸禄，每天高谈阔论，日子过得相当舒服，当然要把他们描写成明君圣主。

宋仁宗，就是北宋在位时间最长的一个皇帝，于北宋开国 62 年之后登基，在位时间长达 41 年。他的治国方式跟明孝宗朱祐樘基本是一样的。翻开各种介绍他的文章，基本就是讲述他如何仁慈宽厚、任用贤能、从谏如流、勤俭节约、与民休息等。

他的治国成果也跟朱祐樘差不多。

首先是对外战争接连失利，跟西夏的战争结果简直惨不忍睹。

西夏是当时我国西北地区一个只有几十万人的少数民族——党项人建立的政权。党项人是羌族的一支。他们从唐朝中期开始占据夏州（今陕北地区）。不管中原政权如何变化，党项人始终都表示臣服，接受册封，割据一方但是不宣布独立。一直到宋仁宗时期，党项人首领李元昊才宣布脱离宋朝独立。宋仁宗遂决定派兵镇压。

有 7000 万人口的北宋，和西夏的第一仗发生在 1040 年，也就是宋仁宗当了 18 年皇帝之后。战争地点在今天陕西延安附近的三川口。宋军全军覆没，阵亡 1 万多人，多员大将被俘；一年后，又在附近的好水川打了一仗，宋军再次全军覆没，又阵亡 1 万多人；第三年，定川寨之战，宋军继续惨败，主将以下 15 员将领战死，士兵阵亡 9000 多人。

取胜之后，西夏军队在周边地区大肆烧杀抢掠。范仲淹在《让枢密直学士右谏议大夫表》里面向朝廷汇报说，三次战争北宋方面军民死伤总数超过 20 万。

连续的惨败迫使宋仁宗同意议和。1044 年，北宋终于向几十万人口的小国低下屈辱的头颅，达成和议：

第一，北宋每年"赐给"西夏绢 13 万匹、银 5 万两、茶 2 万斤。

第二，宋夏战争中西夏所占领的宋朝领土从中间划界，西夏分走一半。

第三，宋朝每年在春节等三个主要节日另外"赐给"西夏白银、绢、茶等。

有人认为，这点钱对于当时北宋的财政收入来说非常少，用这点钱来换取和平是很明智的。这个道理也许讲得通，在屡战屡败的情况下，委屈求和似乎比不要命地死磕更加明智。

但问题是：一个 1 亿人口的大国[1] 跟一个 40 万人口的小国[2] 打仗，难道不是应该轻松取胜吗？一打就全军覆没，那肯定损失惨重啊。战争物资全被对方拿走了。你要是一战而胜，岂不是可以节约更多的军费？

更何况，军费并没有节约下来。宋仁宗时代冗兵现象严重。国家养着一支 120 万人的大军，比开国初期增长了 6 倍。而汉朝、唐朝和明朝的军队在王朝中期都维持在 50 万左右。也就是说，宋朝以不足唐朝一半的国土面积，养着两倍于唐朝的军队。

养着这么多兵但就是不会打仗，天天吃财政饭。国家财政收入的 70% 都用来养兵了，可军队派到前线去一打就全军覆没。签订了和平协议之后，军队数量也没见减少，该花的军费还是继续花。

宋朝无限期赔款，年年都有，一年赔 4 次，还是季付。而且，这笔赔款并不像有些人说的那样轻松。

宋朝的财政收入到底是多少，缺乏可靠的资料。国家税收包括白银（单位是两）、丝绢（单位是匹）、铁钱和铜钱（单位是贯）、草料（单位是束）、粮食（单位是石）等，在加总的时候不区分单位，统称为"贯、石、匹、两、束（端、围、斤、条、束、片、颗、席）"。"贯石匹两"这四个单位比较固定，后边的单位则比较随机，不同年度不同文献的记载不一样。宋朝最高年财政收入是宋真宗天

---

① 王通明，《"北宋人口一亿说"新考》，《云南大学哲学社会科学学报》，1992 年 8 月。

② 曾巩《隆平集》："（西夏）在德明时，兵十余万而已。曩霄之兵逾十五万。"王称《东都事略》则补充道："曩霄有兵十五万八千五百人。"同时，西夏兵制为全民皆兵，曾巩《隆平集》又说："年六十以下，十五以上，皆自备介胄弓矢以行。"这 15 万人显然就是其境内绝大多数丁壮的人口。以此估算，总人口也就 40 万左右。（参考汤开建：《近几十年国内西夏军事制度研究中存在的几个问题》，载《宁夏社会科学》，2002 年第 4 期。）当然这一种较低的估算结果。也有学者认为西夏总兵力在 30 万左右，对应约 100 万人口。（赵斌、张睿丽：《西夏开国人口考论》，载《民族研究》，2002 年第 6 期。）根据以上史料证据，40 万的估算较为可靠。古代人口估算误差较大为正常现象，但不论采信哪种结论，北宋人口数量相比西夏都有近百倍乃至超过一百倍的优势。

禧五年（1021年），有1.5亿"贯石匹两束"。宋仁宗庆历八年（1048年）的全国财政总收入是1亿"贯石匹两束"[1]，里面银子、丝绢、铁钱、铜钱、草料、粮食各占多少不知道，折算标准也有争议，只能估计。

有人不顾历史常识，直接把1.5亿"贯石匹两束"说成是1.5亿贯，然后又直接说一贯钱等于一两白银，所以宋朝财政收入高达1.5亿两白银，是唐朝、明朝的四五倍。然后根据宋朝官方声称的"十五税一"比例推算出国民经济总量，就得出结论：宋朝是中国历史上最富裕的朝代，财政实力超强，对外赔款相对于国力和财政收入来说简直就是毛毛雨。这十分可笑，中间每一步推理都是错误的，"贯石匹两束"价值远低于"贯"，而宋朝的"一贯钱"又远远不值"一两白银"。

宋朝"钱法"很乱，有铜钱、铁钱，还有铅锡钱，同时流通，各州都有权自行铸钱，还存在私人铸钱的情况。钱的大小不一、成分不一、价值多变，非常混乱。川陕地区通行铁钱，10个换一个铜钱；长江南岸和北岸流通的钱也不一样。一贯实际有多少个钱也是不确定的，有的800或850个为一贯，也有的480个为一贯。皇帝也曾经下诏要以770个为一贯，而各州"私用则各随其俗"，完全是笔糊涂账。[2]

这种混乱的钱法严重阻碍了商品经济的发展，是宋朝中央政权缺乏威信、地方政府各自为政的体现。

宋朝还出现了类似于纸币的"交子"，但它不是出现在商品经济最发达的江南沿海地区，而是出现在位居内陆的四川地区。"交子"出现的主要原因不是商

---

[1] 参考汪圣铎《两宋财政史》附录"宋朝财政收支概况表"，中华书局，1995年版。其中1.5亿的来源是《宋史·食货志》记录的天禧末年"天下总入一万五千八十五万一百"，四舍五入只能为1.5亿而不是1.6亿。有人说1.6亿，或许是四舍五入的时候把"五千"后边的"八十五"当成了"八百五"之误。

[2] 参考汪圣铎《两宋财政史》第五章第一节"北宋货币发行概况"。程民生在《宋代物价研究》的序言中也感慨宋代钱法之混乱，总结为"币种繁多、陌制混乱、贯文不清"，连宋朝人自己也经常在贯和文的换算之间搞错，还有皇帝下令奖励某人50贯而有关部门却理解错误给了500贯的，后世有关研究只能尽量推测避免错误。

品经济发达，而是四川地区缺铜（更缺银子，整个宋朝都缺银子，宋朝连统一的金属货币都没有出现，更别说纸币了。中国真正实现货币白银化是在明朝晚期。西班牙和葡萄牙殖民者从美洲挖出了大量的白银，明朝通过商品贸易赚了大概 3.3 亿两，也就是大约 15800 吨①）。

四川地区本来就不怎么产铜。北宋灭掉后蜀政权、征服四川以后，"沈伦等悉取铜钱上供，及增铸铁钱，易民铜钱，益买金银装发"，把四川地区的铜和金银财富大量运往首都开封，而后又"禁铜钱入川界"②。

没有了铜，四川地区只能用铁铸钱。铁钱价值很低，10 枚铁钱才相当于一枚铜钱③，又很重，不方便携带。无奈之下，商人才想出了"交子"这个方法：把钱存入钱庄，换来纸质的存钱证明，用于携带和交易。

这种方法在历史上并不是首创，唐朝的"飞钱"就远比它出现得早。后来宋朝政府发现了"交子"的好处，就以官方名义开始滥发，官方的"交子"每年都在大幅度贬值，开创了政府利用通货膨胀来掠夺民间财富的先河。

那么，宋朝为什么会从四川等地征调铜、金、银去首都呢？答案是，金银要用来作为岁币赔偿给西夏、辽国等不收纸币的北方列强，而铜都被中央拿来铸成铜钱了。

宋朝高峰时期每年铸铜钱高达 600 万贯④，是中国历史上铸钱量最大的朝代。照理说铸了那么多钱，货币流通量应该没问题啊？为什么各地还要自行铸造大量铁钱、铅锡钱？还发行纸币干什么？原因很简单，铜钱是用来对外贸易和给权贵发工资的，而纸币是用来向民间购买货物的。

外政权都是大爷，权贵也不能得罪，所以宋朝的铜钱含铜量很高，而面值

①　王裕巽：《明代白银国内开采与国外流入数额试考》，载《中国钱币》，1998 年第 3 期。

②　参考《群书考索后集·卷六十一》，载《宋会要辑稿》。

③　参考《长编纪事本末·卷十一·蜀钱》。

④　这一记录出现在宋神宗元丰年间，岁铸铜钱 506 万贯，铁钱 88 万贯，合计近 600 万贯（参考汪圣铎《两宋财政史》）。

很低，面值远远低于它里面铜的真实价值。北宋大臣张方平就说："销熔十钱，得精铜一两，造作器物，获利五倍。"[1]这些人对政府低价送钱的行为十分满意，拿到铜钱以后根本就不让其流通，而是论重量卖给商人，可以获得比面值高出几倍的利润；像辽国干脆就在边境贸易中只收铜钱，拿回家熔化了之后铸成铜器，又拿来以几倍的价格卖给宋朝……还有日本等国也是，以前跟中国做买卖，都是把东西卖到中国来以后，再购买很多货物回国去卖，两头赚钱。但在宋朝就不这样，不买东西，直接把铜钱装运回国。对此，宋朝的文人们还很自豪，觉得是本朝"王化"的功夫做得好，仁德之盛，感化"四夷"，他们才争相使用中国发行的铜钱，所谓"一朝所铸，四朝（宋、辽、西夏、金）共用"，这可是千载难逢的盛世佳话啊！

按照这种方法铸钱，政府铸得越多，财政亏空越厉害，全都补贴到外政权和权贵头上去了，而市场上则非常缺乏金属货币。从宋仁宗的时候开始，宋朝就开始闹"钱荒"，一直到宋朝灭亡，金属货币从来没够用过。反之，政府发行的纸币"交子""会子"要么用来强买货物，要么给底层的士兵开工资，随意乱发，天天贬值。这种畸形的货币制度，成了政府对外讨好外人、对内掠夺人民的工具。就这么着，还有好多文人学士盛赞宋朝是重视商业、自由开放的伟大朝代，还说宋朝物价很便宜，一枚铜钱就可以买多少多少东西，这是唐朝、明朝完全比不上的，真是笑话啊！

在混杂的贯石匹两之中，财政真正的铜钱收入，北宋早期大约是1600百万贯，中期大约是2650多万到3600多万贯，后期最高峰曾经达到过6000多万，末期则降至不到5000万贯[2]。由于北宋不断铸造铜钱，铜钱相对于白银在不断

---

[1]　如松：《如松看货币之道》，国防工业出版社，2015年版。

[2]　李心传《建炎以来朝野杂记·甲集·卷十四》："国朝混一之初，天下岁入缗钱千六百余万，太宗皇帝以为极盛，两倍唐室矣。天禧之末，所入又增至二千六百五十余万缗。嘉祐间，又增至三千六百八十余万缗。其后，月增岁广，至熙、丰间，合苗、役、易、税等钱，所入乃至六千余万。"

贬值，早期大概一两银子值一贯铜钱，中期一两银子大约值一点五到两贯铜钱，后期一两银子可以值三贯铜钱。南宋时期则大部分时间维持在一两银子兑换三贯铜钱左右。[1] 因此，北宋中期的天禧年间 1.5 亿贯石匹两（端、围、斤、条、束、片、颗、席）中，3000 多万贯铜钱的价值不过 1000 多万到 2000 万白银。后期顶峰的 6000 万贯，也不过价值白银 2000 多万两左右。

北宋中后期的宋哲宗元祐初年，财政收入是黄金 4300 两，白银 57000 两，铜钱 4848 万贯，绸绢 151 万匹，谷 2445 万石。[2] 其他一些低价值的比如草料等不算。总计折合成白银大约也就是 3500 万两到 5000 万两之间。[3]

这些钱当然也不少，但宋朝财政大部分时间都是入不敷出：70% 用来养活军队，剩下的就是给各级官僚发高工资。宋仁宗时代的名臣包拯，他的工资（按年计）大约相当于今天的 200 万元人民币，还是税后[4]。省部级官员的工资全都

---

[1]　参考程民生《宋代物价研究》第五章"金属及矿产等自然资源"，人民出版社，2008 年版。

[2]　苏辙《收支叙》："今者一岁之入，金以两计者四千三百，而其出之不尽者二千七百；银以两计者五万七千，而其出之多者六万；钱以千计者四千八百四十八万（除米盐钱后得此数），而其出之多者一百八十二万；绸绢以匹计者一百五十一万，而其出之多者十七万；谷以石计者二千四百四十五万，而其出之不尽者七十四万；草以束计者七百九十九万，而其出之多者八百一十一万。"

[3]　铜钱按一点五贯到两贯折合一两银子计算，粮食按照约一石合一贯折算，绸绢按照一匹约折合一点五贯折算，黄金按照一两合白银四两折算。照此可得一大概之范围。宋朝钱法混乱，物价波动也很大，加上史料记录参差不齐，只能得到这样一个大概的数据。具体折算标准参考程民生在《宋代物价研究》中的有关分析考证。

[4]　包拯为权知开封府、龙图阁直学士，根据《宋史·职官》记录的俸禄规定，其俸禄应包括每年钱 180 万文，1800 石粮食，每年 50 匹绢，50 两棉和 5 石盐，以及职田 20 顷的收入，30 个仆人的工资补贴，此外还有朝廷的各种赏赐。根据程民生在《宋代物价研究》中的有关折算比例，这些全部收入可以折合大约 400 万文钱。100 文钱在宋朝中期大约可买一斗米。宋一斗为 6641 毫升（吴慧《中国历代粮食亩产研究》），一斗米约 10 斤。按照近年大米零售价大约一斤五元计算，可以折 50 元钱，则包拯年收入大约可折合今天人民币 200 万元。此前网络上广泛流传关于包拯年收入过千万的说法，认为包拯收入最高的时候年收入约为 21878 贯（求学网，https://lishi.7139.com/5125/11/141336.html），可折合人民币 1000 多万元，但其中包括了每个月 1500 贯的公使钱，这笔钱是包拯作为开封府长官有权自由支配的公费，法律规定只能用于公事开支，不能算成个人工资。包拯作为著名清官，更不可能将其挪为私用。因此需扣除 18000 贯，扣除之后还剩大约 3878 贯，就与本书折算的大约 400 万文钱相差不大了。

在百万元以上。宋朝官员数量还特别多，因为赵匡胤为了防止大臣专权，经常一个职位设好几个官，而且各种交叉任职。兵多、官多、工资高，这就是宋朝著名的"冗兵、冗官、冗费"问题。也是从宋仁宗时代开始，北宋开始出现财政赤字，入不敷出，只能以发行纸币的方式来弥补财政亏空。

发完军队和官僚集团的工资之后，就基本剩不下来钱了。新增的赔款只能找老百姓搜刮。

由于急于求和，北宋跟西夏的协议条款没说清楚。当时宋朝的"斤"分为大斤和小斤。小斤跟今天的一斤相当，而一大斤相当于6小斤。协议上只说了斤，没说大斤小斤。西夏后来要的时候就按照大斤要，每年总共是5万大斤茶叶，也就是30万斤。

对此，名臣欧阳修在《论与西贼大斤茶》的奏章里面说："中国大货利止于茶盐而已，今西贼（西夏）一岁三十万斤，北虏（辽国）更要三二十万，中国岂得不困？"

可见，在欧阳修看来，给西夏和辽国的战争赔款，光茶叶一项就已经让国家感到吃力，更别说每年几十万两的银子和几十万匹丝绢了。

同时代的另一位名臣司马光也总结说："自其（西夏）始叛，以至纳款，才五年耳，天下困敝，至今未复。"显然，当时的人们并不像后代的"宋粉"一样，觉得战争赔款对国计民生影响不大。

等宋朝和西夏达成和平协议以后，北边的辽国一看，宋朝给西夏的好处不少啊，之前我们跟他议和时要少了，于是撕毁36年前的"澶渊之盟"和平协议，发兵南征。宋仁宗连忙派使者去议和。史书上说，这个使者严厉斥责了辽国撕毁协议的无耻行为，令辽国君臣感到羞愧，所以就退兵了。

显然这些都是鬼话。退兵的原因只有一个，就是北宋加钱了。银子每年增加10万两，绢再增加10万匹。赔款总数从原来的20万两白银，10万匹绢，增加到30万两白银，20万匹绢。

花了那么多钱换来了和平，但换不来内政的清明。

对外需要年年巨额赔款，对内需要养活中国古代史上最庞大的常备军，官员们领着中国历史上最高水平的工资。因此，宋朝的老百姓也就承担着古代历史上最高的税负。

我很奇怪一点，有一些夸奖宋朝的人，拿宋朝庞大的财政收入来说明宋朝经济繁荣、空前富庶。而提到宋朝对外战争不停惨败和巨大的财政亏空，又说这是因为宋朝"国家虽然弱小穷困，但是民间很富裕，藏富于民"。这种逻辑也真是荒诞。难道不应该是财政收入巨大说明对民间的搜刮很严重，军事惨败和财政亏空说明搜刮上来的钱都被贪污浪费了，导致国力很弱吗？真正富裕的不是老百姓，也不是财政收入庞大的国家财政，而是可以对下搜刮老百姓、对上贪污国家公款或者拖欠税款的权贵阶层。所谓"藏富于民"，不过是一个谎言。真实的情况是"藏富于贪官""藏富于豪强"。就像宋朝大儒朱熹描写的："盖贫者无业而有税，则私家有输纳、欠负、追呼、监系之苦；富者有业而无税，则公家有隐瞒、失陷、岁计不足之患。"①

由于宋仁宗"宽厚仁慈"，贪官和豪强们自然就无法无天，在收拾老百姓方面可谓"八仙过海，各显神通"："势官富姓，占田无限，兼并冒伪，习以成俗"②，最后是"富者有弥望之田，贫者无卓锥之地；有力者无田可种，有田者无力可耕……富者益以多畜，贫者无能自存"③。

所以，宋仁宗被史书描写成圣君，和宋朝的积贫积弱之间不仅不矛盾，相反，它们之间存在着密切的因果关系，正是因为他宽厚仁慈，管不住贪官和豪强，才导致了国力衰落和民不聊生。

明孝宗在位 18 年，在他治下虽然社会矛盾越来越尖锐，但大局好歹还算稳

①　参考《晦庵集·卷二十一》。

②　参考《宋史·食货志上一》。

③　参考李焘《续资治通鉴长编·卷二十七》。

定。等他去世以后 3 年，才爆发了较大规模的农民起义。而宋仁宗在位 42 年，是肯定躲不过去的。前 20 年还好，处于矛盾积累期。20 年以后，农民起义就一波接着一波地爆发了。

比较大的起义是 1043 年，也就是宋仁宗即位后第 21 年的张海、郭邈山起义。郭邈山早在 1032 年就占山为王开始造反了，到了 1043 年跟张海联合，势力发展到了可以攻打州县的地步，这才引起朝廷重视。"一岁之内，恣行残暴，京西十余郡，幅员数千里，官吏逃窜，士民涂炭"，威胁到了首都开封的安全，朝廷才派出大军镇压。

然后是 1043 年的王伦起义，1044 年的保州士兵起义和 1047 年的王则起义。其中王伦起义，先占领了沂州，然后攻打泗州，渡过淮水，攻占楚、真、扬、泰、滁等州，直抵和州，影响极大。

上面这些是比较大的起义，需要中央派兵镇压，小的暴动则更多。1043 年一年之中，欧阳修就在奏章中频繁提到了各地严重的治安问题：

今盗贼一年多如一年，一伙强如一伙，天下祸患，岂可不忧？[1]

池州、解州、邓州、南京等处，各有强贼不少，皆建旗鸣鼓，白日入城。[2]

桂阳监昨奏蛮贼数百人，夔峡、荆湖各奏蛮贼皆数百人，解州又奏见有未获贼十余伙，滑州又闻强贼三十余人烧却沙弥镇，许州又闻有贼三四十人劫却椹涧镇。[3]

昨京西、陕西出兵八九千人捕数百之盗……达州军贼已近百人，又杀使臣，

---

① 参考《再论置兵御贼札子》。
② 参考《论盗贼事宜札子》。
③ 参考《论御贼四事札子》。

其势不小。兴州又奏八九十人。①

对这些严重的社会问题，欧阳修在奏章中也指出了原因：

不仅因为税负过于沉重，更重要的是官吏的贪污腐败。每次征税，贪官污吏总是要想办法从百姓那里再多拿一些。国家收一分的税，贪官污吏就要从老百姓那里索要十分。人民生活穷困，主要原因就是这个。②

以上这些，就是朱国桢所谓"三大圣君"之一的宋仁宗的治理状况。

就跟明孝宗去世之后不久，明朝就开始大变法一样；宋仁宗去世之后 6 年，轰轰烈烈的"王安石变法"就开始了。要不是社会问题极为严重，王安石应该不会吃饱了撑的，得罪整个权贵集团开始搞大变法。

实际上，在宋仁宗末期，范仲淹和欧阳修就开始尝试变法，此变法被称为"庆历新政"。范仲淹提了 10 条改革方案，宋仁宗全部接受。改革开始，第一步措施就是削减"吃空饷"的规模，规定不满 15 岁的小孩不能"吃空饷"。结果这第一步就遭到了激烈的反抗，无法实施，弹劾奏章都快把范仲淹给淹了。一年后，范仲淹被贬到陕西，而欧阳修则被贬到滁州去了，所有改革措施取消，变法结束。

1063 年，宋仁宗去世。《宋史》里面说，朝野上下无不痛哭流涕，"数日不绝，虽乞丐者与小儿，皆焚纸钱哭于大内之前"。也就是说连乞丐和小孩都为失去这么一位伟大仁德的君主而痛哭，还主动跑到皇宫门前去烧纸以表示哀悼。这个说法虽然是正史上说的，但我觉得似乎不太可信。最大的可能性应该是两种，

① 参考《论澧州瑞木乞不宣示外廷札子》。

② 欧阳修《再论按察官吏状》："不惟赋敛繁重，全由官吏为奸。每或科率一物，则贪残之吏先于百姓而刻剥，老缪之吏恣其群下之诛求，朝廷得其一分，奸吏取其十倍。民之重困，其害在斯。"

一种是记录者夸大其词，一种是某些拍马屁的官员花钱搞的政治秀，也可能是二者兼而有之。这个记录也可以从侧面证明，我们对于正史上说的仁宗时代多么繁荣昌盛，是可以表示怀疑的。

二、儒家理想：人性中的善恶与政府治理的首要任务

明孝宗和宋仁宗都是工作勤奋、生活俭朴，同时又乐于接受大臣反对意见的皇帝，但他们却治理不好国家。这是为什么？

儒家的治国理想是很美好，但过分侧重于发掘人性中善的一面，没有充分重视人性中恶的一面。

举个例子，孟子曰："国君好仁，天下无敌焉。南面而征，北狄怨；东面而征，西夷怨，曰：奚为后我？"[1]

就是说，传说中的古代圣君，因为讲仁义道德，所以天下无敌。去讨伐南面的异族，北边就不高兴了；他去征讨东面的异族，西边又不高兴了。他们为什么不高兴呢？因为"你为什么不先来打我？"

孟子认为，只要仁义的功夫做到家了，异族就会要求仁德君主来统治自己。

朱祐樘和许进坚信"小王子"可以用仁义和诚信来加以感化，背后就是孟子提供的理论支持。

不管对内对外，儒家的治国理论基本就是这个思路。

这个思路大的方向是正确的。因为人性当中，善占据了主要的方面。一个人在生活中坚持诚以待人，大部分人也会回之以诚信；一个领导在工作中坚持以身作则，他说的话下面的人就会更愿意去执行。反之，上梁不正下梁歪，领导严格要求下属努力工作、清正廉洁，自己却游手好闲、挥金如土、贪污受贿，

---

[1]　参考《孟子·尽心下》。

那么下面的人就会有样学样，表面上装得很听话，背后都会乱来。

这些道理都是对的。但人性中除了善，还有恶的一面。如果不能对人性之恶加以有效的遏制，善行就会遭到非常严重的破坏。

比如，一个农民卖菜，不短斤少两、不以次充好，大家就都会来买他的菜，他也能赚到钱。这就是"诚以待人"的好处，是人性的善在发挥作用。但 10 个人当中，可能有一个坏人，拿 100 块钱的假钱来买他的菜，他卖了 10 块钱的菜，还找人 90 块钱。这样，一个坏人就能把农民从好人那里赚的钱全部骗走。

我在《这个国家会好吗：中国崛起的经济学分析》这本书里面，将这种现象称为"破坏力要素参与分配"。这里只用一句通俗的话来总结，就是"一粒老鼠屎，坏了一锅汤"，只要很少的恶行，就能抵消数倍的善行。

所以，人性之恶虽然只是次要方面，但绝不可忽视。你个人的仁义道德修养做得再好，能够感化很多人，但总有少部分感化不了的恶人。对这部分恶人怎么办？就是要以暴制暴，严刑峻法，坚决打击。

此外，善人也是有弱点的。一般情况下愿意行善的人，在诱惑达到一定程度以后，也很有可能会经不起诱惑而选择作恶。有的人可以抵制金钱的诱惑，但你找个美女去色诱，他可能就投降了；有的人自己可以省吃俭用，但不能看着老婆孩子吃苦；有的人绝不怕死，但如果威胁到家人，他也许就会害怕退缩……

这都是人性的弱点。所以，一个社会要弘扬正气，对外要争取和平，对内要政治清明、民生幸福，就不能光靠正面的鼓励和以身作则，一定要有足够的手段，来惩罚人性之恶带来的危害。

这个道理并不复杂，我想大家都很容易弄明白。真正需要深入思考的是：这么简单的问题，我们的大圣人、大思想家孔子、孟子为什么会想不到呢？为什么明孝宗朱祐樘这样努力勤奋，当了 10 多年皇帝也没想明白呢？到底是哪里出了问题？

我们研究或者学习某一种思想，一定要注意一点，就是要结合这种思想产生的时代背景来分析和理解。

孔子和孟子所在的春秋战国时期，是一个国家四分五裂、诸侯混战的时代。旧的秩序已经崩溃、新的秩序尚未建立。那个时候的诸侯国，就是赤裸裸的暴力机构：对外持续打仗，拳头即真理；对内横征暴敛，不把老百姓的死活当回事。像孟子去游说各国的君主，这些君主就是纯粹的土豪，直接就跟孟子说：寡人好色、寡人好武、寡人好货，你讲的什么仁义道德我不感兴趣。反正就是穷尽人民的一切来满足他们个人的私欲，而且毫不掩饰，毫不羞耻，认为这是理所当然的。

在这种情况下，孔子和孟子才认为：遏制统治者的私欲是重建国家秩序、保障民生幸福最重要的事情。他们才搞出来一套理论：当君王的，要像父母对待自己的孩子一样，以慈爱教育为主，不能搞残酷掠夺、滥刑滥杀，也不能穷兵黩武，没完没了地打仗。同时，为了说服君主赞成他们的理论，他们也论证说：只要君主像对待孩子一样对待臣民，那么臣民也会像孩子对待父母一样忠诚孝顺，君主也就不用担心宝座不稳、自己的统治老是被各种政变推翻了。这样对双方都有利，难道不是很好吗?

儒家所说的"君君臣臣父父子子"，就是在这种背景下诞生的。孟子才劝说梁惠王：你不要老是讲个人的私利（王何必曰利）。你讲私利，那么你的大臣也讲私利，就不会忠于你；大臣的手下也跟着讲私利，就不会好好干活。这种情况下，国家是没办法正常运转的。你要讲仁义，这样你的大臣也讲仁义，就会忠于你；大臣的手下也讲仁义，就会努力干活。这样，国家就会稳定发展了。

这个道理很明白，也很正确。一个国家、一个组织机构，如果大家都只关心个人的私利，这个组织机构是没办法正常运转的。为了让大家注意集体利益，领导人自己就要努力做到大公无私、勤政爱民，大力宣传国家是为人民服务的，不能光讲自己的私利。孟子这么说完全没错。

孔孟的思想、儒家的思想，在一定程度上要求限制专制君主的权力，而不是鼓吹专制权力。自近代以来，因为我们落后了，所以不断反思自己传统制度和传统文化的问题所在，就把孔孟的思想认为是专制的根基，这是一种误解。

专制王权早在儒家思想诞生之前就产生了，春秋战国哪一个诸侯的权力是靠儒家吹出来的？孔孟生前都很落魄，没有掌握过实权，也没有看到他们的理想有任何实践成功的希望。因为那是乱世，君主必须靠足够强的暴力才能生存下去，没有人愿意重用他们。秦始皇统一六国，建立皇帝专制制度，也没有儒家什么事儿，靠的是法家思想。

中国古代君主专制的权威性不是来自儒家思想，而是来自组织军事力量抵抗外敌入侵和对抗自然灾害的必要性。这个问题我们在本书一开头就已经说过了。君主专制制度不来自任何理论，而来自生产力发展的实际需求。没有儒家思想，中国古代一定还是君主专制国家。儒家思想让君主专制制度变得更为文明，更有利于保障人民的权利，维持社会稳定。这是孔子和孟子的最大贡献。

等到汉武帝决定"废黜百家，独尊儒术"的时候，他是把儒家思想当作一个"统治术"来使用的。秦朝独尊法家思想，刑罚过于残暴，人民不堪忍受，二世即亡；汉朝前期尊崇道家思想，政府无为而治，结果豪强横行，人民生活困苦。这种情况下，武帝乃决定用比较中庸的儒家来治国：既要宣传仁义道德，削减过于残暴的刑罚和苛刻的税负，又要"有为而治"，政府官员要积极行动起来，打击豪强、兴修水利等。这个决定，有利于国家发展和长期稳定，有利于提高政府治理水平。

从这个角度说，儒家思想是作为暴政的对立面出现的，所以它才片面强调仁义道德，较少关注严刑峻法和军事效率。因为它所产生的时代，一点也不缺少严刑峻法和战争。不是孔子、孟子想法幼稚，忽视了人性之恶，而是他们的关注点不在这上面。

但是，等到中国进入帝制时代以后，国家长期处于整体和平的状态，儒家思想成了唯我独尊的官方意识形态。这个时候，孔孟思想的局限性、片面性就凸显出来了。

帝制时代，儒家士大夫组成的官僚集团，成为国家最大、最重要的利益集团。他们就利用孔子思想中的这个局限性，并将其进一步夸大，无限地上纲上线，来进一步削弱皇权，维护自己集团的私利。

皇帝是通过战争来获得权力的，而战争的主要原则跟儒家思想无关。儒家学者无法掌握军权，他们能掌握的主要是两个：一是文化教育的权力，这个权力无论是军人还是太监都没法跟文官集团竞争；二是行政信息渠道，文官掌握着行政系统，深入州、县、乡，基层官员更是每天都跟老百姓打交道。反之，军事系统和太监系统都无法深入帝国的社会基层组织。帝国的社会状况到底怎么样，文官集团最了解，皇帝想得到这方面的信息只能依赖他们。

利用文化教育的权力，文官集团就可以按照他们的利益来记录和解释历史。皇帝从小所受的教育都是严格按照儒家史观进行的，教学者也是儒家学者，他们反复告诉皇帝：历史的经验一再表明，只要勤政爱民、轻徭薄赋、反躬自省、从谏如流、重用贤臣，就能治理好国家。反之，就治理不好国家。此外，武将干政和太监干政更是祸国之源，一旦出现这种情况，国家一定灭亡。

于是，在深宫中长大的皇帝，有一些就真的被教育得对仁义道德的感化能力深信不疑，而对"人性中的恶"的重视程度或者理解程度严重不足。他们不了解官僚集团的贪污腐败和豪强地主的横行霸道会给人民带来多么严重的困难，也不理解为什么有些人根本无法感化，只能用严刑峻法来处置，也无法想象为什么有很多官员明明一开始既正直又老实，到了实际工作中很快就变得又贪又奸。

皇帝也完全想不到，自己身边那些学识渊博、慨然以天下为己任的贤臣们会为了个人的私利或者某个小集团的私利而欺骗自己，嘴上说一套背后干一套。

宋仁宗和明孝宗就是其中的典型。

主动放弃了对官僚集团的监督，严刑峻法就不再具有威慑力，皇帝就变成一个可以随便糊弄的冤大头，一个高高在上的傻瓜。

这个时候，文官集团就会利用他们掌握的第二种优势——行政系统的信息渠道，尽可能地控制皇帝，向皇帝隐瞒各种对他们不利的事实，让皇帝只知道文官集团想让他知道的事情。文官精英对皇帝的脾气、想法、思路摸得一清二楚，可以保证皇帝知道这些事情之后一定会同意他们的结论，作出对文官集团有利的决策。

当然，作为回报，这类皇帝在文官书写的历史上就会被描写为旷世贤君，以便以后的皇帝继续模仿和学习。

与此同时，不用被监督、也不用害怕严刑峻法的文官集团，会不可避免地加速腐化堕落。

我们先假设，官僚集团中的所有人都是清廉正直的。可总有人意志比较薄弱，虽然在 99% 的情况下都能坚持原则，但是有 1% 的情况，比如涉及老婆孩子的问题，就会放宽标准。那么只要这个口子一开，后面通过他老婆孩子来求情的、送礼的人就滚滚而来，剩下的 99% 慢慢便也守不住了。这个人就算是被"腐蚀"了。这是第一步。

一个人被腐蚀以后，如果不受到惩罚，就会有别的官员受到鼓励——这家伙收那么多钱都没事，我也可以干。腐败的人数就多了起来。这是第二步。

然后，这些贪腐的官员就会团结起来，想办法把还在坚持原则的官员搞掉，换成跟自己一样贪婪的人，这样才有安全感，才好办事。这就是第三步。

通过这三个步骤，最初 1% 的"人性之恶"，就能毁掉一大片"人性之善"，让整个官僚集团变得腐败堕落。

在"郡县制"制度下，官僚集团是控制整个社会资源分配的核心阶层，一个腐败的官僚集团，可以把任何有利于人民的政策措施变成掠夺人民血汗的方法。在官僚体系整体腐败的情况下，任何改革、变法都是无效的。

比如，某地发生水灾或者旱灾，皇帝决定减免该地区一年的赋税。但官僚集团可能照收不误，只不过不上缴财政，而是落入自己的腰包。这种事情在朱元璋处置"郭桓案"的时候就发生过：朱元璋减免江南钱粮，郭桓等人照收不误，然后私分。

此后，整个明朝再也没有爆发过这方面的贪污案。那么，是没有官员再这么干了呢，还是没有被发现呢？我觉得应该是后者。

这种案子后来在清朝乾隆的时候又发生过一次。

甘肃布政使（甘肃行政长官）王亶望从乾隆三十九年（1774年）开始，不断向中央报告甘肃闹旱灾、民不聊生，请求中央赈灾。中央不仅减免了甘肃的税负，还每年都拨付上百万两白银给甘肃买粮食。

这些钱粮被以王亶望为首的各级甘肃地方官员贪污。比如，兰州平番县知县何汝南在主持本县办灾两年间，虚开赈灾银子6万余两，给王亶望送了1.8万两，给兰州知府蒋全迪送了8000两，给陕甘总督勒尔谨买了6000两的礼物[1]，剩下的就自己贪污了。

王亶望在甘肃"赈灾"3年，被认为有功，被提拔为浙江巡抚。继任的甘肃布政使王廷赞如法炮制，继续不断地上报灾情，贪污赈灾钱粮。

到了乾隆四十六年（1781年），甘肃发生起义，朝廷派大军前往镇压。大学士阿桂、尚书和珅亲自领兵前往，进入甘肃境内以后，不停地汇报说阴雨连绵，大军行动缓慢。

乾隆皇帝看到奏章以后，发现不对头：甘肃不是年年报旱灾吗？怎么军队一开过去就天天下雨？

皇帝于是撤换了陕甘总督，让新总督配合大学士阿桂彻查此事。这才发现，整个甘肃官僚系统，从县官到知府到布政使，全都联合起来贪污赈灾钱粮，彼此配合，今年这几个县报灾，明年那几个县报灾。

---

[1] 陕甘总督主管军政大事，布政使主管钱粮行政。所以虽然总督是名义上的陕西和甘肃地区最高领导，但不直接管赈灾银子的花销，因此送的礼反而不如布政使和兰州知府，也就是所谓的"县官不如现管"。

乾隆本来卜令，贪污 1000 两以上的官员全部斩首，但是后来报告上来贪污 1000 两以上的官员实在太多，有数百人，基本上把甘肃县级以上的官员一网打尽了。没办法，乾隆只好把标准提高 20 倍，将贪污 2 万两以上的官员处死。最后处死了 56 名官员。勒尔谨、王亶望、王廷赞、蒋全迪均被处死。[①]

由此也可以推测，朱元璋在"郭桓案"中杀了 1.5 万人，主要原因应该是他的死刑标准太苛刻了，贪污 80 贯或者 60 两银子就要判处死刑，而不是这些被杀的人没有贪污，被冤枉了。

从"王亶望案"可以看得出来，在古代信息条件下，官僚集团要想忽悠皇帝是多么容易。甘肃那么大一个省，明明经常下雨，甘肃人民都知道。地方官偏偏说闹旱灾，皇帝竟然毫无察觉，每年上百万两的银子就这么白花了出去。官员们贪完了还要给皇帝报功，皇帝还要给他们奖励、升官。如果不是他们实在太贪婪，贪得丧失了理智，连续七八年，年年报旱灾，可能根本就不会被发现。

"王亶望案"是被发现了的冒赈案，那么中国历史上，史书中所记载的那么多赈灾活动，类似的冒赈案却没有被发现的又有多少呢？

在这种情况下，我们看历史书，歌颂某个皇帝对人民很仁慈，总是不断地减免钱粮、组织赈灾。我们就要问：这些"仁政"真的能落到老百姓头上吗？

这个问题的答案，取决于官僚系统是否清廉、监察系统能否独立有效地运转。

像朱元璋和朱棣那样，对官员很"残暴"，还设立了锦衣卫和东厂来盯着官员干活，那么我们就可以合理地估计，他们的大部分赈灾钱粮应该是能够落到老百姓头上的。

反之，在史书上被歌颂为"贤君圣主"的仁慈皇帝，像明孝宗和宋仁宗这种，虽然史书上大量记载了他们减免钱粮、组织赈灾、兴修水利的"德政"，但是下面的官僚根本不怕干了坏事被皇帝知道，即使皇帝知道了也不用担心受到多大

---

① 参见《清史稿·卷三百三十九》。

的处罚，那么，这些"德政"很有可能就没有让老百姓得到好处，好处大部分都被官僚系统拿走了。

政治活动必须遏制"人性中的恶"对善行带来的破坏。如果人性中只有善的一面，那政府就没有存在的必要了。从这个角度来说，政府治理必须重视"惩恶"。政府只要把社会上的恶行镇压下去，那么社会上的善行自然就会发扬光大；最高领导者只要把官僚集团内部的贪污腐败之徒加以严惩，那么在官僚集团内部，清正和廉洁自然就会大行其道。因为人的本性是向善的，善的一面占据了主要的地位，只要没有恶去破坏它，它自然就会蓬勃地发展起来。

三、"武周革命"：唐太宗与武则天的治国方略及其效果

总结完了朱国桢列举的"三大圣君"的执政得失，我们再来看一下这些圣君的反面，看一下历史上以残酷或者任用酷吏而出名的君主在治理国家方面的成效。

在大一统帝国的君主中，对官僚系统最残酷无情的当属朱元璋。

第二名是武则天。她"任用酷吏"的名头是最响亮的。来俊臣、索元礼、周兴这些人物，还有"请君入瓮"、《罗织经》这些"中国酷吏史"上大名鼎鼎的词汇，都跟她任用酷吏密切相关。

第三名应该是汉武帝。他手下的王舒温、宁成、张汤等酷吏也相当有名，仅次于武则天手下的来俊臣、周兴。反倒是第一名朱元璋手底下没什么有名的酷吏。主要原因是朱元璋是皇帝中的"劳模"，什么事情都喜欢自己动手，汉武帝和武则天手底下所有的酷吏加起来都不如朱元璋自己下手重。

朱元璋和汉武帝的故事前面都讲过了。武则天的故事有必要再梳理一下。

武则天能够以女人身份当上皇帝，主要原因是她赶上了一个好时代。

经过十六国和南北朝的混战，军功出身的英雄人物逐步掌握了政权，而门

阀家族势力遭到了沉重的打击。出身于关中和西北地区（这些地方在十六国时期战乱最为频繁）的关陇军事贵族集团成为统治的核心力量。隋朝开国皇帝杨坚和唐朝开国皇帝李渊、李世民父子，都属于这个集团。关陇贵族的势力虽然也是家族传承，但他们本来出身于平民，依靠军功获得地位，而且胡汉混血，门阀观念相对薄弱一些。唐太宗李世民编《氏族志》的时候，把关陇贵族的家族排名提前，把中原和江南一带传统门阀家族的排名压后。

李世民对门阀势力只是打压，而不是打击。他努力避免内部太多的杀戮，选择了一种休养生息的治国策略。对刚刚从战乱中恢复的中国来说，这种政策是明智的。他的"贞观之治"也像"文景之治"一样，促进了国家经济的快速复苏。

与继位守成的汉文帝不同，唐朝的江山有一大半是李世民打下来的，他的皇帝之位也是发动"玄武门兵变"杀掉哥哥后夺过来的。他强有力地控制着军队，对军队和官僚集团的腐败行为保持着高度警惕，并制定了中国历史上最严厉的反贪法律（比朱元璋还严厉），受贿 15 匹绢就要处死刑。15 匹绢的价值无论怎么折算也值不了 60 两银子。但李世民不像朱元璋那样坚决执法，也不会像朱元璋那样发起火来就突破法律的限制大开杀戒。他比较能够听取臣下的劝诫，克制自己杀人的冲动，在实际处置过程中大量用苦役和流放来代替死刑，以避免制造无法挽回的冤案。

魏晋南北朝混战期间，突厥等北方少数民族趁机崛起，对中原政权的安全构成了重大威胁。李世民的主要注意力其实并不在内政，而是要彻底解除来自北方的威胁。在关陇军事贵族的支持下，贞观时期的唐帝国连续不断地发动对外战争，取得了重大胜利。这是"文景之治"无法比拟的。

后世对李世民的态度比较复杂，一些人因为他不滥用死刑和善于听取臣下意见而视之为"圣君"，像汉文帝、宋仁宗一样；但另一些比较迂腐的学者，则认为用军事政变夺取政权是"大逆不道"，对外不断发动战争开疆拓土是"好大喜功""滥用民力"。这说明李世民既知道宣传仁义道德、反躬自省、任用贤人，用儒家的那一套东西来教育人民和官员，又没有对"人性中的恶"抱不切实际的幻想，懂得正确地运用暴力手段来解决靠仁义道德说服不了的敌人和贪官。

唐太宗执政时期，关陇贵族和门阀家族处于一种被控制和被利用状态，但没怎么被削弱。太宗死后，没有了强势皇帝的控制，关陇贵族和传统门阀有合流的趋势，对上限制皇权，对下排挤科举出身的寒门士大夫。宰相长孙无忌是李世民的皇后长孙氏之胞弟，属关陇贵族；副宰相褚遂良出身于江南门阀家族，是传统门阀势力的代表。两人倚仗自己是唐太宗身前"托孤"的顾命大臣，联合起来架空皇帝，大权独揽。

武则天的父亲是一个无名之辈，在唐灭隋的战争中靠军功当了一个小官，然后把女儿送进宫当了低等级的才人。她应该没有得到唐太宗的宠幸。唐太宗和后妃们生了35个孩子，武则天后来也给唐高宗生了6个孩子，二人生育能力都很强，但武则天没有为太宗生过一个孩子，可见唐太宗并未怎么宠幸她。她只是找到机会认识了当太子的李治。李治登基后，武则天才得到宠幸，想要当皇后。这个想法遭到了长孙无忌和褚遂良的强烈反对，因为当时的皇后来自太原王氏，属于门阀世家。褚遂良对皇帝说：你要想换皇后可以，但应该在门阀家族里面挑选，绝不能选出身寒微的武则天。

李治对此很生气，之前他就已经对长孙无忌和褚遂良擅权很不满了，现在竟然连换皇后这种纯粹的皇家内部事务都要受到他们的限制，实在忍无可忍。此时，没有门阀背景的老臣徐世勣（也就是《隋唐演义》和《说唐》里面著名的徐茂公，他是农民起义出身，后来归降李世民）表态支持皇帝，说："这是陛下家事，何必问外人？"

徐世勣是开国元勋，跟随李世民消灭窦建德、平王世充，带兵平定江南，开国后又与李靖一起征讨突厥，活捉颉利可汗。最牛的一仗就是徐世勣以6000骑兵翻越阴山，大破处于鼎盛时期的少数民族薛延陀部落，斩首和俘虏 5 万多人[1]，从此薛延陀部落走向衰落，直到 4 年后被唐军彻底消灭。唐高宗时期仍然在朝为官的开国元勋中，数徐世勣战功最为突出，在军队里面最有威望。因此，他的表态至关重要，意味着军方站在了皇帝一边。只要军方不出问题，文官系统是搞不定皇帝的。此外，很多不是来自门阀贵族的官员如许敬宗、李义府等也纷纷表态支持皇帝。李治遂下定决心，把武则天封为皇后。

武则天原本未必对政治抱有多大的野心，只不过想当上皇后，为此多次向两位宰相示好，希望顺利上位。但长孙无忌和褚遂良过分托大，让她明白，以自己卑微的出身，她绝不可能得到门阀贵族的尊重，要想当上皇后、当稳皇后，必须寻找新的政治势力支持。

她运气很好，正好赶上了中华帝国有史以来最大的一次政治结构剧变：隋唐科举制度建立以后，来自中下层的精英分子通过科举进入官僚体系，逐渐形成了一股政治势力，向正在没落的门阀贵族阶层发起了挑战。

武则天和李治一起，大力打压门阀贵族，先把褚遂良贬谪到边远之地，又以谋反的罪名逼死长孙无忌，清洗他们的家族和党羽，非高门士族出身的官员得到重用提拔。

武则天以皇帝的名义，把李世民编的《氏族志》改为《姓氏录》，规定凡是五品以上的官员就都可以入谱，只以官位来定尊卑，在官方意识形态上彻底取消了贵族门阀的特殊地位。又下令增加"殿试"，皇帝直接选拔科举考试的优胜者，加强皇权与科举精英们的直接联系，并把初唐时期每年 4 ～ 7 个进士的录取名额增加为 20 人，然后又让这些人去巡视各地，选拔推荐人才，培养独立于

---

[1] 《资治通鉴·唐纪·唐纪十二》："己亥，薛延陀遣使入见，请与突厥和亲。甲辰，李世勣败薛延陀于诺真水。……初，薛延陀击西突厥沙钵罗及阿史那社尔，皆以步战取胜……世勣选麾下及突厥精骑六千自直道邀之，……薛延陀众溃，副总管薛万彻以数千骑收其执马者。薛延陀失马，不知所为，唐兵纵击，斩首三千余级，捕虏五万余人。"

门阀贵族的政治势力。又新设"武举"，用比武测试的方式来选拔军官，削弱关陇军事贵族对军队的控制。

李治对武则天言听计从，在生病期间就把朝政完全委托给她处理。从公元664年起，二人同时上朝与大臣讨论政务，李治称"天皇"，武则天称"天后"，史称"二圣临朝"。其间的原因，不仅是李治被女色所惑那么简单，更重要的是武则天的政治路线与他完全一致：通过打击门阀和贵族来加强皇权。

李治死后，武则天以太后身份执掌大权，更无所顾忌，任用来俊臣等酷吏整肃门阀世家和关陇贵族，"海内名士……皆族诛之，亲旧连坐流窜者千余人"，同时也把分封到各地的李氏皇族屠杀殆尽。一切准备成熟以后，武则天就废掉儿子，自己当了皇帝，改国号为周。

女人当皇帝这种惊天巨变，仅靠政治阴谋是不可能实现的。核心原因是新兴的科举精英集团需要突破门阀贵族的压制。武则天抓住了这个历史性的机遇，与这股政治势力结盟，采取铁血政策镇压门阀贵族，把帝国官僚系统做了一次彻底的大换血。这些新任官员需要武则天长期执政以保证他们的政治地位，于是就满足了她当皇帝的梦想。等他们把位置坐稳以后，进士出身、被武则天大力提拔上来的宰相张柬之就发动兵变逼迫她退位了。此后，科举精英垄断了文官系统，这种离经叛道的事情就不再被允许了。宋朝和明朝的太后连专权的机会都没有，更别说当皇帝了。

这个过程被称为"武周革命"。

有人把武则天的整肃行动视为山东士族对关陇贵族的攻击；也有现代历史学家认为这是"庶族地主"对"士族地主"的革命，是地主阶级内部的革命。这些说法都失之偏颇。

首先，褚遂良不是关陇贵族，而是江南士族。王皇后也不是出身关陇贵族，而是传统门阀士族。前一说法在这两个关键人物身上就不成立。

其次，武则天的用人原则与经济地位无关，最重要的还是通过科举考试等非血缘标准来选拔人才，排挤依靠家族势力取得官位或者军权的人物。她在当皇帝以后提拔重用的最有名的几个大臣：狄仁杰、张柬之、姚崇、宋璟等，出身各不相同，但都是通过科举考试进入官场的。

"武周革命"后，仍然有很多出身于以前"望族""大姓"的人物成为政府高级官员，但他们主要是通过科举和政绩来获得地位，而不是依靠出身。历史悠久的名门望族在教育后代方面仍然具有优势，武则天及其之后的统治者也尊重这种优势。科举制度并不是消灭名门望族，而是通过公平竞争，让这些名门望族可以为国家培养出更多的有用之才，同时也为非名门望族的人才提供晋升之道。

所以，"武周革命"本质上是"科举革命"，是官员选拔标准的革命，所以用地域来划分或者用阶级属性来划分都失之片面。

四、"雄猜之主"：朱元璋、武则天、汉武帝的铁腕治吏及其效果

朱元璋、武则天和汉武帝这三个最著名的铁腕皇帝，在整顿吏治方面都很舍得下重手，但各自的侧重点也有所不同。朱元璋主要就是反腐败；武则天是消灭门阀贵族的政治特权，任用科举出身的人才来主导帝国官僚系统；汉武帝则主要是打击豪强势力与官僚集团的合流。

这几个皇帝，对臣下并不怎么讲仁义道德，而是更多地强调监督和处罚，用比较血腥的、恐怖的手段来保证自己的意志得到贯彻。在古代的正史记录中，他们的形象都不太好，被认为是残忍好杀、猜忌多疑的"雄猜之主"。

现在我们从治国效果的角度，把这几位"雄猜之主"跟朱国桢所说的"三大圣君"来作一个比较。分为军事、内政及其去世之后 50 年内的国家状况[1]。

---

[1] 之所以是 50 年，是因为一个官员从进入官场开始，到致仕，大多也就是干 50 年。50 年意味着官僚体系的彻底换血，皇帝所选取和任用的官员就完全从政治舞台上消失了。

表 8-1 的对比应该很能说明问题了。在这三个方面中，内政情况是最难以考证的，因为儒家官员的记录，一般都是把他们视为圣君的皇帝的治理情况描述得十分美好，而把他们认为是暴君的皇帝治理下的社会描写得民不聊生。而这个"民不聊生"里面的"民"到底是哪一部分人，很有可能是一笔糊涂账，也许真的是普通老百姓，也许只不过是豪强世家和权贵阶层。在没有其他确切材料的情况下，我们基本还是采信正史的记载。

表 8-1 不同治理模式的最高领袖治国成绩对比

最高领袖		内政	军事	去世后 50 年的国家大事
『雄猜之主』	朱元璋	"洪武之治"；开国初期盗贼战乱较多，中后期社会局势稳定，经济人口快速增长	统一中原，派蓝玉扫荡蒙古部落；有效管理云南、西藏等地	"永乐盛世"；郑和下西洋；征服安南；在印尼地区设置朝贡贸易管理机构；支持马六甲本地部落独立；中国历史上唯一同时具有海洋和陆地霸权的帝国出现
	武则天*	社会稳定，人口快速增长，经济在"贞观之治"的基础上继续发展	征服高句丽，"二圣临朝"时期是整个中国历史上汉民族王朝陆地版图最大的时期；击败吐蕃，夺回安西四镇；设置北庭都护府，对天山以西进行管理，管理区域西达今咸海（一说今里海）的西突厥诸部族；后突厥宣布不再臣服唐王朝，派兵征讨失败，最后达成和平默契[①]；与契丹的战争先是两次惨败，第三次大获全胜，叛军首领孙万荣被斩首，最终迫使契丹放弃独立	"开元盛世"，中华帝国经济、文化最鼎盛时期来临

---

① 后突厥默啜可汗长期与唐朝边防军作战，互有胜负，但总体而言后突厥占据了优势。一直到公元697 年后突厥因为在其他方向作战失利，不愿再与唐朝作战，默啜可汗派人进长安请求和亲，武则天虽未答应和亲，但重赏了使者，此后双方达成了和平默契，一直到武则天去世都未再有战争。（赵沈亭：《武则天执政时期应对后突厥的政策》，载《衡阳师范学院学报》，2018 年第 4 期。）

续表

最高领袖		内政	军事	去世后 50 年的国家大事
『雄猜之主』	汉景帝	"文景之治"；七国之乱	无	见下一栏汉武帝的军事成绩
	汉武帝	前期经济社会发展平稳，后期因为战争负担沉重，多地爆发了小规模农民起义	连续发动对匈奴等西北少数民族的战争，取得一系列重大胜利。派张骞通西域；南击百越，把今天的越南北部纳入领土。后期征讨大宛和卫满朝鲜损失惨重，但最终获胜	"昭宣中兴"，社会经济保持繁荣；袭破车师，平定西域；16 万大军征讨匈奴，是两汉历史上最大规模的军事行动；南匈奴单于亲自前往长安表示臣服
『儒家圣君』	汉文帝	"文景之治"，社会经济得以快速恢复；"富者田连阡陌，贫者无立锥之地"；豪强问题严重	无	"七国之乱"爆发；景帝和武帝先后任用酷吏整治豪强，严厉打击分封势力；武帝开疆拓土取得重大胜利
	宋仁宗	"仁宗盛治"；人口规模达到历史最高峰；执政 20 年后农民起义不断爆发	惨败于西夏，割地赔款；在辽国的压力下增加赔款	"王安石变法"；对外战争继续惨败，安南攻陷广西南宁并屠城；宋江起义、方腊起义；去世 64 年后北宋灭亡
	明孝宗	"弘治中兴"；叶淇变法；治理黄河失败	连续惨败于鞑靼部落，彻底丢失河套	四川、河北农民起义；刘瑾变法；宁王叛乱；嘉靖革新；北京被鞑靼部落围攻；严重的倭寇问题出现
	明宣宗	"仁宣之治"	丢掉安南，下西洋活动终止	"土木堡之变"，皇帝被瓦剌部落俘房；北京被瓦剌部落围攻。荆襄大起义、两广起事、四川赵铎起义、宁夏满俊起事等波及全国的大规模民变

* 注：包括武则天"二圣临朝"以及她当太后和皇帝的整个时期。

真正比较可靠、难以作假的记录，应该是农民起义、对外战争的胜败和去世之后 50 年的国家大事。这些大的事件，任谁来记录历史，都是无法篡改或抹杀的。

对外战争的胜负跟人民生活之间，不完全表现为正相关或者负相关。需要从三个方面来考虑。

第一个方面，发动战争会产生大规模的人员伤亡和物资消耗，会增加人民的负担。

第二个方面，不管主动出击还是被动防御，战争对于保卫人民的正常生活具有重要意义，特别是在没有平民保护观念的古代尤其如此。一旦外敌入侵中原腹地，就会造成数以千万计的人口死亡，这是比任何兵役和税负都要可怕的灾难。所以，战争带来的负担不能片面理解为统治者好大喜功、穷兵黩武。

比如杜甫写的《石壕吏》，描写了安史之乱后政府强制征兵，给一对贫苦老年夫妇造成的悲惨状态。但当时国家陷于一片混战，首都被叛军攻占，人口死亡数以百万计，这里面的人间悲剧就更多。如果政府不能靠狠心征兵来稳定局面，就会造成更多的悲剧。这是一种在当时条件下无法解决的矛盾——不可能既让大家都安居乐业，又成功地镇压藩镇军事叛乱。古代社会的生存竞争非常残酷，蒙古大军横扫欧亚大陆，金兵南侵，蒙古灭宋，清军入关，造成的死亡人数都以千万计。

简单来说，一个国家民族要保持内部和平、人民生育繁衍，在古代社会，不可能不付出沉重的代价。如果人人都是老婆孩子热炕头，谁也不出来承担这份牺牲，那最后灭亡的时候只会更惨。中国古代很多文人墨客，用诗词歌赋记录了战争给人民带来的痛苦，这是很有人文关怀的，但是不能因此就否定古代战争的意义。

第三个方面，军队战斗力和政治腐败程度直接相关。我们前面说过，军队不可能独立于官僚体系保持清明或者腐败。如果对外战争能够不断胜利，一般来说，内政就应该是比较清明的。像李世民、朱元璋时代，能够不断取得对外战争的胜利，可以推断出来这一时期国内的官僚体系必然是比较清廉高效的，普通老百姓的生活也就差不到哪里去。

　　所以，我们可以用战争的规模和次数来衡量人民的负担，以战争的胜率来衡量财富分配的公平程度。再参考农民起义的情况，就可以非常粗略但比较客观地了解底层人民的真实生活状态。这些情况，即使是掌握着历史话语权的文官们也无法作假。

　　朱元璋时代，对外战争次数不多，但胜率极高，基本就是全胜。朱元璋开国早期农民起义很多，但大都是新纳入管理的少数民族地区，还有就是陈友谅、张士诚这些敌对势力的残部。这些残部被陆续平定以后，到了洪武中后期，农民起义就基本绝迹了，呈现出天下太平的状态。对底层老百姓来说，这应该是最好的时代。

　　唐太宗和汉武帝时代，对外战争次数很多，胜率同样极高，说明内政应该比较清明。唐太宗大力反腐败，汉武帝铁腕整治豪强，都是有效的。但战争太多，有一些超过了必要的限度，就增加了人民的负担。唐太宗征讨高句丽以失败告终，汉武帝征讨大宛和卫满朝鲜也只是惨胜，付出了巨大的伤亡代价。到了贞观后期，人民负担沉重、生活困苦的情况比较突出。汉武帝后期，甚至出现了小规模的农民起义频繁爆发的情况。

　　比较特殊的是武则天时代。汉武帝、唐太宗、朱元璋都是没有什么私心的，整顿吏治也好，打击豪强也好，发动战争也好，主要目的都是为了把国家治理好。但武则天不一样，作为女人，不管是以太后身份执政还是当皇帝，她的权力合法性都存在问题。在任用酷吏的过程中，武则天既有治国平天下的理想，也有比较重的巩固个人权位的私心，故意制造了一些冤狱，用来镇压政治上的反对派。

　　这导致了一个很严重的问题，就是一大批有才干的军事将领被错杀。在武则天从皇后到当皇帝这段时间，军队战斗力被严重削弱，对突厥和契丹的战争接连失利。如果她以太后的名义长期掌握实权，那么她既不会遭遇晚年兵变，也可以把国家治理得更好。所以这些问题主要都是她自己的野心和虚荣心作怪造成的。不过，等武则天皇位稳固以后，新的将领被培养起来，军队战斗力恢复，局面得以改观，最终成功镇压了契丹的叛乱，军事实力没有受到很大的损害，经济社会仍然继续向前发展。

然后就是汉文帝时期，对外基本无战争，人民在这方面没有什么负担，国内经济快速地恢复性增长。但对内过度放任自流，豪强势力坐大，经济增长的好处大部分没有落到人民头上。这段时期国内保持和平，几乎没有农民起义。人民生活状态整体应该好于唐太宗和汉武帝时期，但也把很多问题留给了汉景帝和汉武帝去解决。汉武帝后来进行了大规模战争，人民负担沉重，也是在为汉文帝的和平政策还债。因为匈奴的威胁早晚要解除。你不打匈奴，匈奴始终会在那里，还会跑来打你。而且越晚开打，匈奴势力越强。对豪强也是一样，你不去收拾他们，他们就会日渐膨胀。所以汉文帝得了仁慈的好名声，让汉景帝和汉武帝来给他收拾残局，背负了任用酷吏、刻薄寡恩的坏名声。

如果汉文帝能够像唐太宗一样，一边对内休养生息，一边对外采取必要的战争来打击匈奴，一边适度地反腐败和打压豪强，那么后来汉武帝面临的内外军事、经济压力就会小很多。

当然，也许关键问题还是汉文帝不是开国皇帝，没有李世民、朱元璋那样的战争指挥能力，在开国之初就能对外大打出手，所以就只能休养生息，把经济底子打好，把军事问题留给后代去解决。

至于像宋仁宗、明孝宗这样的皇帝，虽然儒家学者把他们记录成圣君，称赞其内政治理的功绩，但对外战争连续惨败以及身后连续不断地发生农民起义和大变法，这些都将当时内政的腐朽显露无遗。

表8-1中还出现了两位皇帝前面没有细说，需要补充介绍一下。一个是汉景帝，一个是明宣宗。

五、景武霸业：汉景帝与汉朝酷吏政治的发端

"文景之治"主要是指汉文帝时期，汉景帝长期不被重视，有人认为他只是汉文帝政策的模仿者。这种看法是错误的。

汉景帝是个狠角色，跟他的父亲完全不是一个治国思路。他还在当太子的时候，吴王刘濞的世子（汉景帝的堂兄弟）进宫，跟他一起下棋。这个吴世子也是从小娇生惯养的，脾气很大，下棋的时候耍赖，出言不逊，汉景帝当时就抄起棋盘对其一顿暴打，竟然把他给打死了。这事儿应该是失手造成的事故，但也可以看出来汉景帝从小就是不好惹的主儿。

汉文帝时期，把铸币权下放。邓通是汉文帝的宠臣，因为用嘴为汉文帝吸身上的痈而深受文帝信任。他的家族也是四川地区的大豪强，被汉文帝授予了自行铸造钱币的权力，富可敌国。但是，汉景帝一上台就取消了邓家的铸币特权，然后将邓通抄家，一枚铜钱都没给他留下，最后邓通竟然被饿死了。

然而邓通只是小问题，吴王和楚王这些大的封王不仅有铸币的权力，在其封国范围内还有行政、征兵、征税的权力，这才是最可怕的。他们在汉文帝时期过得很滋润，实力迅速壮大，甚至已经到了可以威胁中央政权的地步。汉文帝对他们的宽容可以说是养虎为患。汉景帝收拾完邓通之后，就又开始"削藩"，减少诸王的封地和权力，激起了"七国之乱"。

汉景帝派兵镇压，下诏："以深入多杀为功，比三百石以上皆杀……敢有议诏及不如诏者，皆腰斩。"铁腕之下，"七国之乱"只用了几个月就被平定了。七个叛乱的封王全都被杀，无一幸存。平定叛乱之后，汉景帝立即把封国的各项权力取消，只保留他们的土地收益权。

削藩成功之后，汉景帝又开始大力整肃豪强。中国历史上第一个"酷吏"郅都登场。

郅都这个人性格耿直，"敢直谏"，做事情不留情面。史书说他敢于"面折大臣于朝"，就是当众不给人面子的那种。

济南郡的瞯氏家族，仗着宗族户多人众称霸地方，属于地方豪强的典型代表，地方官"莫能制"。汉景帝于是拜郅都为济南太守，处理此事。郅都到任后，立即将瞯氏家族的几个首恶分子诛杀，开西汉以严厉手段打击豪强之先河。严刑峻法之下，济南郡的治安很快好转。

随后，汉景帝又调郅都到长安管理首都地区治安。郅都不避权贵，凡犯法违禁者，不论何官何人一律依法严惩。高官显贵对他是又恨又怕。偏偏郅都为官清廉，他们抓不到把柄。只能侧目而视，背后称郅都为"苍鹰"，意思就是说他执法异常凶猛。

汉景帝的儿子临江王刘荣在封国违法侵占土地，被召回京受审。郅都严厉审讯，刘荣恐惧，在狱中自杀了。窦太后得知孙子的死讯，异常愤怒，要求皇帝严惩。汉景帝为了保护郅都，将其革职回家，让太后眼不见为净。

匈奴入侵雁门关，汉景帝又想起郅都来，瞒着窦太后悄悄地派他去担任雁门令。郅都打退了匈奴的进攻。但这事儿被窦太后知道了，她就越过皇帝直接派人去把郅都逮捕下狱，然后再要求汉景帝严惩。汉景帝说："郅都是忠臣。"窦太后说："难道临江王就不是忠臣吗？你要想保他可以，把我孙子还给我。"汉景帝无法回答，只能同意把郅都处死。

郅都生前，对亲戚朋友的各种请托总是一律拒绝。他说："既然已经抛弃父母、远离故土来当官，我就应当在官位上奉公尽职，保持节操而死，终究不能顾念妻子儿女。"现在因为这样被处死，也算是死得其所了吧。

后来汉景帝又任用了好几个类似的酷吏，杀掉了一大批贪官豪强，并且把地方上的部分豪强迁徙到关中来给他建造陵墓。正因为在汉景帝治下发生了一系列比较血腥暴力的事件，虽然大家都说"文景之治"，但儒家学者一般不把汉景帝视为圣贤的君主，而只推崇汉文帝。

汉景帝时期之所以继承了汉文帝的部分经济政策，主要是因为窦太后在那里管着。窦太后非常喜欢道家无为而治的思想，对儒家很反感。她要求诸大臣都要熟悉道家理论。而汉景帝则很喜欢和儒生们讨论治国方略。其中有一个叫辕固的，有一次被窦太后叫去问《老子》，辕固说："这不过是平常的言论罢了。"窦太后怒道："《老子》当然比不过你们儒家的书了，把人当成犯人来管束。"就罚他赤手空拳去兽圈里面打野猪。汉景帝悄悄地给了他一把锋利的匕首，辕固才没被野猪咬死。在窦太后的严管之下，汉景帝身边的儒生们只能坐而论道，不能掌握实权。

从汉景帝削平藩王和任用酷吏等种种作为来看，把他归为"雄猜之主"的行列显然更为合适。

也正是因为有了汉景帝镇压"七国之乱"、加强中央集权以及打击豪强的举动，汉武帝上台后才能集中全国资源发动对匈奴的连续打击。如果汉景帝也跟汉文帝一样继续无为而治，那等到汉武帝时代，可能会面临严重的内乱（包括诸王叛乱、豪强割据和农民起义），而无力对外征战。在打击豪强和重视儒家方面，汉武帝实际上是继承了汉景帝的做法，只是进一步加强而已。从这个角度来说，"文景之治"和"武帝霸业"的说法可能并不合适，应该称为"文帝之治"和"景武霸业"更准确。

六、仁不秉政："仁宣之治"与明朝衰落的开始

第二个需要补充说明的皇帝是明宣宗。

《明史》里面把明仁宗、明宣宗和明孝宗并列为明朝三大圣君。明仁宗朱高炽登基不到一年就去世了。《明史》把他抬得很高主要是他为朱棣"靖难之役"后冤杀的大臣平反了，说他们忠于建文帝的行为是正确的。这个事情很得文官集团的欢心。不过除此之外，明仁宗没有时间来证明自己在其他方面的治国才

能。明宣宗则执政10年之久，需要细说。

明宣宗和明孝宗的风格非常相似，就是勤政、节俭、任用贤臣、对外主张和平主义、不怎么重用太监等。基本就是一个模子出来的，浓浓的儒家风格。

明宣宗处在明朝的前期，继承的是朱棣开拓出来的强盛江山，而且只当了10年皇帝就去世了，内政方面的问题比明孝宗时代要少得多，也没有叶淇变法、治理黄河这些事儿。还有就是，明宣宗毕竟是朱棣亲手教出来的，跟着朱棣多次远征大漠，所以打仗方面水平要高一点。登基3年以后，明宣宗御驾亲征，出喜峰口，在会州打败蒙古骑兵，也算是威风了一把。又派遣郑和最后一次下西洋，享受到了"永乐盛世"的余晖。

但"仁慈君主"的通病在明宣宗身上也同样存在，主要就是被文官们团结起来忽悠。明宣宗时期著名的"三杨内阁"（杨士奇、杨荣、杨溥），在忽悠皇帝方面也不含糊。

其中问题最严重的是杨荣。这个人比较懂军事，深受朱棣的信任。在"三杨内阁"里面，杨荣算是军事问题的专家，边防的事情皇帝一般都问他。但他也很能受贿，跟边将之间有很多说不清楚的经济往来。阁臣勾结边将是非常严重的问题。

这些事情渐渐被明宣宗察觉，他就单独召见首辅杨士奇，说："我听说杨荣经常收受边将的礼物，其中就包括军马，而且数量还不小。这个事情你知道吗？"

杨士奇就装糊涂，说："不知道。我觉得不大可能，我看杨荣家没养多少马呀？"

明宣宗说："你不知道，他收了马之后很快就拿到市场上去卖了。这些事情我都调查清楚了。还有就是杨荣老是跟我说，要求起用一些被贬谪的边将。这些将领都是太宗（朱棣）处罚的，我也查问过，罪名确实。根据旧制，这些人是不能起复的。我觉得这跟他收了边将的钱有关系。这种人我看不能放在身边当内阁辅臣（荣交通边将甚密，岂可任于亲密之地）。"

杨士奇说："杨荣是老臣，跟随太宗多年，对边防的情况很熟悉，跟边将关系好也是正常的。边将能丁与否、边防强弱如何，他知道得最清楚。我跟杨溥都不如他。现在用人之际，虽然有这些问题，我看对他的错误还是要包容。"①

史书上说，明宣宗听了杨士奇这番话，也就作罢了。明宣宗还觉得杨士奇宽宏大量，不排挤同僚，对他更加信任了。真搞不懂这个皇帝是什么逻辑。

杨荣得知此事以后，非常感激杨士奇，从此二人关系更加密切。杨荣贪污受贿当然毫不收手（反正皇帝都调查清楚了也没把他怎么样）。所以后来杨荣的孙子杨泰、曾孙杨晔父子二人也是有样学样，行贿受贿，在老家横行霸道，打死人命，最后被汪直收拾。

杨士奇自己也从中得到了很大的好处。杨溥是个老实人，不主动拿主意，什么事情都服从领导安排。而杨荣之前对杨士奇不太服气，因为杨士奇不是进士出身，是朱棣编《永乐大典》的时候招进翰林院的普通文人，后来因为机缘巧合得到重用，把干了 6 年首辅的杨荣给挤到次辅的位置上去了，所以二人关系一直不好。现在杨荣也欠了杨士奇的大人情，内阁就在杨士奇的领导下变得更加团结了。

杨士奇的儿子在老家也是横行霸道，为了争夺田地的事情，累计打死了数十条人命。在当地民愤极大，地方上无人敢管。内阁也一直捂着不让明宣宗知道实情。直到明宣宗死后，朱祁镇继位，太监王振才下令追究杨荣的贪污和杨士奇儿子的人命案。杨士奇的儿子被捕，但看在杨士奇的面子上，没有立即判刑，只是关着。等到杨士奇因病去世以后，才将其处决。

杨士奇在内阁任职长达 40 余年，其中担任首辅 21 年。内阁在他的领导下，养成了一个很恶劣的先例：非翰林不能入阁。因为杨士奇和杨荣都是从翰林院提拔起来的，所以就喜欢提拔自己在翰林院的门生弟子。慢慢地，内阁就形成了这么一套规矩：内阁主要成员都在翰林院兼职，内阁首辅一般会担任翰林院的一

---

① 参考《三朝圣谕录》，见《国朝典故·卷四十七》。

把手，然后就会从翰林中挑选优秀的人来当自己的"学生"，形成师生关系。这就建立起了比较稳固的利益同盟。然后首辅就会任用自己的学生做官、入阁。这样，辅臣退下来之后，他们的学生还在，就可以继续照顾他的利益，保持他的影响。这就有了"非翰林不能入阁"的传统。

这个传统极大地加强了科举精英的利益集团化，用师生之间的裙带关系来取代任人唯贤和政绩考核的基本原则。更重要的是，它封闭了地方上实干派官员的晋升之路。一个人考中进士之后，最重要的不是到地方上历练，而是赶紧到翰林院混日子，等着被首辅大人或者其他阁臣相中，当他们的"学生"，然后就可以平步青云，等着入阁拜相了。

为什么中央领导喜欢提拔翰林而不喜欢提拔基层实干派官员呢？因为翰林没有政治资本，是否被重用全凭领导的"眼光"，受到提拔任用就必须向领导个人效忠，报效"知遇之恩"；实干派在地方上有资历、有政治资本，出了成绩晋升是应该的，提拔上来后未必买领导的账。所以用翰林更有利于扶植私人势力。

杨士奇和杨荣还干了两件"大事"，跟后来的刘大夏"交相辉映"：第一就是安南不断出现暴动，军队虽然不断地镇压，但没有取得决定性的成效。他们就劝明宣宗主动从安南撤兵，放弃了今天越南北部的领土。第二就是终止了下西洋的活动。理由都是这两件事劳民伤财。

这样，在明代最有名的"三杨内阁"主持下，内阁大臣带头贪污；带头纵容子女违法犯罪；带头拉帮结派，提拔亲信，又互相袒护；共同劝诫皇帝要宽厚仁慈、不要随便处罚犯了错误的官员或将领。他们这样做，当然被官僚集团交口称赞，视其为大贤臣。但是，整个国家的官僚体系，腐化堕落的速度大大加快了。

杨士奇他们主张放弃安南，是因为老是有独立势力煽动人民起义，镇压不完。这样的主张说起来是利国利民。但为什么老是有人民起义呀？就是因为官僚体系和军队加速腐化，官逼民反。为什么官僚体系加速腐化，选不出像样的、能干的官员去管理安南？根子就在内阁。重要的官员都是内阁选的，"世有伯乐，然后有千里马。千里马常有，而伯乐不常有。"大明王朝 20 年前刚征服安南，20 年后就选不出能镇守的官员出来了？内阁用人不当、任人唯亲恐怕才是主要原因。

还有，为什么军队 20 年前能够攻下安南，现在反而连小规模的反抗都镇压不了？ 20 年前又是迁都又是下西洋又是打蒙古残部的，啥事儿都没耽误，现在下西洋也停了，都也迁完了，蒙古残部也不打了，光剩下一个安南都守不住。战斗力下降如此厉害，又是谁的责任？边将在任用之时，皇帝都会征求杨荣的意见，杨荣以内阁大臣身份收受军马贿赂，为违法犯罪的边将说情，军队战斗力能不下降吗？

杨士奇和杨荣把持内阁 20 多年，特别是仁宣两朝，皇帝对他们可谓言听计从，难道他们不该对安南的丢失负首要责任吗？

一个地方的吏治没搞好，选派官员不当，激起人民反抗，然后又无力平乱，大臣们就做出忧国忧民的样子，请求皇帝节约军费，放弃万千将士浴血奋战才取得的国家领土，难道不是千古罪人吗？这样的官员怎么能被称为贤臣呢？

杨士奇是一个非常典型的官僚主义领导，是"和稀泥"的高手。在朱棣执政的时期，他就是这样。凡是有官员的过失被举报到朱棣那里的，杨士奇都想办法劝皇帝不要追究。

有一次，广东布政使徐奇托人到北京到处送礼。不知道怎么搞的，这份送礼名单竟然被朱棣看到了。名单里面没有杨士奇。朱棣就召见杨士奇询问如何处置。杨士奇说："徐奇当时去广东上任的时候，群臣作诗文赠行，当时恰逢我得病未有参与，所以唯独没有我的名字。如果我当时无病，是否有我的名字也未知。况且赠礼都是小东西，应当没有其他意思。"朱棣听从了杨士奇的意见，烧毁了名单，不追究受贿官员的责任。这个事情传出来，百官自然又是对杨士奇交口称赞，视之为千古贤相。所以他在内阁做官，大家都表示支持，以致杨士奇稳稳当当干了 20 多年首辅，波澜不惊。

明仁宗年间，有一个御史在写奏章之前总喜欢到处拿给别人看，作为炫耀。这是严重违反监察纪律的行为，等于公开了你要弹劾谁、找谁麻烦，当事人知道了就可以提前花钱或者托人来摆平。明仁宗下令对其作降职处理。杨士奇向皇上说情，又把他官复原职。

从史书记录来看，杨士奇自己其实倒还颇为清廉，不怎么贪污，而且工作勤奋踏实，工作之余主要就是读书和写文章，有很多文集流传于世，怎么看都是大臣的典范。但他同时又是一个手段高明的"好好先生"，只关心自己的官位是否稳当，同时处事圆滑，谁都不得罪。别人要整他，抓不着把柄；他也不会主动整人，对手下的各种过失还不分青红皂白一律宽容。这种人是官僚集团最喜欢的。至于说工作勤奋，制定了很多好政策，那都无所谓，反正这种官员不会处罚人，官僚集团自然会按照对他们有利的方式去执行那些政策。

而杨荣呢，就是一个既聪明能干又贪婪的家伙。他在建文帝手下不得志，趁着朱棣造反攻入南京，就主动跑去拜见朱棣，说："陛下应该先去太祖（朱元璋）坟前祭拜，再去皇宫称帝。这样才能名正言顺。"这次政治投机非常成功，朱棣因此对他另眼相看，加以重用。他从此飞黄腾达。

如果一个官员靠政治投机往上爬，坐在位置上又搞贪污腐败，还要说这个人是个好官、贤臣，恐怕就难以让人信服了。

对官员们来说，首辅大人不拿钱就在皇帝面前为他们说情，这是高风亮节；次辅大人收了钱就在皇帝面前为他们说情，这也不错，是诚实守信。这些都是贤臣。

这种风格的官员，在朱棣这种"恶霸皇帝"的领导下还是能做点实事的。朱棣其实不怎么反贪污。他杀人最多的时期主要是刚刚夺取皇位之后，对建文帝旧臣进行了清洗。政治反对派被清理干净以后，他对官员的特权腐败问题不太上心。所以我们不把他列入"雄猜之主"的行列。但作为创业皇帝，他是很不好惹的，做事情极有主见，也不容易被糊弄，还搞了个东厂盯着大家干活，谁偷懒收拾谁。杨士奇和杨荣在他手下，就能充分发挥聪明才智，建言献策。提得好的朱棣就接受，说得不对的朱棣就不听。至于军队管理，都是朱棣亲自在抓，杨荣也没机会替犯了法的将领们说情。

到了明宣宗时代，问题就很突出了。明宣宗自己什么事情都拿不定主意，又心慈手软，完全依靠着"二杨"主持政府工作。这两个人，一个好好先生，一个贪污受贿，你说这国家能治理成啥样？边将给杨荣送马难道会白白付出？一转身肯定要从军队里面把好处捞回来。反正皇帝是个软蛋，首辅是个和蔼可亲的老人，次辅天天收黑钱，拿钱就办事，还有什么可怕的？侵占军队土地、役使士兵给自己干私活、私吞军费军马、提拔手下主要看谁送钱送得多，类似的行为自然就一发而不可收了。

军队纪律的败坏，军屯制度的废弛，就是从宣德时期开始的。宣德三年（1428 年），明宣宗到边关阅兵，就已经发现军队队伍不整、对军令反应迟缓，下令把相关将领的衣服脱掉，以示羞辱。一个叫夏原吉的大臣就反复劝谏说："将军们都是国家的利刃，怎么能够这样冻着呢？万一冻死了怎么办？"明宣宗耳朵又软了，说："看在先生的面上，就饶了他们这次。"也就不再追究将领们懈怠的责任。

夏原吉、杨士奇这些人总的来说都是好人，而且聪明能干。但治军治国这种事情，光靠勤奋能干、待人宽厚是不行的。大臣这样做还可以理解，因为他们就是负责行政嘛，但是掌握最终生杀大权的皇帝也这样，问题就严重了。

就像朱元璋在《大诰》里说的："这军官们，如今害军呵！他那心也哪里是个人心？也赶不上禽兽的心……我这般年纪大了，说得口干了，气不相接，也说他不醒！"要想让有权有势的文官武将们，抵抗住利用手中的权力来贪一把的诱惑，光靠道德说服是不行的。对这些行径，朱元璋抓住一个杀一个，尚且禁不住，更何况明宣宗和杨士奇用这样的处理方式呢？

明宣宗去世之后，由于新皇帝朱祁镇年幼，杨士奇又继续当内阁首辅。杨荣则继续贪污。"二杨"继续把持朝政。有一次靖江王朱佐敬派人给杨荣送黄金，被太监王振抓到了证据，朱祁镇想要治他的罪，又被杨士奇给拦下来了。杨荣去世后，杨士奇继续当首辅，一直到正统九年（1444 年）他儿子杀人的事情被告发，杨士奇被迫辞职，不久病逝。5 年之后，就发生了"土木堡之变"。20 万大军在土木堡被瓦剌部落两三万骑兵彻底击溃并屠杀。

土木堡之战惨败的原因，首要的当然是朱祁镇和太监王振指挥失误、组织不当。但瓦剌部落两三万骑兵就能轻松打败 20 万明军，而且还是京城的精锐，明军的战斗力之差也可以想象。

在返回途中，大军就已经出现了缺粮的情况，说明军事后勤保障能力也有问题。

在瓦剌骑兵合围之前，朱祁镇曾经派出 5 万人马北上抵抗，为其余的部队南下赢得时间。但这 5 万人马也是很轻易地就被瓦剌军队消灭了。俗话说，"杀人一万，自损三千"。如果这 5 万人马能够按照 10∶3 的比例给敌人以杀伤，也可以让瓦剌军队死伤过半，"土木堡之变"同样不会发生。但他们连这种抵抗力都没有。

明朝 20 万大军其实并没有越过长城，而是在长城以内的地区被瓦剌军队屠杀的。瓦剌军队很轻松就攻占了明军把守的好几个重要据点，才形成了合围之势。特别是当时离得最近的重镇宣府，里面有 3 万精兵，武器弹药粮食充足，有大将军炮 14 台，神枪 479 把，神铳 2161 把，火神枪 4223 把 [1]，这些都是当时的先进武器，对付骑兵相当给力。瓦剌大军穿过宣府的防区进攻其他据点，开始对皇帝亲自统率的大军进行合围的时候，宣府守将竟然龟缩在城中，没有提供任何支援。

所以，土木堡之败，不仅是一次军事指挥的失误，也是明朝军事组织能力、

---

[1]　参考《宣府镇志（嘉靖四十年刊本）·卷二十三·兵器考》。

军队战斗力全面下降的结果。对这方面的问题，宣宗、杨士奇、杨荣要负主要责任。俗话说："慈不将兵"，明宣宗舍不得让治军松懈的将领在大冷天脱光衣服冻上一会儿，怕把这些国家的利刃冻坏了，到了土木堡，瓦剌军队可不会这样心疼人。

有人把"土木堡之变"视为明朝由盛转衰的分水岭。其实不是这样，明朝开始衰落从"仁宣之治"就开始了：终止了郑和下西洋，海外贸易的巨额收入没有了，官员腐化问题加剧，军队纪律废弛，军屯遭到破坏，最终因为腐败和军费短缺丢掉了安南。这才是衰落的开始。

明宣宗以后，英宗朱祁镇、代宗朱祁钰，也都是比较老实的所谓"守成之君"。太监集团和勋贵集团的势力在土木堡被一网打尽，文官集团势力如日中天，腐败情况继续恶化。这两个皇帝也都没有采取任何手段来阻止这一趋势。朱祁钰除了坚持要废掉朱见深、立自己的儿子为太子外，对于谦为首的文官集团基本上言听计从。

而朱祁镇这个人，除了因为政治需要杀掉于谦之外，其实是一个心很好的谦谦君子，性格温和，一说话就让人觉得如沐春风；勤俭节约，不大修宫室；跟钱皇后感情很好，不怎么贪恋女色；荆襄起事，认为不过是农民吃不饱饭闹事，只派人安抚而拒绝派兵镇压，可谓爱民如子；临死前还下令终止了殉葬制度，不准宫人陪葬。

但这种"好人"，偏偏治理不好国家。

所以，在"慈不将兵"这个成语后面，我们还可以再加上四个字："仁不秉政"。因为皇帝掌握着天下的威权，负责协调各种重大利益冲突，如果狠不下心来作出决断，无法对身边的人严加管束、严加防范，甚至痛下杀手，那这些人就可能因为个人的私利而滥用权力，掏空国家的根基。

"土木堡之变"虽然惨烈，但损失 10 余万人对明朝的国力影响并不大。一场死亡十几万人的失败并不能成为一个拥有七八千万人口的帝国从盛到衰的转折点。武则天时代，仅两次对契丹的战争，死亡人数就超过了土木堡，但很快又集结大军成功镇压了契丹叛乱，也没耽误唐朝经济社会继续往前发展，十多年之后还出现了"开元盛世"。明朝中前期，人口数量早就超过了盛唐，"土木堡之变"以后的"北京保卫战"中，明军也取得大胜。说明朝是因为土木堡而衰落的，并不合理。

真正的问题是：仁宗朱高炽、宣宗朱瞻基、英宗朱祁镇、代宗朱祁钰这四个皇帝，都属于努力想治理好国家、能够听从大臣们的意见、仁慈宽厚、爱民如子的"贤君"。连续40年的"仁政"，官僚集团和军队的内部腐化势力失去控制，军队战斗力下降严重，土地兼并严重，权贵特权横行，人民开始不堪忍受。所以，等朱见深继位的时候，才会面临那种天下大乱的可怕局面：荆襄起事、两广起义、四川赵铎起义、宁夏满俊起事，甚至连最富庶的江浙地区都有小规模的反抗。

这种人民反抗遍地开花的局势，不可能突然间从地里冒出来，必然是社会矛盾长期积累的结果，就是"永乐盛世"之后40年的"仁君贤臣辈出"搞出来的局面。如果不是著名"昏君"朱见深起用了韩雍、项忠、陈钺、王越这一批按照儒家标准来看人品都有很大问题的军事人才，血腥镇压，恩威并施，然后又利用汪直和西厂铁腕治吏，严查运河驿站、整理军屯、抓捕杨晔、严惩杨泰、贬谪覃包、处罚驸马……搞得权贵们要跟汪直拼命，明朝就真的可能立国100多年就灭亡了。

而经过朱见深和汪直这一对"昏君权宦"整顿之后，国家骤然中兴，屠建州女真、破鞑靼王庭，天下太平，农民起义不见踪迹，又开始研究如何收复安南和恢复下西洋了。

明孝宗继位，重启"圣君贤相"模式。天下承平18年，号为"弘治中兴"，而社会矛盾又像"仁宣之治"一样开始不断积累，对外战争不断失败。帝国重新回到了向下坠落的轨道。

七、盛世基业：大繁荣的政治基础与潜在的危机

明孝宗这一类儒家"圣君"的治国效果与"雄猜之主"的治国效果相比，最明显的是他们去世之后 50 年内国内的状况。

几位著名的"儒家圣君"中，汉文帝稍微好一点，死后虽然爆发了"七国之乱"，但只持续了较短的时间，有汉景帝和汉武帝大力收拾豪强，保存了经济发展的成果。其他几位就很糟糕了，农民起义不断、对外战争接连惨败。

反之，三位"雄猜之主"去世后不久，中国都无一例外地进入了国力爆发性增长的一段时期。汉武帝去世之后就是汉昭帝和汉宣帝的"昭宣中兴"，经济繁荣、社会稳定，对外战争连续取得重大胜利，西域荡平、匈奴归降，是西汉国力最鼎盛的时期；武则天去世之后 8 年，中国进入"开元盛世"，被后世誉为中华帝国时代繁荣的顶峰；朱元璋死后 4 年，中国进入"永乐盛世"，海陆霸权一体的帝国在东方出现。

它们有什么共同的特点呢？"昭宣中兴"开始于汉朝开国之后 110 多年，"开元盛世"开始于唐朝立国之后 90 多年，"永乐盛世"出现在明朝立国之后 30 多年。盛世的出现距离开国时间的长短并不是很一致，不能归功于战后复苏。还有就是，并不是大一统朝代就一定会出现盛世。比如北宋就没有出现过什么盛世，一直积贫积弱，没缓过劲来就灭亡了；西晋就更不用说了。所以说也不是国家统一就会自然强盛，没有那么简单。

一个比较明显的共同点就是：在这些伟大的盛世开启之前 10 年左右，都出现过最高领导人对官僚体系进行极为严厉的整肃。几位著名的"雄猜之主"去世以后，都留下了一个按照他们所在的时代标准来看，十分清廉和高效的官僚体系（包括军队系统）。

在古代中国的中央集权制度体系下，官僚体系处在国家资源分配和人员组

织的核心位置上。不管是发动战争还是发展经济，都要通过他们去执行和落实。他们可以把好的政策变成暴政，也可以把坏的政策变成好事。

能不能治理好官僚集团，是治理中国的核心问题。这几位铁血雄主，把官僚集团放到炉子上用烈火焚烧，然后反复捶打，经过千锤百炼，为后来的领导人留下了一把磨砺得极为锋利的宝剑。

盛世之前，必有雄主，这绝不可能是偶然的巧合。但是，这种"盛世"也往往是对宝剑的过度使用，会造成它极快地磨损，丧失锐气。所谓"生于忧患、死于安乐"。繁华之下，统治者往往会对官僚体系的腐化丧失警惕，在创造惊人财富的同时，资源不可避免地朝着少数权贵阶层手中流动。经济增长的好处越来越不能被广大人民所享有。用不了多久，盛世就会终结。可能是像"开元盛世"那样被"安史之乱"突然摧毁，也可能是像"永乐盛世"那样被"仁宣之治"慢慢消耗，然后发生的就是"土木堡之变"。

尾 声

随着明孝宗朱祐樘去世，明王朝已经在地球上存在了137年。

这是一段非常漫长的岁月。朱元璋开国、朱棣靖难这些事情已经成为十分古老的故事。明朝时期的中国人享受了长达一个多世纪和平与繁荣的时光，特别是在江南地区，人们完全不知道战乱为何物。很多地方的城墙都废弛倒塌了，也无人修理。这是过去137年中，无数政治人物殚精竭虑、无数军人牺牲生命才换来的局面。在生存竞争激烈的古代社会，这样的局面来之不易。

此时，明朝已经比秦朝、隋朝、元朝和西晋存在的时间长久了。在大一统王朝中，排在唐朝（289年）、西汉（210年）、东汉（195年）、北宋（167年）之后。看起来天下还比较太平，蒙古部落的威胁也并不严重，超过北宋应该是没啥问题了，但能不能超过东汉、西汉，甚至唐朝，谁也无法预测。

现在我们知道，其实明朝才走完了它一半的生命历程，还会继续存在130多年。这更加不容易。因为时间越长，国家积累的弊病就越多，要想维持生存、发展、稳定就会越来越难。

跟前一个137年相比，大明王朝后一半的岁月会变得更加悲壮。为了维持帝国的存在和统一，无数英雄人物将陆续登上历史的舞台，穷尽毕生的精力致力于国家的变革和复兴。然后，在一切的努力和智慧都用完之后，它终于像之前的所有王朝一样，走向生命的终点，在内外交困中彻底覆灭，被一个新的王朝取而代之。

在这一卷里，我们知道了盛世为什么会出现以及它为什么会走向终结。在此之后，我们还需努力理解，为什么盛世终结之后就难以重现。一个王朝的中后期会面临诸多问题，这些问题我们现在能够分析，当时的政治家们其实已经都分析过，而且也努力地纠正过。尽管如此，他们仍然无力回天，最后只能以一场彻底的流血来更换整个社会统治集团，实现国家的复苏。

这是为什么？

新的历史和新的反思，仍在继续。

附录　重述伟大中华史

一、从汉武帝"晚年悔过"事件的真伪说开去

我曾经对明史发表过一些新的看法，考证指出，清朝官修《明史》是被投降清朝的文官集团，特别是东林党人，带着很强的偏见编写而成的，里面有很多歪曲历史真相甚至颠倒黑白的内容。但是对于明朝之前的中国史，我说得比较少。

最近，我看到了一篇长文，它让我意识到，其实在《明史》之前的中国史书中，也有很多被儒家文官集团故意歪曲颠倒的内容。这篇文章是辛德勇写的《汉武帝晚年政治取向与司马光的重构》。在这篇文章中，他对《资治通鉴》中的很多观点进行了辩驳。《资治通鉴》一直以来被视为非常权威的正史，但辛德勇指出，《资治通鉴》其实并没有很多人认为的那么客观，而是一本带着强烈意识形态偏见的书。

这篇文章主要考证了"汉武帝晚年悔过"这个故事的真伪。

汉武帝大家都知道，是中国历史上著名的具有雄才大略的皇帝。他最主要的功绩，就是在西汉王朝前60年休养生息、发展国力的基础上，对匈奴发动了一系列大规模的战争，取得了决定性的胜利。他派卫青、霍去病等名将三次大规模出击匈奴，收复河套地区，夺取河西走廊，将当时汉朝的北部疆域从长城沿线推至漠北。丧失肥沃茂盛的漠南地区后，匈奴王庭远迁漠北，这就基本解决了自西汉初期以来匈奴对中原的威胁。

在对匈奴发动战争的同时，汉武帝又恩威并施，同时采取外交手段和军事手段来使西域诸国臣服。

这些成就是中原农耕文明对北方游牧文明的伟大胜利。当时的匈奴是地球上最强大的军事帝国之一，对中原文明形成泰山压顶之势。汉武帝给予匈奴毁灭性打击，征服了西域，为中华文明的发展奠定了坚实的基础，是中华民族崛起的标志性事件。他也因此名垂千古。

但是，历史上也流传着一种说法：汉武帝到了晚年，开始反思自己的这些行为，甚至有点后悔。他觉得对匈奴进行大规模的战争实际上是劳民伤财的举动，导致民不聊生、社会动荡，所以他就开始反省自己之前的战略决策。

这种说法的权威来源就是《资治通鉴》。《资治通鉴》里关于汉武帝"晚年悔过"的描述是这样的：

征和四年（前89年）三月，从泰山封禅回来后，汉武帝说了这么一句话，叫作"朕即位以来，所为狂悖，使天下愁苦，不可追悔。自今事有伤害百姓，靡费天下者，悉罢之"。

这句话说得很重："即位以来，所为狂悖"，就是把自己当皇帝以来，前三四十年做的事情全盘否定；"使天下愁苦，不可追悔"，对自己曾经的决策非常后悔。

《资治通鉴》里面还说，有一些儒家学者跟汉武帝谏言说方士神仙信不得。汉武帝也完全接受他们的建议，把所有的方士神仙全部都赶走。

为了表明自己已经悔过，汉武帝还为此写了一个诏书，也就是历史上著名的《轮台诏》，又被称为《轮台悔过诏》。

在这个诏书里面——根据后代学者的说法——汉武帝系统地反思了自己一系列好大喜功、穷兵黩武的错误，进行了全面悔过和自我检讨。

田余庆发表于20世纪80年代初的《论轮台诏》一文，就是说在汉武帝去世前两年大幅度地转变了政治取向，由横赋暴敛、穷兵黩武，转向"守文"，控制住了纷乱的局面，稳定了统治秩序。这样，在汉武帝死后，西汉王朝才有了"昭宣中兴"的大好局面，使西汉的统治又延续了近百年之久。

田先生的意思，反过来理解就是：如果汉武帝还走原来那条穷兵黩武的道路，西汉王朝可能马上就要崩溃了、就要灭亡了。正是因为有了汉武帝的"晚年悔过"，有了这个《轮台诏》，这个国家才又得以休养生息，重新复兴，国家才又存在了将近 100 年。而田先生的这个论点，最重要的依据就是《资治通鉴》。

如果《资治通鉴》上的说法是真实的，那么我们对汉武帝一生的功绩就会产生大大的疑问。汉武帝下令北击匈奴，这么大一件事，可能就是过错大于功劳了。他不再是一位雄才大略的君主，而是一个好大喜功的暴君——为了满足自己开疆拓土的虚荣心，搞得天下民不聊生，这不是暴君是什么？

但根据辛德勇先生的考证，《资治通鉴》上的记载也有很多可疑的地方。

首先，一个皇帝，特别是像汉武帝这样强势的皇帝，竟然会公开用"向时愚惑"，甚至"所为狂悖"这种词句来骂自己，这在中国历史上恐怕是绝无仅有的。就算他意识到了错误，悄悄纠正过来就可以了，或者把执行他之前战略扩张政策的大臣拿下，政治路线自然就转变过来了，何必用这么严厉的词语咒骂自己呢？这种做法本身有点违背常理，让人觉得可信度不是很高。

而且，根据《资治通鉴》的记载，他说自己"向时愚惑""所为狂悖"，正好发生在他去泰山封禅回来以后。汉武帝泰山封禅是当时的一件大事，很多历史文献都有记录，《汉书》里面也有明确的时间记载，真实可靠。刚刚从泰山封禅回来就发"轮台悔过诏"，汉武帝的想法转变得太突然了。如果他真的深刻反思了自己前半生的所作所为，又非常听儒家学者的话，他可能就不会带着一大批方士神仙去泰山封禅，宣告自己的伟大功绩。泰山封禅回来，汉武帝立刻幡然悔悟，自己骂自己，这个转变速度也不太符合人之常情。

前面这两条都是基于常理的推测，想要对史料提出质疑，还不能以此作为证据来证明汉武帝"晚年悔过"的那些话是假的。

辛德勇先生在他的文章里面提出了一些证据，我认为是比较有力的。

首先，汉武帝自己骂自己的这段话在《汉书》里面都没有记载，到了西汉灭亡一千年以后的《资治通鉴》里面才出现。

《资治通鉴》说汉武帝有"晚年悔过"之举，能在《汉书》中找到的依据只有一个《轮台诏》。

《轮台诏》的原文在汉书里面有记录。如果我们认真地读一下《轮台诏》以及它颁发的前因后果，就会发现一个问题：所谓的"轮台之悔"，并不能成为汉武帝系统反思自己政策的一个证明。

《轮台诏》颁发的背景是什么呢？就是桑弘羊等几个大臣，上疏请求汉武帝下令，派人到西域的轮台去驻军屯田，说这个地方是西域的战略要地，占领这个地方有助于加强对西域的控制。

汉武帝接到上疏以后就下了一个诏书——也就是《轮台诏》，说了很多话，总的意思是：轮台这个地方非常偏远，前一段时间我们对西域用兵，特别是贰师将军李广利去征西域，仗没打好，损失惨重，劳民伤财，士兵大量死伤。我感到非常悲痛，觉得目前还是应该让士兵和人民都休息一段时间，所以轮台驻军这个事儿就不要干了。（《轮台诏》原文见后）

所谓的"轮台之诲"，其实就是这样一篇诏书。

从《轮台诏》颁发的前因后果来看，汉武帝实际上只是针对轮台驻军这个事作出决策，他完全没有说自己北击匈奴的整个战略是错的。

在这篇诏书中，汉武帝有关军事失利和人民困苦的反思，原话是：

"贰师败（贰师将军李广利败了），军士死略离散，悲痛常在朕心。今请远田轮台，欲起亭隧，是扰劳天下，非所以优民也。今朕不忍闻。"——他重点是说轮台驻军这个事儿。

而且，更重要的是，在这个诏书的后面，他还补充了一下，说虽然轮台不驻军了，但还是要"毋乏武备"——不要让我们国家的军事实力因此而削弱。

整个诏书的最后一句话，是"郡国二千石以上进畜马方略，补边状"——俸禄2000 石以上的地方官员，都给我上书说一下，以后我们怎么干才能够积蓄更多的马匹，怎么能够巩固边防。

从这个文本里面我们看得出来，《轮台诏》的意思就是：前两年我们打仗没打好，花的钱太多了，所以应该休息两年，把工作重点从对外征伐转变为改善内政和补充兵马钱粮，现在就不要跑到轮台那么远的地方去驻军屯田了。这属于短期的战术调整，而并不是否定之前的国家战略。

至于所谓"向时愚惑""所为狂悖"这种话，并没有出现在《轮台诏》或者其他任何汉朝官方记录中，只能在《资治通鉴》中找到。现在有一些文献直接说汉武帝在《轮台诏》中骂自己"所为狂悖"，完全是以讹传讹。

除了《轮台诏》的文本解读以外，说汉武帝"晚年悔过"的事情不存在，还有几个证据。

第一个证据：汉武帝死后，他留给儿子的顾问班子，也就是所谓的顾命大臣，都是对外进攻政策的支持者和积极参与者。

汉武帝的儿子 8 岁登基，受汉武帝顾命掌握大权的主要是四个人：霍光、桑弘羊、上官桀和金日磾。

霍光是大将军，是征讨匈奴的名将霍去病的弟弟。汉武帝信任他，很大程度就是因为霍去病。

桑弘羊是汉武帝的财政大臣，他以善于为皇帝理财而名垂千古。汉武帝对外战争，主要就依靠桑弘羊建立的一套征税系统来保障军费后勤。国家垄断盐铁专营，对商人征收重税来扩大财政收入，这些措施都是桑弘羊提出来的。

上官桀是职业军人，官拜左将军，曾经与李广利一起统率汉军，北拒匈奴，西征西域，拓疆守土，战功显赫。

金日磾是匈奴人，是投降汉朝的匈奴休屠王的儿子。投降以后一直是汉武帝的贴身侍卫。

我们看汉武帝留下的这个人才班子，三个武将加一个军事后勤专家，这四个人都不是儒家文官，也不是主张修身养性的黄老学派代表人物。这种搭配说明，汉武帝希望在他死后，朝廷能够延续前几十年的对外扩张政策。

如果汉武帝在他去世之前三四年已经对自己之前的政策感到后悔，那么他一定会对核心决策层进行调整。他死后留下的这个顾命大臣班子肯定不是这个样子，其中肯定会有一些儒生，有一些向他提议进行战略休养生息的官员，然而实际情况是没有。这是汉武帝没有"晚年悔过"的第一个证据。

第二个证据就是《盐铁论》。

《盐铁论》是汉武帝去世之后四年，由霍光和桑弘羊组织的一次讨论国家盐铁专卖的"会议记录"。很幸运，这个"会议记录"被完整保留下来了，直到今天我们还能够看得到。

在这个"会议记录"中，桑弘羊等中央官员与来自全国各地的专家对汉武帝时代的政策进行了长达数天的讨论。如果汉武帝在晚年有过系统的"悔过"，主张与民休息，认为自己穷兵黩武导致了劳民伤财等等，那么当时的学者一定会引用汉武帝的言论，说先帝晚年的时候曾经后悔过，来证明盐铁专卖和征收商业税的不合理。

但是，在《盐铁论》当中，我们找不到这方面的内容。相反，大家基本都是在说，要恢复"文帝之政"。简单说就是反对汉武帝的政策，回到汉武帝的祖父汉文帝时候的政策路线上去。

而桑弘羊则主张继续维持政府在盐铁方面的管理。他说："君薨，臣不变君之政"，不宜"害先帝之功，而妨圣主之德"。也就是说，汉武帝刚死，你们这帮人就要改变先帝的这个政治路线，这样做是不对的。

这样的辩论记录也可以说明：争论的双方都很清楚，汉武帝晚年并没有改变其一贯的政治路线，没有任何明显的"悔过"举动和言辞。如果有，不可能不在《盐铁论》中反映出来。

此外，还有第三个侧面证据。在《轮台诏》颁发之前，实际上汉武帝有多次类似的战略收缩。比如说元朔三年（前 126 年），"罢沧海郡""罢西南夷"——汉武帝听了一些儒生的谏言，停止了很多地方的军事征发事宜。但是，过了一年以后，他马上又派卫青率大兵攻击匈奴。

这样的先例说明，汉武帝很清楚，在制定国家战略的时候需要一张一弛，打了一段时间的大仗之后就要休养生息，让人民有机会休息，让士卒有机会训练；等国家又积蓄了一定的财富之后再大举向外扩张；扩张到了一定程度之后再休息一下，恢复国力……这种从战争到休息的节奏切换，显然不能算是对整个战略的反思。

通过这些证据，我认为可以比较有把握地说：所谓汉武帝"晚年悔过"，应该是虚假的。历史上汉武帝从来没有"晚年悔过"。

那么关于汉武帝"晚年悔过"的那些话——"朕即位以来，所为狂悖，使天下愁苦，不可追悔"，《资治通鉴》是从哪儿找来的呢？

根据考证，这些话应该是来自一本叫作《汉武故事》的野史。这本野史现在已经失传了，但是很多史料都抄录了它的内容。这本书里面有关汉武帝"晚年悔过"的内容就跟《资治通鉴》里面的表达非常一致。而这本《汉武故事》的野史记载了很多妖魔鬼怪的故事，类似于一本神鬼小说。它的可信度非常低。

司马光编撰《资治通鉴》这么重要的史学著作，怎么会去引用这么不靠谱、讲妖魔鬼怪故事的一本书呢？儒家不是讲究"鬼神之事敬而远之"吗？

应该说，司马光有一定的政治目的。"轮台之悔"，或者说汉武帝"晚年悔过"这个故事，很明显地体现出了儒家文官集团的政治取向："重文轻武，丑化皇帝"。

儒家文官集团在打仗方面是不行的，总体而言大大弱于职业武官。特别是司马光所在的北宋，文官集团掌权，武将被边缘化，被剥夺了统兵的权力。北宋的军队对外战争时一打就基本全军覆没，丧权辱国、丧师失地。儒家文官集团主导整个国家权力，军事上就是不行，打不过北方少数民族。北宋跟汉武帝时代比起来，简直一个地下一个天上。

但是，儒家文官集团必须要论证北宋这种局面的合理性。如果历史书上说，中原政权与北方的少数民族作战，打赢了是一件非常光荣的事情，打输了是一件丧权辱国的事情，那么儒家文官集团执政地位的合法性就要动摇。北宋当时的局面就说明文官当权不行，还是要武将来，要加强皇权。这样，武将的权力必然上升，皇帝的权力也必然上升。

北宋是儒家士大夫的乐园，他们掌握了国家权力，当然不会允许这种宣传论调出现。

通过"轮台之悔"这件事情，以司马光为代表的儒家文官就可以昭告天下：汉武帝对匈奴的一系列打击是过大于功的，本质上是好大喜功、穷兵黩武，给中国的民生造成了严重的困扰，使国力衰退，等等。汉武帝本人在其晚年都非常后悔，自己骂自己"狂悖""愚蠢"。如果汉武帝不反悔的话，西汉可能马上就要完蛋了。

把这个故事加进来之后，再来看北宋，在对外战争当中，少数民族来打我，我就不应该反击，打输了也没什么丢人的，说明我们不像汉武帝那样好大喜功、穷兵黩武。敌人一打过来，我们就签条约，割地赔款，这样做才是正确的。因为这种做法跟汉武帝"晚年悔过"的思想是一致的，有利于国家的长治久安。

这样，儒家文官集团的执政合法性就没有问题了。

于是，整个国家民族的价值取向就被颠倒过来了——对外战争、开疆拓土的皇帝和将军变成了罪人，割地赔款的文官大臣变成了英雄。

于是，我们就面临两种观点。西汉能够存在200多年，到底是靠汉武帝打击匈奴打出来的，还是靠他"晚年悔过"、休养生息休养出来的？

这是两条政治路线。

如果前一条路线是正确的，西汉的200年国运是靠打击匈奴打出来的，那么我们这个国家、我们的中华文明，在它的发展过程当中就应该走富国强兵、

积极防御的道路。对于给国家安全造成危害的敌人就应该严厉打击。对于敢于
用暴力来跟我们对话的敌人，就是坚决以暴制暴。先用暴力把你打服了，我们
再来谈和平，以强大的军事实力来保障和平。

如果后一条路线是正确的，西汉在汉武帝死后还能维持近 100 年，全靠汉
武帝"晚年悔过"，那么我们就应该选择北宋这种积贫积弱的国策来生存，对外
妥协，依靠金钱外交来谋求生存空间。

我个人的看法很明确，汉武帝"晚年悔过"的事情是假的，《资治通鉴》的
价值观是通过伪造历史来传达的，不可接受。

北宋的文官集团执行的是后一种方略，结果怎么样？《资治通鉴》成书于
1084 年，北宋灭亡于 1127 年。也就是说，《资治通鉴》成书后 43 年，北宋就灭
亡了。而且国家是亡于北方民族，中原人民被屠杀得非常惨烈。

汉武帝死后，汉朝有"昭宣中兴"，汉军横扫匈奴，把西域全部纳入中原政
权的管辖之下。西汉是中国历史上非常辉煌的一个王朝，汉武帝在位的 55 年间，
以及汉武帝死后的 50 年，都是中原政权非常强盛、国家经济繁荣的好时光。西
汉和北宋的对比说明了什么？说明汉武帝积极进取的国家战略才是正确的，北
宋苟且偷生的战略是错误的。

雄才大略的汉武帝在他晚年从来没有为自己一生的奋斗后悔过！

二、司马光为什么对野史小说感兴趣？

司马光自己也承认，他有出于政治目的而取舍史料的倾向。他写过一篇文
章《史剡》，其中提出"愚观前世之史，有存之不如其亡者"——我看以前的历
史，有　些与其让后人知道，不如把它消灭了算了。作为史学家的司马光竟然
公开声称，历史上有些事最好别让后人知道。

编写《资治通鉴》之后，他说了一句话，"史有记录之害义理者，不可不正"。

历史上的那些记录，违反我儒家正统道义的内容，一定要把它斧正。

从这些话语可以看出，司马光在治史的时候确实带有一种强烈的主观价值取舍。为了阐明他所相信的儒家正统，司马光认为可以歪曲历史的本来面目。

出于这样的目的，司马光把野史中所谓的汉武帝"晚年悔过"的内容写进了《资治通鉴》。除了虚构汉武帝"晚年悔过"事件，《资治通鉴》为了贯彻儒家文官集团的政治路线，在其他地方也记录了很多明显虚构的故事。这些故事的真伪性，就不如我们对"轮台之悔"的考证这么有力了。但是我们还是可以看一看。

一个是所谓的"杨贵妃洗儿"事件。就是安史之乱之前，安禄山在河北地区执掌兵权的时候，曾经到长安晋见过唐明皇李隆基，还见到过杨贵妃。这个事儿大家都知道，但是《资治通鉴》里边多了一段正史上没有记载的事情：

杨贵妃非常喜欢安禄山，认安禄山当了自己的干儿子，之后还把安禄山召到宫廷里边来。安禄山说我们少数民族有风俗，认了干儿子要给他洗澡。杨贵妃就吩咐人用大毯子，把安禄山这个大胖子裹起来，扔到池子里，杨贵妃亲自给他洗澡。唐明皇李隆基看着还挺高兴，一点都不觉得怀疑。

这个事情太荒唐，很多认可《资治通鉴》权威性的人也表示怀疑。清朝就有人指出："《通鉴》载此事，皆出《禄山事迹》及《天宝遗事》诸野史，恐非实录。""杨妃洗儿事，新旧唐书皆不载，而温公《通鉴》乃采《天宝遗事》以入之。岂不知此种小说乃委巷谰言……乃据以污唐家宫闱耶。"

《天宝遗事》《禄山事迹》其实就类似于色情小说，专门写宫闱野史。司马光编纂《资治通鉴》这么严肃的历史著作，为什么要把这些正史上没有记载的、而且听起来非常荒谬的事情，堂而皇之地写进去呢？

这说明什么？说明司马光确实有很强的主观价值取向，那就是丑化皇帝，丑化宫闱。皇帝就是好色，就是昏君。丑化皇帝，能够凸显儒家文官集团是坚持正统的、坚持道义的一方。

儒家文官集团要巩固自己的权力，就要把皇帝的形象不断地加以丑化。把安禄山叛变、"安史之乱"的责任都归结为皇帝好色、昏庸。出了事情，就是因为女人是祸水、皇帝是昏君，而官僚集团没有责任，就可以树立儒家文官集团在道义上伟、光、正的形象。

《资治通鉴》上另一个不靠谱的记载是汉成帝宠赵飞燕姐妹的事情。这里边司马光引用了一句话，就是披香博士淖方成说的"此祸水也，灭火必矣"。所谓"红颜祸水"就是从这来的。但这句话在《汉书》等权威记录里面也没有。那么这句话从哪儿来的？实际上也是出自一本野史——《赵飞燕外传》。

《赵飞燕外传》就是后世文人瞎编的小说。这里边记录了汉成帝怎么死的，记录的过程污秽不堪，说皇帝生病的时候，还在吃赵飞燕姐妹给他的春药，吃了春药之后天天跟赵飞燕姐妹混一块，最后就死掉了。

司马光为什么在《资治通鉴》里边一而再，再而三地使用这些材料呢？我认为目的就是要通过丑化皇帝、丑化皇权，来强化儒家官僚集团的正统地位。为了达到这个目标，司马光不惜把野史小说当正史来用。

三、儒家文官的崛起与道统观念的强化

我曾分析过儒家文官集团崛起的过程。文官集团是从军事集团的附庸发展为一个独立的权力集团的。

中国古代国家首先从战争中发展起来。原始部落为了维护自身的安全，组织军队进行战争，建立起君权。君权来自军权。

经过战争，统一的国家形成以后，就需要一些行政官僚来处理日常事务。这个时候行政权力是屈从于军事权力的，所以文官集团才必须完全服从于皇帝。

但是，国家大一统之后，军事的重要性逐渐下降，内政的重要性逐渐上升。文官集团、官僚集团，或者叫行政官僚集团，他们的权力越来越大，开始寻求

自身的独立性，于是就开始从儒家的思想里面寻找建立道统的理论基础。

西汉的董仲舒最先提出儒家天道的概念，说"天不变、道亦不变"。但这个时候，董仲舒所谓的天道，还是授予天子执政合法性的意思。道统和法统是合而为一的，道统必须遵从法统，儒家正统必须屈从于皇帝的权威。因为欣赏董仲舒，汉武帝几次下诏，向董仲舒询问治理国家的建议。这个事情后来被儒家史学吹上天，说是"废黜百家、独尊儒术"。其实并非如此。汉朝内部决策以法家思想为主，兼用道家和儒家，对外则是思想文化自由，百家争鸣，没有废黜过任何一家，更没有独尊儒术。汉武帝的核心决策班子里面根本没有儒家学者，董仲舒不过被汉武帝派到地方上去当小官，连中央政府的职位都没有。

儒家文官集团真正掌权要到唐朝中后期，在武则天改革以后。科举制度加强了文官集团的权力，他们就需要建立一套独立于皇权、独立于军权的意识形态体系。这个时候就出现了道学。以韩愈的《原道》为代表，儒家文官提出了从周公到孔子、再到唐代儒家的"天道传承体系"。

这个天道传承体系独立于法统，跟谁当皇帝没有关系。儒家文官集团尊重这个道统，将道统从法统分离了出来。

北宋就完全建立了一个儒家士大夫乐园，从带兵打仗的统帅到皇帝的侍卫，基本都由文官担任。没有通过儒家经典考试的武将没权力了，皇帝杀儒家士大夫的做法也被禁止了。宋神宗想要杀一个弃城逃跑的败军之将（文官），宰相蔡确明确告诉他不行，宋神宗毫无办法。

这个时候，道学就进一步加强，文官集团认为自己只需要服从道统就可以了，不需要遵从皇帝的法统。为了强调儒家道统，司马光就编撰了《资治通鉴》，对中国的历史进行了重新梳理，按照儒家的道统来重新解释中国历史。

在《资治通鉴》中，皇帝基本都是昏庸的，如果不昏庸就会比较暴虐。皇帝的主要优点就是对文官言听计从，只有这样的皇帝才被认为是贤明的君主。

军事战争的重要性被系统贬低了，武将之类的角色也不是很好，太监当然就更坏了，皇帝宠爱的后妃一般都是红颜祸水，农民起义肯定就是反贼。中国历史上大部分著名人物都成了反派角色。只有谁正确呢？就是儒家文官集团，永远伟大光荣正确。这就是《资治通鉴》产生的背景。

儒家文官集团的崛起，首先要充分肯定其正面意义。文官集团促进了政府治理的理性化，科举制度让底层人民能够有一条参与政府治理、国家治理的渠道。这是中国古代政治制度的一个巨大进步，也是中国文化的一个伟大贡献。

但是，文官集团一旦形成了一派独大的地位，它就开始逐渐走向自己的反面，走向反动，变得腐败堕落，贪婪无耻。对上，他们垄断国家的权力，架空皇权，削弱武将的权力，也就间接削弱了国家的战争能力。对下，他们跟大地主、大商人等豪强阶层勾结，形成国家的权贵集团，欺压老百姓，导致官逼民反。

最后出现一个什么情况？就是两宋积贫积弱，军队被彻底削弱了，对外打仗一触即溃，对内严酷地剥削老百姓，赋税高得不得了，食盐专卖的收入是唐朝和明朝的 10 倍，农民起义连年不断。

老百姓的负担非常沉重，但是文官集团却过着非常舒服的日子。在他们记录的历史里边，两宋被描写成一个经济繁荣的超级盛世，大家都过得非常舒服。但是真正过得舒服的人只是这个社会当中很小的一部分，整个国家民族实际上都处于非常糟糕的状态。

我曾对比过两宋和明朝：宋朝不杀士大夫——不管他贪污了多少钱、激起了多大的人民反抗、丢掉了多少国土，都不会被判处死刑，因此这样的政策被认为是"仁政"；而明朝总是不断用死刑来对待贪污腐败、引发农民起义和打仗失败的官员，所以被文官集团描写为黑暗专制的"恐怖帝国"。

但实际上，宋朝对老百姓极其残酷，凌迟这种酷刑正式进入国家刑法典就是在北宋，在犯人脸上刺字的刑罚从汉朝就取消了，到了北宋又复活了。贩卖私盐 20 斤就是死刑。相反，明朝就没有刺字的刑罚，凌迟处死虽然也有，但是没有写入刑法典，必须由皇帝特批，官僚集团不能判处任何人凌迟处死，而对于贩卖私盐这种事，明朝则规定，普通人生活无着，在肩挑背扛的范围内贩卖私盐，不算犯法。

两宋对文官士大夫非常仁慈宽松，对老百姓非常残酷；明朝对文官士大夫严加管束，而老百姓的权利和自由保障得比宋朝好得多。

最后，大家都知道的是，宋朝这个儒家士大夫的乐园，彻底亡于北方少数民族。中原文明第一次完整地被北方落后的游牧民族彻底地征服了，给中原人民带来了非常惨重的灾难。儒家文官集团宣传的道统以及他们精心编纂的《资治通鉴》，最后得到了这么一个结果。

《资治通鉴》是一本重要的历史著作，司马光做了大量史料方面的收集、整理工作，这些功绩是要充分肯定的。但是我们也要清醒地认识到，它并不是一本客观的历史著作。这部著作在一定程度上起到了宣传和塑造儒家道统意识形态的作用，反映了儒家士大夫对历史话语权的把控。

四、东林党人对明朝历史的扭曲和丑化

前面我讲的这些东西，算是对正文的一个很重要的补充。但是，我说《资治通鉴》有不太靠谱的历史记录，想要论证这个观点，找出《资治通鉴》的根本性错误还是非常困难的。

为什么非常困难？因为元朝取代南宋以后，大量文献资料被损毁，留下来的主要就是被列入二十四史的官方正史和《资治通鉴》。宋以前的大量文献资料没有保存下来。要想再找别的史料来证明《资治通鉴》中某些史实的真伪是非常困难的。

像我们辨析"轮台之悔"，这个论证应该说是比较有力的。因为有那么多史料去证明它。正好《盐铁论》还非常完整地保留下来，算是我们的幸运。但是

比如赵飞燕姐妹和杨贵妃的故事, 我们只能说它太不合常理了, 而且正史又没有记载。根据《资治通鉴》在"轮台之悔"事件上的表现, 我可以推理说这样的故事不符合历史真实。

但是, 这个论证在史料支撑方面还不充分。你说它是从《赵飞燕外传》里面抄过来的, 但是也许司马光在实录上也看到过这个记载呢? 这种可能性是有的。毕竟实录已经消失了。

所以, 要想理清楚元之前的历史记录中有多少被篡改了, 有多少不符合历史真实, 真的是非常困难的事。本书虽然希望梳理整个中国古代史, 但把百分之七八十的篇幅都用在了明史上, 就是因为只有明朝的史料较为充分地保留下来了, 最重要的《明实录》得到了完整保存。此外像朱元璋编写的《逆臣录》, 还有杨士奇、申时行、陈洪谟等朝廷大臣的个人回忆录, 还有各种宫廷档案和地方墓志铭等等, 直到今天我们也都还能看到。

这些第一手或者接近于第一手的史料, 为我们考证明史在多大程度被扭曲提供了比较充分的材料, 所以我就把明史作为一个典型案例来深入挖掘。

通过对现在保存下来的明朝史料进行系统挖掘, 我们不难发现, 代表明朝晚期的道学文官集团的东林党人在投降清朝以后, 在编撰《明史》时的思维习惯也符合《资治通鉴》的一贯表现——就是极力地丑化皇帝, 把明朝亡国的责任一股脑儿地推给皇帝, 把文官集团描写成充满理想主义的正义人士。

受官修《明史》和以东林党后裔为主的"浙东史学派"的影响, 明朝的十多个皇帝在今天很多人心目当中不是昏君就是暴君, 好色、昏庸、心理变态······没一个好东西。附带着, 东林党人还大力丑化后妃、丑化太监、丑化武将, 还要丑化文官当中为天下、国家负责任的人物, 歌颂那些为文官集团谋福利的人物。

我举几个例子。有关朱元璋文字狱的传说, 基本都是靠不住的。比如, 说朱元璋杀掉杭州教授徐一夔, 仅仅是因为徐一夔的文章里面出现了"光"这类文字，就是犯了朱元璋当过和尚的忌讳。

　　但是，我们发现，在朱元璋死后，徐一夔其实还活着，还给人写过墓志铭，杭州地方志里记载着他还当过官。有了这些一手资料，我们就可以知道，关于朱元璋因为文字狱杀徐一夔的事情肯定就是假的。

　　还有人说，朱元璋喜欢杀开国功臣，是因为害怕功臣威胁他的权力，在他死后造反。但我们翻阅历史，可以发现朱元璋连真正跟他争夺天下的元末农民起义领袖如方国珍、明玉珍这些人都一个不杀，全都封了爵位，让他们得到善终；朱元璋在杀那些开国功臣的同时，还杀了很多对他的权力完全不构成威胁的县官、知府之类的小官。因此我分析，朱元璋并不是出于权力的考虑才杀人，而是出于反贪污的目的。他是贫苦农民家庭出身，还当过乞丐，对贪官污吏有一种天生的仇恨，所以当上皇帝以后制定了极为严厉的反贪污法律，贪污60两银子就要处死。那些开国功臣在建国以后腐化堕落严重，为手底下的各种小贪官提供政治庇护。如果不处置这些开国功臣，那就是"打苍蝇不打老虎"，反腐败就只能是做点表面文章。

　　朱元璋并不是掌握了皇权之后就变得暴虐残忍了。实际上，他制定的法律非常注意保护社会弱势群体，宋朝百姓贩卖私盐超过20斤就是死刑，朱元璋废除了这条法律，如果贫苦老百姓为了生活贩卖私盐，只要在肩挑背扛的重量范围内，就可以免除处罚。朱元璋规定，如果官员欺压老百姓，老百姓可以将这名官员捆绑进京，由他本人亲自审判；而官员不懂得爱护人民，一旦引起人民造反，一律处死。朱元璋还很注意保护女性权利，规定军人死后，其妻子只要女方长辈同意就可以改嫁；女性犯罪后如果需要执行杖刑和鞭刑，可以花钱赎刑，以照顾她们的尊严；官员出行，路人需要回避，但是女性可以不回避。在中国古代的法典中，朱元璋主持制定的《大明律》是对女性权利保护得最好的一部。所以，他利用皇权来严厉打击贪污，其实就是竭尽全力保护底层人民和弱势群体的利益。他在当皇帝期间生活简朴、工作勤奋，很少吃肉，衣服上也全是补丁。

在去世之前留下遗嘱，要求丧葬用品不要用金玉，坟墓不要为了追求风水的缘故改动山河形势而大兴土木。他是一位伟大的战争英雄和政治领袖，从未忘记过自己卑微的出身，并不是什么暴君，更不是杀人狂、心理变态。

还有，《明史》中关于明宪宗朱见深和万贵妃的故事，说万贵妃因为自己没有孩子，只要后妃怀孕，全部就给打胎，生出来的婴儿也要杀死。朱见深的儿子明孝宗朱祐樘之所以能够活下来，是因为宫中太监张敏冒死秘密抚养。等万贵妃发现以后，张敏就自杀了。

明宪宗朱见深竟然宠爱这样一个万恶的女人，当然也就是昏君。但是，通过对《明实录》进行考证，我们发现，实际上明孝宗朱祐樘不仅不是太监千辛万苦保护下来的，相反，他就是由万贵妃亲自抚养成人的。因为在内阁给皇帝的奏章里面明确地说：朱祐樘蒙贵妃"躬亲抚育"，虽然不是贵妃亲自生的，贵妃对待他却好像亲儿子一般，真是一个难得的贤妃，大臣们无不交口称赞。而那个传闻中把朱祐樘秘密养大又自杀的太监张敏，《明实录》中还记录了一段他和明宪宗的对话。但依据《明史》的说法，这段对话发生时，张敏应该已经去世 3 年了。

所以我们就可以知道，《明史》中的这些故事也是子虚乌有的。

还有对太监的污蔑。关于明朝"四大权阉"之一的太监汪直，《明史》对他极尽丑化之能事，说他如何迫害大臣。但是，在《明实录》里面我们可以找出汪直所写的那些奏章。他收拾大臣是有原因的，核心就是为了协助皇帝反腐败。那些大臣们犯下了罪行，包括为了兼并别人的土地打死人，以及贪污受贿等等，所有的罪行都是上报皇帝，由皇帝批示处理。汪直没有权力审判官员。

而且，汪直在战争中多次立下非常卓越的功勋。说汪直是战争英雄和反腐英雄，是中国历史上的伟大人物，毫不为过。

此外，还有像名臣严嵩，《明史》把他列入奸臣传。但是严嵩执政的 23 年，正好是明王朝跟东南沿海的倭寇进行激烈斗争的 23 年。在这个过程当中，严嵩起用了包括胡宗宪等一系列的优秀人才。为平定东南沿海倭寇建立了功勋。但是文官集团一定要把他写成奸臣，就是因为他不反对皇帝诛杀失职的官员。比如北京城被蒙古围攻，皇帝追究责任要杀掉兵部尚书，严嵩就不去阻拦，文官集团因此对严嵩恨之入骨。

对于武将，像戚继光这种名将，文官又编造谎言，说他进献春药和美女给首辅大臣张居正。张居正就是吃春药过度而死的——张居正虽然也是文官，但因为大力推动改革得罪了腐败的文官集团，所以他们也把张居正一并丑化了。

实际上，张居正去世的原因在他的私人书信中说得很清楚，是痔疮手术的术后感染。当时没有抗生素等消毒药品，手术感染往往致命。张居正对自己病情恶化的描写，与现代医学总结的痔疮症状和术后感染症状完全一致。

还有像万历皇帝，《明史》里面说他"怠政"——天天在后宫里面窝着不干事。但是我们通过核对《明实录》里面的记载，发现他一直在不停地批阅各种奏章，不管是治理黄河，还是巩固边防，还是组织救灾等方面，万历皇帝一直都在做事，甚至还下过奏章，要求找熟悉西方历法的人进宫来重新编制历法。还指挥打赢了抗击日本侵略朝鲜的战争。干了这么多大事的一位皇帝，竟然被文官说成是万事不管的大懒虫，文官集团颠倒黑白的水平简直令人称奇。

通过阅读各种奏章，我们可以发现，万历皇帝的"怠政"其实就是不理睬那些专门只搞党争的文官奏章——他只批复办实事的奏章，对于搞人事斗争的奏章全部置之不理。东林党人对此极为不满，所以编造了所谓"万历怠政"的谎言来对皇帝进行攻击。

相反，那些在《明史》中被大力称颂的人物，他们似乎并没有干出多少对国家和人民真正有益的事情。比如说著名的"三杨内阁"，其中的大贤臣杨士奇，我们就找不出他干了什么利国利民的事。相反，在三杨内阁当政期间，明朝放弃了今天越南北部的领土，中断了郑和下西洋的行动，"三杨内阁"还主持了三位皇帝死后的殉葬，杀掉了一些无辜的后妃等等。除此以外，实在找不出来杨士奇干了什么好事，倒是他的儿子在老家兼并土地时打死了几十个人。

杨士奇之所以能被《明史》认定为是一个大贤臣，主要原因就是能够当好"和事佬"，善于和稀泥，能够有效地阻挡皇权对文官集团的监督和管理。出了问题，杨士奇能在皇帝面前说好话，让官员们生活得自由自在，即使贪污和兼并土地也不担心被处罚。能够做到这一点的官员都是公认的大贤臣。

而那些敢于对天下、国家负责任的官员，敢于得罪人的官员，敢于整肃官僚集团、整肃权贵集团的官员，不少都被丑化成奸臣。

我写这本书，就是为了告诉新一代的中国人：我们中国古代的历史，绝不是儒家文官集团永远正确的历史。它是一部由许多伟大的皇帝、伟大的太监、伟大的武将、伟大的文官和伟大的农民领袖共同努力铸就而成的光辉灿烂的伟大历史。这里面充满了正义与邪恶的斗争，有辉煌的胜利，也有悲壮的失败，但判断正邪的标准绝不是儒家思想，更不可能是是否维护了官僚集团的特权，是否让文官的日子过得很舒服。只能将是否有利于人民安居乐业、有利于国家繁荣富强作为标准。

儒家文官集团，他们掌握了书写历史的权力，但事实证明，他们有时会滥用这种权力。他们在历史上发挥过积极的进步作用，但也发挥过极为糟糕的反动作用。中原政权仅有两次被北方民族完全推翻，都是在儒家文官集团全面掌权的背景下发生的。南宋和明末后期都是儒家文官一家独大的局面，当时的官僚系统整体腐败无耻，为国家豪强权贵阶层的利益服务。为此，他们不惜杀害忠心报国的武将，危害国家国防能力，不惜把并不沉重的税收转嫁到身无分文的底层农民身上，自己这个阶层即便腰缠万贯也不愿意多交一分钱，最终诱发了大规模的农民起义。最后的结果，就是国家在内外交困中灭亡，亡于外部武器水平低得多、人数少得多的少数民族，给中原人民带来了巨大的灾难，给中华文明制造了不可估量的损失。

五、研究历史有什么意义

我做的这些工作有什么意义和价值？我个人并不是研究历史的，我是一个经济学博士。有人总结说，我这本书就是"一个经济学博士，为了研究政治问题，写了一本历史书"。我很喜欢这句话。我写这本书，最重要的目的就是为了促进国家强大，复兴中国文化。

我们学习西方，学习了100多年。这很有必要。西方有先进的东西那就要学习。但是学习完了之后，我们想要超越西方，要比西方做得更好，就必须有创新、有新的东西、有自己的东西。相当重要的一部分，就是对我们自己历史的重新整理和反思，建立我们独立的史观。整理自己的历史，找到中华民族独立的灵魂。

研究历史是往后看，但不是为了复古。往后看的目的最终是为了往前看。

我认为，历史研究实现的主要是基础性的价值。如果说我们中华文明真的要复兴，绝对不是依靠我们的历史有多么伟大。但是如果有人想刻意贬低我们的历史，说我们在历史上从未真正强盛伟大，说我们这个民族的古代历史就是黑暗、专制、没有创造力，我坚决不能同意。

比如说，中国古代有严刑峻法的传统。很多人把中国古代法系视为没人权、没法制的黑暗法系。

中国古代确实是严刑峻法，但是我也提出了一个观点，一个国家法律的严峻程度跟破案率相关。如果破案的技术很高超，破案率很高，那么刑法就应该轻一点。如果说破案的技术非常低，犯人被抓住的概率也很低，那么这个时候就应该用严刑峻法——不一定能抓住你，但是只要被抓，你就会受到严厉惩罚。这样才能对社会犯罪起到威慑作用。

中国古代的严刑峻法，很大程度上是因为破案技术很落后，没有指纹技术、没有 DNA 检验，主要依赖口供，抓捕逃犯也非常困难。所以必须允许一定程度的刑讯，必须要严刑峻法，才能有效震慑和打击犯罪，维护社会稳定。从这个角度来看，中国古代法治体系的积极意义和合理性都很大。跟同时期的西方法制体系比起来，我们要先进发达得多。

但是我们今天这样说，为古代的严刑峻法辩护，不是说应该恢复古代的那种严刑峻法。因为时代变了，今天我们有了先进的刑事破案技术，刑事破案率已经大幅度提高了。这种情况下，就应该强调程序的正义性。

但是，我们实事求是地承认中国古代严刑峻法的合理性，能够得出什么有益的启示呢？益处就是可以抵御西方那些极端的轻刑思想，可以从基础的理论层面来证明，应该对那些给国家社会造成严重危害的人处以严厉的惩罚，以保护那些守法的人，保护这个社会的正常秩序。

西方有些刑罚思想片面强调轻刑，片面强调程序，片面强调保护罪犯的权利，这就是我们要坚决反对的部分。通过正确地反思中国历史，我们就可以理直气壮地抵制这些错误的做法和思想，更好地维护我们的社会稳定，保障遵纪守法的普通人的权利。

以上这些，才是我们回顾历史时真正希望达到的目的——既不是为了复古，也不是盲目学习西方，而是实事求是地评价中国历代政治得失。这才是我写这本书的真正目的。

六、《汉书》中的《轮台诏》原文

前有司奏，欲益民赋三十助边用，是重困老弱孤独也。而今又请遣卒田轮台。轮台西干车师千余里，前开陵侯击车师时，危须、厨犁、楼兰六国子弟在京师者皆先归，发畜食迎汉军，又自发兵，凡数万人，王各自将，共围车师，降其王。诸国兵便罢，力不能复至道上食汉军。汉军破城，食至多，然士自载不足以竟师，彊者尽食畜产，羸者道死数千人。朕发酒泉驴橐驼负食，出玉门迎军。吏卒起张掖，不甚远，然尚厮留甚众。曩者，朕之不明，以军候弘上书言"匈奴缚马前后足，置城下，驰言：'秦人，我丏若马'"，又汉使者久留不还，故兴遣贰师将军，欲以为使者威重也。古者卿大夫与谋，参以蓍龟，不吉不行。乃者以缚马书遍视丞相御史二千石诸大夫郎为文学者，乃至郡属国都尉成忠、赵破奴等，皆以"虏自缚其马，不祥甚哉"！或以为"欲以见强，夫不足者视人有余"。《易》之，卦得大过，爻在九五，匈奴困败。公车方士、太史治星望气，及太卜龟蓍，皆以为吉，匈奴必破，时不可再得也。又曰"北伐行将，于鬴山必克"。卦诸将，贰师最吉。故朕亲发贰师下鬴山，诏之必毋深入。今计谋卦兆皆反缪。重合侯得虏候者，言"闻汉军当来，匈奴使巫埋羊牛所出诸道及水上以诅军。单于遗天子马裘，常使巫祝之。缚马者，诅军事也"。又卜"汉军一将不吉"。匈奴常言"汉极大，然不能饥渴，失一狼，走千羊"。乃者贰师败，军士死略离散，悲痛常在朕心。今请远田轮台，欲起亭隧，是扰劳天下，非所以优民也。今朕不忍闻。大鸿胪等又议，欲募囚徒送匈奴使者，明封侯之赏以报忿，五伯所弗能为也。且匈奴得汉降者，常提掖搜索，问以所闻。今边塞未正，阑出不禁，障候长吏使卒猎兽，以皮肉为利，卒苦而烽火乏，失亦上集不得。后降者来，若捕生口虏，乃知之。当今务在禁苛暴，止擅赋，力本农，修马复令，以补缺，毋乏武备而已。郡国二千石各上进畜马方略补边状，与计对。

从声音到文字，分其人类智慧